“一带一路”沿线投资风险法律应对研究

Research on Legal Responses to Investment Risks of the Belt and Road Countries

王军杰　著

法律出版社 LAW PRESS · CHINA

序言

2013年9～10月，国家主席习近平在出访中亚和东南亚国家期间，先后提出共建“丝绸之路经济带”和“21世纪海上丝绸之路”（以下简称“一带一路”）的重大倡议。2015年3月，经国务院授权，国家发展和改革委员会、外交部、商务部联合发布了《推动共建丝绸之路经济带和21世纪海上丝绸之路的愿景与行动》（以下简称《愿景与行动》）。该倡议提出以降，从顶层设计到项目落实，在建设中前进、在发展中完善、在合作中成长。“一带一路”是中国持续融入全球化，积极参与国际经济治理改革的重要尝试，是我国新时期建构全面开放新格局的重大举措，预示着我国从全球化的追随者向倡导者、从国际规则的遵循者向制定者的根本转变。

“一带一路”倡议亦是我国深度融入全球化进程中的一次重大战略转移，经济一体化征程中的一次“长征”。21世纪以降，缘于世界经济的严重不均衡，WTO多边主义停滞，区域经济一体化勃兴。再加上中国已成为世界第二大经济体和第一大贸易国，由于焦虑中国追赶，忌惮中国崛起，美国由合作转向竞争，甚至遏制。于是，美国抛弃多边，转向诸边，通过TPP、TTIP和TISA把日本、欧盟、加拿大、澳大利亚等经济体团结在一起，全面孤立中国，我国面临二次“入世”的风险，跻身世界经济舞台中心的进程受阻。为了突破美国的孤立和包围，2013年“一带一路”倡议破势而生，中国开启了迈向经济贫困、设施落后的“一带一路”沿线区域的“长征之路”。

由此，突破美国“围堵”，捍卫经济全球化，是“一带一路”倡议之初衷。

与此同时,倡议还存在两个难题,一是路在脚下,终点(目的地)在何方?二是“走出去”后,能否以及如何安全回来?建构初级的关税同盟、高水平的自由贸易区、以中欧班列为依托的运输联盟,抑或涵盖贸易、投资、知识产权等诸多内容的经济共同体,哪种模式更适合“一带一路”实况,又该如何推进,需要深入探讨。GATT 和 WTO 多边经贸规则的发展路径清晰可见,内在逻辑一以贯之,“一带一路”倡议均应实现由“政治导向”向“规则导向”的演进与蜕变,实现“一带一路”倡议的机制化与法制化,如是,方能最终形成“稳定、透明、可预期”的高水平区域经济体。

本书研究的第二个问题,即如何有效防范沿线的投资风险,“平安走出去,安全走回来”。“一带一路”所涉区域系地缘政治的“破碎地带”,宗教文化差异性明显,恐怖事件与冲突频发,基于投资保护的政府任性违约严重。且沿线国家对外开放程度、法治状况及市场化水平参差不齐,投资风险远高于世界其他区域。因此,“走出去”是看点,安全回来是难点,防范沿线投资风险的是一个多层次、综合性系统工程,只有确立严密、协同的风险防范制度体系,推动投资风险的法律化防控,才能实现我国企业沿线投资的安全、高回报与可持续发展。

不同类型的投资在沿线国家面临的风险亦不尽相同,概而有三,即商业性风险、政治性风险和其他风险。商业性风险和其他风险的防范,主要依靠投资企业自身的审慎和勤勉,通过对合作伙伴的尽职调查、东道国市场环境和法律规范的深入了解,通常可以有效防范。然而,政治性风险单凭投资者自身智慧很难避免,主要依靠顶层设计,即国内制度与国际条约的完善。为此,本书从投资者和国家两个层面,国内和国际两个维度,事前预防、事中审慎、事后救济三个阶段,尝试建构一个多层次、全方位、综合性的风险防控体系。质言之,从促进“一带一路”倡议法律化、机制化的视角,我国应从海外投资保险、双边投资条约、多元化投资争端解决、双边税收协定等方面,建构协同、严密、高效的投资风险防范体系,同时注重制度的衔接与机制的协同,实现政治风险的法律化应对。

本书内容共有七章。第一章是概述,着重阐述“一带一路”倡议的缘起,沿线投资风险的种类及其成因,并初步探讨了非政治性风险的防范措施。第二章是商业性风险的防范与应对。主要阐述投资企业防范风险的主要措施和手段,即注重自身风控体系建设,做好尽职调查,选择合理的投资方式,约定有利的纠纷救济,重视企业的安全保护,充分利用我国保护海外投资的制度等。

第三章至第七章是关于国家层面相关制度和机制的完善。第三章从海外投资保险制度的演进、发展出发,对主要国家海外投资保险制度进行了总结和梳理,并对我国当前的海外投资保险制度,从完善保险立法、改革保险模式两个方面提出了具体建议。“双边投资协定”是促进、保护我国沿线投资的重要国际法依据,优先于沿线国家国内法适用,为此第四章以双边投资协定的缘起为切入点,结合主要国家的协定范本,厘定脉络,梳理经验,立足我国双边投资协定中的主要问题,提出了相应完善的建议。第五章主要论述了如何利用 MIGA 机制缓释沿线的投资风险。MIGA 是促进、保护发展中国家海外投资的唯一多边国际组织。在分析 MIGA 多边投资担保机制的承保条件、范围及赔付流程的基础上,重点研究了 MIGA 优势及局限性,并提出充分利用 MIGA 分担沿线投资风险的具体建议,主要包括:强化与 MIGA 的合作机制,完善中国出口信用保险公司(以下简称“中国信保”)与 MINA 的业务联系,并用立法予以保证。第六章着重阐述了“一带一路”多元化投资纠纷救济机制。从投资纠纷的类型出发,探讨当前不同纠纷解决途径的具体适用条件及其优势与劣势,分析 ICSID 争端解决机制的利弊及与沿线投资纠纷的契合性。而后深入探讨了建构面向“一带一路”的专门性投资争端解决机制的必要性及可行性,并对“一带一路”投资争端解决机制的路径与方案进行尝试性的研究。第七章论述了“一带一路”沿线税收风险的防范。税收风险亦是沿线投资者面临的重要风险之一,鉴于其专业性、复杂性,本书单列一章专门阐述。首先,全面分析了赴沿线投资的企业面临的主要风险类别,例如,双重征税风险、转让定价的风险、资本弱化的风险等。其次,重点阐述了防范沿线税收风险的主要途径与措施。最后,梳理了与沿线国家之间的“双边税收协定”及其主要条款,并对“双边税收协定”的完善提出了可行性建议。

本书部分内容的写作得益于张晓君教授、陈咏梅教授、王衡教授、张春良教授、周江教授、王立君教授、王克玉教授、刘志云教授、罗国强教授、杨利雅教授、韩永红教授、陈立强教授、何东明教授、林泰教授、邓翔教授、周伟教授、杜玉琼教授、杨翠柏教授、徐忆斌副教授、全小莲副教授、胡建国副教授、肖宇副教授、马志强副教授、南海燕副教授、赵宇霆副教授、李浩副教授、黄力华副教授、王晓媛博士、张郭博士等近年来的交流和提点。王潇禹、席慧敏、胡雪等同学参与了本书最后的校稿工作。我所在的工作单位——四川大学法学院为本书出版提供了鼎力支持。在此一并致谢。感谢法律出版社法治与经济分社社长沈小英、编辑张泽华的辛勤付出。感谢我的爱妻申莉萍女士和孩子在本书写作过程中给予的爱与支持。

本书出版受到“国家自然科学基金政策研究重点项目‘一带一路与中国西部发展’”(项目号:71742004)、“四川省委政法委与四川大学合作共建经费”和“四川大学法学院双一流专项课题‘一带一路投资风险法律防范研究’”(项目号:sculaw0713)的资助。

目录

第一章

“一带一路”沿线投资风险概述

“一带一路”倡议是我国新时期对外开放的重大举措，预示着我国从全球化的追随者向倡导者、从国际规则的遵循者向制定者的根本转变。伴随倡议的推进，我国企业“走出去”的步伐越来越快，在“一带一路”沿线国家投资存量总额不断攀升。2018 年，我国企业对“一带一路”沿线 56 个国家的非金融类直接投资达 156.4 亿美元，同比增长 8.9%，占同期总额的 13%，主要投向新加坡、老挝、越南、巴基斯坦、马来西亚、俄罗斯、柬埔寨、泰国和阿联酋等国家。在对外承包工程方面，我国企业在“一带一路”沿线国家新签对外承包工程项目合同 7721 份，新签合同额 1257.8 亿美元，占同期我国对外承包工程新签合同额的 52%，同比下降 12.8%；完成营业额 893.3 亿美元，占同期总额的 52.8%，同比增长 4.4%。[1]

伴随国际政治经济格局的演变，既有国际经济秩序受到一定程度的冲击与挑战，面临深刻调整，主导世界格局演变的因素已由过去的地理环境、地缘政治逐步过渡到人文环境、科技与制度。在此背景之下，我国企业在“一带一路”沿线面临的投资风险具有综合性、复杂性和长期性等特点，需要综合评估，合力应对。既要防范对外投资过程中的合同、汇率、税收等商

---

〔1〕《2018 年 1－12 月我对“一带一路”沿线国家投资合作情况》，载商务部官网：http://fec.mofcom.gov.cn/article/fwydyl/tjsj/201901/20190102829089.shtml，最后访问日期：2019 年 2 月 8 日。

业风险，又要应对因地缘政治变化所引发的政治与安全风险。风险种类不同，防范措施亦不尽相同。为此，需要深入研判“一带一路”沿线主要的风险类别，对症下药，系统预防。

第一节 “一带一路”倡议之缘起

“一带一路”是“丝绸之路经济带”和“21 世纪海上丝绸之路”的简称。2013 年 9～10 月，习近平主席在出访中亚和东南亚国家期间，先后提出共建“丝绸之路经济带”和“21 世纪海上丝绸之路”的重大倡议，得到国际社会高度关注。加快“一带一路”建设，有利于促进“一带一路”沿线各国经济繁荣与区域经济合作，加强不同文明交流互鉴，促进世界和平发展。但“一带一路”建设是一项系统工程，要坚持共商、共建、共享原则，积极推进与“一带一路”沿线国家发展战略的相互对接。

“一带一路”倡议[1]的关键是建立和加强“一带一路”沿线各国互联互通的关系，构建全方位、多层次、复合型的互联互通网络，实现沿线各国多元、自主、平衡、可持续的发展。

---

[1] 关于“一带一路”沿线国家的范围，政府和学界尚存争议。根据《推动共建丝绸之路经济带和 21 世纪海上丝绸之路的愿景与行动》的界定，“一带一路”沿线国家应“基于但不限于古代丝绸之路的范围，各国和国际、地区组织均可参与”。这就意味着国家层面持开放态度，仅划定大致区域，对具体国家不作明确限定，从而赋予“一带一路”倡议开放性与灵活性。目前，国内学界主流观点认为，“一带一路”共涉及 65 个国家和地区（加上中国共 66 个），包括：东亚 1 国（蒙古）；东盟 10 国（新加坡、马来西亚、印度尼西亚、缅甸、泰国、老挝、柬埔寨、越南、文莱和菲律宾）；西亚 18 国（伊朗、伊拉克、土耳其、叙利亚、约旦、黎巴嫩、以色列、巴勒斯坦、沙特阿拉伯、也门、阿曼、阿联酋、卡塔尔、科威特、巴林、希腊、塞浦路斯和埃及）；南亚 8 国（印度、巴基斯坦、孟加拉国、阿富汗、斯里兰卡、马尔代夫、尼泊尔和不丹）；中亚 5 国（哈萨克斯坦、乌兹别克斯坦、土库曼斯坦、塔吉克斯坦和吉尔吉斯斯坦）；独联体 7 国（俄罗斯、乌克兰、白俄罗斯、格鲁吉亚、阿塞拜疆、亚美尼亚和摩尔多瓦）；中东欧 16 国（波兰、立陶宛、爱沙尼亚、拉脱维亚、捷克、斯洛伐克、匈牙利、斯洛文尼亚、克罗地亚、波黑、黑山、塞尔维亚、阿尔巴尼亚、罗马尼亚、保加利亚和马其顿）。为了研究需要，本书沿用了学界主流观点界定的范围。

改革开放40余年来,我国在经济发展、民生改善取得巨大成绩的同时,也存在系统谋划有待进一步改进、软实力有待进一步提升等问题,因此迫切需要加强各方面经验制度的系统集成。“以开放促改革”是中国改革开放成功的基本经验,其内在逻辑是通过主动融入国际市场为公司治理、政府治理引入外部监督,从而提高治理效率。然而,40多年来无论在宏观、中观还是微观层面,改革创造的外部监督效果不佳,监督主体与治理主体同质化、监管效率低下等问题仍未得到根本解决,改革亟待全面深化。“一带一路”倡议既是我国新时期对外开放的总纲领,也理应成为全面深化改革的“总钥匙”,应用更全方位的开放推动更深层次的改革。此外,“一带一路”倡议的实施亦可避免“西方经验”的局限,防止治理本身被“短视”的市场消解,有助于中国经济治理、国家治理、社会治理进一步引入来自治理体系之外的强有力、更有效的外部监督机制,从根本上解决治理效率问题。当前,在经济新常态和改革“空转”情况下,迫切需要加强以“一带一路”倡议为引领,构建开放型经济新体制,全面统筹促进国内各领域改革发展,特别是供给侧结构性改革、营商环境提升和企业税赋改革。[1]

为了促进“一带一路”倡议的落地与实施,2018年3月28日国家发展改革委、外交部、商务部联合发布《推动共建丝绸之路经济带和21世纪海上丝绸之路的愿景与行动》(以下简称《愿景与行动》),对该倡议的框架思路、合作重点、合作机制等内容进行了详尽阐释。“一带一路”是一个互联互通的宏大计划,基础设施项目建设周期长、额度大,再加上沿线区域政治、金融等风险高于世界其他区域,如何避免投资风险、实现回报的最大化,保护、促进我国海外投资,本身即为“一带一路”倡议的固有内容,不可或缺。

---

〔1〕 参见黄凤林:《“一带一路”应加强基础理论研究》,载中国干部学习网:http://study.ccln.gov.cn/fenke/zhengzhixue/zzjpwz/zzzgzz/298319.shtml,最后访问日期:2018年4月2日。

一、“一带一路”倡议的框架

2018年的《愿景与行动》指出：“一带一路”是促进共同发展、实现共同繁荣的合作共赢之路，是增进理解信任、加强全方位交流的和平友谊之路。秉持和平合作、开放包容、互学互鉴、互利共赢的理念，全方位推进务实合作，打造政治互信、经济融合、文化包容的利益共同体、命运共同体和责任共同体。[1]

“一带一路”倡议连接三个大陆和三个大洋，一边是活跃的东亚、东南亚经济圈，另一边是发达的欧盟经济圈，中间广大腹地国家的经济发展潜力巨大。“丝绸之路经济带”融合了三个经济带：中国经中亚、俄罗斯至欧洲（波罗的海）；中国经中亚、西亚至波斯湾、地中海；中国至东南亚、南亚、印度洋。“21世纪海上丝绸之路”的重点方向是从中国沿海港口过南海到印度洋，延伸至欧洲；从中国沿海港口过南海到南太平洋。根据“一带一路”走向，陆上依托国际大通道，以沿线中心城市为支撑，以重点经贸产业园区为合作平台，共同打造新亚欧大陆桥及中蒙俄、中国—中亚—西亚、中国—中南半岛等国际经济合作走廊；海上以重点港口为节点，共同建设通畅安全高效的运输大通道。其中，中巴、孟中印缅两个经济走廊与推进“一带一路”建设关联紧密，当前已经在重点推进。

“一带一路”倡议的推进需要各国求同存异，努力完善区域基础设施，打造安全高效的陆海空通道网络，促进互联互通达到新水平，进一步提升投资贸易便利化水平，助力形成高标准的自由贸易区网络。如是，更加紧密的经贸关系将成为亚欧非区域和平稳定的压舱石，为更高层级的贸易投资的一体化发展奠定政治基础，同时也有利于“一带一路”倡议由“政治主导”向“规则主导”演进，形成稳定、透明、可预期的良好国际经贸环境。

---

〔1〕 参见2018年3月28日国家发展改革委、外交部、商务部联合发布的《愿景与行动》第三部分。

二、“一带一路”倡议的合作重点

《愿景与行动》指出:“一带一路”沿线国家资源禀赋各异,经济互补性较强,彼此合作潜力和空间很大,以政策沟通、设施联通、贸易畅通、资金融通、民心相通为主要内容。[1] 详情如下:加强政策沟通是“一带一路”建设的重要保障。因为只有加强政府间合作,积极构建政府间多层次宏观政策沟通交流机制,深化利益融合,方能促进政治互信,达成合作新共识。沿线各国可以就经济发展战略和对策进行充分交流对接,共同制订推进区域合作的规划和措施,协商解决合作中的问题,共同为投资贸易自由化及大型项目实施提供政策支持。

基础设施互联互通是“一带一路”建设的优先领域,在尊重相关国家主权和安全利益的基础上,在现有国际法框架下,“一带一路”沿线国家宜加强基础设施建设规划、技术标准体系的对接,尤其是中欧班列和泛亚铁路运输网络的有效衔接,逐步形成连接亚洲各次区域以及亚欧非之间的基础设施网络。投资贸易合作是“一带一路”建设的重点内容。宜着力研究解决投资贸易的自由化和便利化,消除投资和贸易壁垒,构建区域内各国良好的营商环境,积极同“一带一路”沿线国家和地区共同商建自由贸易区,建构“一带一路”自 FTA 和 BIT 网络,促进域内经贸关系的一体化发展和深度融合。

贸易便利化合作的着力点重在加强海关的“三互合作”(信息互换、监管互认、执法互助)机制,以及检验检疫、认证认可、标准计量、统计信息等方面的双多边合作。贸易便利化合作可以世界贸易组织《贸易便利化协定》的实施为核心,第一阶段主要任务是落实“硬性规定”,第二阶段主要任务是尽力实现“保留事项”,同时开展“经认证的经营者”互认。当然,通关便利化的物理基础是边境口岸通关设施条件,如“单一窗

---

〔1〕 参见 2018 年 3 月 28 日国家发展改革委、外交部、商务部联合发布的《愿景与行动》第四部分。

口”、仓储物流设施建设，此与“一带一路”基础设施投资的方向较为契合。

投资便利化亦是重要内容之一。在我国《外商投资法》确立的“负面清单+准入前国民待遇”管理模式的基础上，通过BIT推动“一带一路”沿线国家传统外资管理模式的转型，消除投资的隐形壁垒，促进投资的便利化。除此之外，与投资密切相关的是双重征税问题，对此应强化避免双重征税的协定磋商，保护投资者的合法权益。投资准入与产业和技术密切相关，应按照优势互补、互利共赢的原则，促进“一带一路”沿线国家在新一代信息技术、生物、新能源、新材料等新兴产业领域的深入合作，推动建立创业投资合作机制。然而，金融创新与自由化发展带来效益的同时，亦会推高风险，因此需要加强金融监管合作，推动签署双边监管合作协议，逐步在区域内建立高效监管协调机制，构建区域性金融风险预警系统，形成应对跨境风险和危机处置的交流合作机制。

三、“一带一路”倡议的合作机制

当前，尽管以WTO为代表的多边主义停滞不前，以美国为代表的部分发达国家贸易保护主义、单边主义有所抬头，中美贸易谈判踯躅前行，但整体上世界经济的一体化融合发展并未停止，区域合作方兴未艾。因此，可以积极利用现有双多边合作机制，推动“一带一路”建设，促进区域合作向纵深发展。加强双边合作，开展多层次、多渠道沟通磋商，推动双边关系全面融合；推动签署合作备忘录或合作规划，建设一批双边合作示范区域；建立完善双边联合工作机制，研究推进“一带一路”建设的实施方案、行动路线图；充分发挥现有联委会、协委会、管理委员会等双边机制的作用，协调推动合作项目实施。[1]

---

〔1〕参见2018年3月28日国家发展改革委、外交部、商务部联合发布的《愿景与行动》第五部分。

此外,由组织或机构推动国际经贸合作是全球经济一体化的基本经验。因此,需要强化多边合作机制作用,发挥上海合作组织、中国—东盟“10+1”、亚太经合组织、亚欧会议、亚洲合作对话、亚信会议、中阿合作论坛、中国—海合会战略对话、大湄公河次区域经济合作、中亚区域经济合作等现有多边合作机制作用,加强与相关国家的沟通,让更多国家和地区参与“一带一路”建设。

第二节 “一带一路”沿线主要投资风险

伴随“一带一路”倡议的推进,我国在“一带一路”沿线国家投资的额度不断增加,2014年我国在“一带一路”沿线国家的直接投资为125亿美元,2015年达到148亿美元,同比增长18%,2016年为185亿美元,为东道国增加了11亿美元的税收和18万个就业岗位,[1]2017年略有下降,[2]2018年继续攀升。东南亚仍是我国“一带一路”投资流向的重点。然而,

---

〔1〕 参见尹晨等:《“一带一路”沿线投资风险及管理》,载《复旦大学学报》(社会科学版)2018年第2期。

〔2〕 2017年,我国企业共对“一带一路”沿线59个国家非金融类直接投资143.6亿美元,同比下降1.2%,占同期总额的12%,较上年提升了3.5%,主要投向新加坡、马来西亚、老挝、印度尼西亚、巴基斯坦、越南、俄罗斯等国。在“一带一路”沿线国家并购62起,投资额88亿美元,同比增长32.5%,中石油集团和中国华信投资28亿美元联合收购阿联酋阿布扎比石油公司12%的股权,是当年最大收购项目。在对外承包工程方面,我国企业在沿线的61个国家新签对外承包工程项目合同7217份,新签合同额1443.2亿美元,占同期我国对外承包工程新签合同额的54.4%,同比增长14.5%;完成营业额855.3亿美元,占同期总额的50.7%,同比增长12.6%。参见中国产业研究院:《2017年中国对“一带一路”沿线国家投资合作情况分析》,载中高情报网:http://www.askci.com/news/finance/20180205/104654117611.shtml,最后访问日期:2018年4月16日。

针对“一带一路”沿线国家的 ODI 亦面临多种高风险。[1] 例如，由于市场行情变化、经营不善、合同瑕疵等引发的商业风险，此类风险凭借投资者的审慎和勤勉一般可以有效避免。但因战乱、恐怖袭击、汇率波动、政府违约等引发的政治性风险，亦称非商业性风险，投资者凭自身之力通常难以规避，需要资本输出国的顶层、系统性制度设计。此外，还有由于条约、法律、政策等变化引发的其他风险，此类风险投资者在充分了解东道国法律政策环境、双边多边条约内容的基础上，一般也可以有效避免。

不同学者由于专业视角不同，对沿线风险分类的标准亦不尽相同，笔者按照风险发生的原因把沿线风险分为三大类，即商业性风险、非商业性风险（政治性风险）和其他风险。

一、商业性风险

商业性风险指由于市场行情变化、金融汇率波动、经营管理不善、合同瑕疵等因素而引发的风险，投资者尽到勤勉、审慎责任，凭借自身智慧一般可以有效避免。这亦是商业性风险和非商业性风险的显著不同。中国在

---

〔1〕 2017 年 5 月 20 日“中国信保”发布的《“一带一路”沿线 65 个国家风险状况分析》显示，沿线风险评级为 5 ~ 9 级的国家占比高达 84%，区域绝对风险水平依然处于相对高位。中国社科院世界经济与政治研究所通过借用了“经济基础、偿债能力、社会弹性、政治风险和对华关系”五大指标，对中国海外投资风险进行评级，其中包括“一带一路”沿线 35 个国家。结果表明：“一带一路”地区的投资风险较高，其中政治性风险是最大的潜在风险，而经济基础薄弱则是最大的掣肘，从总评级结果来看，低风险级别国家仅有新加坡 1 个国家；中等风险级别国家包括 26 个国家，占 35 个国家的 74%；高风险级别国家有 8 个国家，分别为西亚北非的伊拉克和埃及，独联体的乌克兰和白俄罗斯，南亚的孟加拉国，中亚的吉尔吉斯斯坦、乌兹别克斯坦和塔吉克斯坦。参见姜巍：《“一带一路”沿线基础设施投资建设与中国的策略选择》，载《国际贸易》2017 年第 12 期；中国社会科学院世界经济与政治研究所国际投资研究室：《中国海外投资国家风险评级（2017）》，第 35 页、第 36 页、第 39 页，载中国社会科学院世界经济与政治研究所：http://www.iwep.org.cn/xscg/xscg_lwybg/201701/W020170119382503152689.pdf，最后访问日期：2018 年 8 月 5 日。此外，2018 年 11 月 15 日“中国信保”发布的《国家风险分析报告》显示：2017 年下半年以来，“一带一路”沿线国家经济发展分化加剧，政治性风险持续上升，金融市场风险有可能进一步累积，由此，土耳其、也门、厄瓜多尔、约旦、卡塔尔、伊朗、叙利亚 7 国被调降评级。

“一带一路”沿线国家的基础设施建设约50%位于风险警戒区，超过20%位于低风险区，危险区占比为5%。[1]

（一）商业性风险的种类

首先是市场风险，主要包括由于产业化、市场占有、市场竞争和市场行情导致的风险。产业化风险是因海外投资者的新产品无法在东道国市场形成产业化生产和销售所导致的风险，该风险会导致投资效益低、回报率低。市场竞争风险，是指因海外投资面临较为激烈的市场竞争，导致交易成本增加和利润下降所带来的风险。市场行情变化风险是指因海外投资者相关产品或服务的市场价格急剧降低，或者原材料成本急剧升高而导致的风险。因此，市场风险与产品市场变化密切相关，与国别行业发展现状密切相关。

其次是金融风险。金融风险意指由于国际商业借贷融资、证券发行、保险担保、离岸货币变化导致的资金损失。从“中国信保”发布的《“一带一路”沿线国家风险分析报告（2018）》可知，沿线65个国家和地区中，风险等级较低的国家只有3个，如新加坡（1级），而风险等级较高的国家却有16个，如阿富汗和叙利亚（9级），占“一带一路”沿线国家总数的1/4。再加上货币种类、汇率制度的多样化、复杂化，导致了“一带一路”区域的金融风险远高于国际平均水平。

最后是汇率风险，又称为外汇风险，指因汇率变动而可能遭受的损失。国际货币基金数据显示，2010～2017年“一带一路”沿线国家汇率每年都有不同程度的波动。如2012年，东亚地区的缅甸的汇率变异系数高达67.2%，其他国家的变异系数基本在5%～16%。西亚地区整体上汇率风险较小，因为沙特阿拉伯、叙利亚、约旦等9国实行与美元挂钩的固定汇率制，但伊朗的变异系数达到了42.3%，土耳其变异系数也达到了24.6%。南亚和中亚地区整体上所有国家汇率都存在变异的风险，哈萨克斯坦和吉尔吉

---

〔1〕参见计金标、梁昊光主编：《“一带一路”投资安全蓝皮书：中国“一带一路”投资安全研究报告（2018）》，社会科学文献出版社2018年版，第65页。

斯斯坦的变异系数分别达到了34.8%和21.4%,其他国家维持在11%左右。独联体和中东欧国家汇率波动也比较大,乌克兰的变异系数高达53.5%,俄罗斯、白俄罗斯、阿塞拜疆等国的变异系数也在20%以上。[1]因为“一带一路”沿线国家金融自由化水平较低,汇率制度不健全,金融监管滞后,所以在发生较大幅度汇率波动时,将不可避免地导致投资者的损失。

此外,“一带一路”沿线商业风险还有市场准入、税收、知识产权等风险。且“一带一路”沿线国家对不同行业投资项目的行业标准的要求与适用不尽相同,如果忽视这些标准的差异,也会大大增加投资风险。如2016年沙特铁路项目实施到一半时突然被沙特政府要求采用欧美标准,极大增加了该项目的建筑成本,最终导致投资失败。[2]

(二)商业性风险的成因

首先,投资者遭遇商业性风险的根本原因在于未能尽到审慎、勤勉义务,未能全面了解东道国经贸环境及合作方的情况。“一带一路”沿线不同国家经济发展水平参差不齐,政府与企业之间的关系错综复杂,政府干预主导行业的情况较为普遍,如果对此了解不充分,很容易遭遇投资风险,甚至投资失败。并且,“一带一路”沿线国家对不同行业投资项目具有不同的国家标准和行业标准,如果忽视这些标准的差异,也会带来较大风险。此外,中国海外投资企业的技术“瓶颈”较为明显,创新意识有待增强。除了个别领域外,我国投资者所采用技术的水平整体上偏低,与发达国家相关技术水平相比尚有较大差距,加之中国海外投资企业技术研发人员的数量和质量整体上也落后于西方发达国家,导致中国企业海外投资项目多集中在劳动密集型行业。更重要的是,中国海外投资企业中有较大比例是国有企业或与国有企业有密切联系的民营企业,这些企业的创新能力较低,

---

〔1〕参见陈伟光:《“一带一路”建设中的金融支持:供需分析、风险识别与应对策略》,载《金融教育研究》2017年第3期。

〔2〕参见韩萍:《“一带一路”倡议下中国企业海外投资风险评估与对策研究》,载《价格月刊》2018年第2期。

其创新意识和创新动力不足。另外,中国企业海外投资的一个显著性“瓶颈”是缺乏具有国际视野和国际战略管理能力的专门性人才,使中国企业在投资过程中无法将相关理念和实践进行有效融合,无法高效完成相应的投资项目,导致海外投资面临较大阻碍。

其次,“一带一路”沿线的大多数国家属于新兴发展中国家,国内经济基础薄弱、经济结构处于转型期,资源密集型产业较多,对外依存度高,易遭受外部市场波动的影响。多数“一带一路”沿线国家由于经济发展和社会民生建设需要大量资金投入而常年处于财政入不敷出的窘状,加之大量的外债压力使部分国家面临一定的财政风险。沿线一些国家由于产业发展落后,经济建设很大一部分的资金都是依靠吸引外资来的,外资依存度较大,所以在货币贬值、汇率波动和信贷紧缩的压力之外,还面临着资本外逃的风险。此外,“一带一路”沿线部分国家债务比率较高。多数国家由于经济发展的资金需要,每年都会从世界银行、亚洲开发银行以及其他渠道筹集资金,经济增长乏力和财政持续赤字使高负债率的国家面临债务违约风险。同时,“一带一路”沿线国家和地区的地缘政治风险和敏感事件,也是影响国家信用风险的两个主要因素。中东长期以来是大国政治博弈的地缘中心,局势比较动荡。政权更迭,战争此起彼伏,加上恐怖主义的猖獗和极端宗教的迫害,使部分国家常年处于动荡危机之中,正常的经济生产活动无法开展,国家财政极其困难,其中国家信用风险处于高水平的阿富汗和叙利亚最为典型。

再次,企业内部管理和决策不当也是导致商业性风险的主要因素之一。在我国投资企业“走出去”的过程中,可能因为对“一带一路”沿线国家的社会、环境、法律和文化等了解不充分、信息不对称,投资决策时因认知不足而导致投资有效性降低,提高了企业境外投资的风险。同时,境外投资也必须掌握合理的时机,如果企业进行境外投资前未能对项目目标、市场环境、自身能力等进行合理评估,盲目进行投资,无疑会增加企业经营和财务盈利等方面的风险。另外,由于国内一些企业并没有健全的法人治理机制、风险制约机制及策略执行机制,在进行跨国经营决策的过程中,容易在项目选择、合作主体选择、经营策略制定和实施等方面作出非科学化决定,导致投资效率大幅降低,资产受到较高程度侵蚀,这亦会推高投资风险。

最后,“一带一路”沿线的经济状况及我国的投资领域偏好在一定程度上也提高了企业的风险。一方面,沿线许多国家基础建设落后,产业结构单一,国内经济状况受到国际资源、能源价格波动的严重影响。例如,中亚几国在近几年都发生过较为剧烈的经济波动,导致大批中国企业蒙受损失。另一方面,我国目前投资项目基本上还是以基础设施、基础工程为主。这种资本输出仍然是建立在中国经济的“人力”因素之上。包括我国的高科技企业(华为、中兴等)的海外拓展,实际上仍然是以基础线路、硬件的铺设为主。“一带一路”沿线区域人口稀薄、经济水平相对落后,这种大型基础建设的盈利前景并不明朗,甚至其收益在很长时间内难以弥补运营赤字。基础设施建设面临投入大、风险大、周期长、收益少的局面。我国国有企业由于实力、人才、政策方面的优势,投资基础设施领域有一定的基础,而中小民营企业对于该区域的进入难以形成真正的规模。[1] 但实际上“一路一带”的推进离不开民间资本的力量,相较于以基础建设为主的国有企业,民营企业“走出去”更有利于切实强化中国与所在国的经济联系。但是长期以来,我国的海外企业尤其是海外民营企业在信贷、保险等业务领域缺乏支持,抗风险能力极弱,中小民营企业往往成为当地经济波动最直接的受害者。

二、政治性风险

政治性风险通常是与东道国政治、社会、宗教信仰有关的,非投资者所能控制的风险,如战争、恐怖袭击、政府违约等,投资者单凭自身很难防范与规避,一旦遭遇,损失惨重。为了帮助本国投资者缓释政治性风险导致的损失,发达国家在20世纪后半叶纷纷创立自己的海外投资保险制度,并发展成保护、促进本国海外投资的普遍性国际实践。沿线一些国家受政治

---

〔1〕 参见储殷、柴平一:《绸缪“一带一路”的五大风险》,载中国网:http://opinion.china.com.cn/opinion_63_133163.html,最后访问日期:2018年6月8日。

不稳定因素的困扰，对“一带一路”倡议存在认知偏差，对中国的和平崛起心存顾忌，受大国地缘政治博弈、强权政治、代理人战争等影响，政局和政策稳定性不足。且由于宗教文明的多元性冲突，教派林立，恐袭频发，政教冲突愈演愈烈。据统计，2005～2016年，中资企业“走出去”的120个失败案例中，因政治性风险遭遇损失的占25%，政治性风险已成为导致对外投资夭折的主要原因之一。[1]

（一）政治性风险的种类

“一带一路”沿线政治性风险，主要包括地缘冲突引发的战争内乱、政府违约、恐怖袭击、外汇禁兑等风险。政治性风险与政治变化密切相关，具有难以预料的不连续性、不确定性。[2] 东道国政权更迭，尤其是发生非宪法程序的政权更迭时，可能引发投资者的巨大损失。2011年2月5日，利比亚发生非宪法程序政权更迭，导致中资项目全部搁浅，仅工程承包项目损失即高达188亿美元，众多民营企业如华为、华丰等也损失惨重。[3] 政治性风险主要源于重要节点区域的政治化转型、民族宗教冲突、非传统安全问题、腐败严重、政策多变、法治缺失等因素。由此而引发东道国干预经济的行为和东道国强加给企业的政治事件。例如，随着经济全球化的发展和科学技术的进步，中东欧、东南亚各国的传统文化与传统政治正在受到冲击，政治生态出现重大变化，政治转型还在路上。例如，斯里兰卡的科伦

---

〔1〕参见齐晓凡、丁新举：《“一带一路”战略下中国企业海外投资风险应对》，载《企业管理》2017年第8期。

〔2〕凤凰网发布的“2018全球十大政治风险国家排名”显示，全球十大高政治性风险的国家有：菲律宾、阿富汗、伊拉克、叙利亚、巴基斯坦、索马里、刚果金、南苏丹、尼日利亚和委内瑞拉；全球十大潜在高政治性风险的国家有：英国、印度尼西亚、泰国、埃及、土耳其、巴西、肯尼亚、哥伦比亚、伊朗和南非。政治性风险高的前10个国家大多为“一带一路”沿线国家。例如，菲律宾总统杜特尔特发起的扫毒战争在南部区域持续展开，再加上阿布沙耶夫组织和毛特组织在南部棉兰老岛持续作战导致其安全局势恶化。

〔3〕参见《2011年利比亚骚乱》，载百度百科：https://baike.baidu.com/item/2011%E5%B9%B4%E5%88%A9%E6%AF%94%E4%BA%9A%E9%AA%9A%E4%B9%B1/6336758?fr=aladdin，最后访问日期：2018年12月3日。

坡港口城项目历经“叫停”“重启”等波折，就严重受制于政治性风险。

概言之，“一带一路”沿线政治性风险由于肇因不同可分为两大类。第一，因“一带一路”沿线国家安全政策变动而带来的政治性风险。我国“一带一路”倡议以经济输出为主，一般都与所在国发展战略有广阔的对接空间，但是对于某些国家，其安全需要与发展需要存有矛盾，换言之，经常出现发展靠中国，安全靠别国的现象。例如，中亚五国除乌兹别克斯坦之外，主要依托俄罗斯主导的集体安全组织，东欧区域波兰等国家逐一加入了北约，乌克兰亦基本上将自身安全寄托于北约的军事保护之下。中亚地区的乌兹别克斯坦一直主张对邻国塔吉克斯坦、吉尔吉斯斯坦的霸权，并视哈萨克斯坦为地区主要竞争对手。中国在这些地区的基础设施建设将在一定程度上降低乌兹别克斯坦扼守中亚交通要冲的优势地位，因此乌兹别克斯坦对此也保持着相当程度的关注。第二，“一带一路”沿线国家因其政治转型、民族问题、社会动荡引发政策不稳定而导致的政治性风险。当前“一带一路”主要依靠自上而下的方式推进，因此“一带一路”沿线国家权力结构的剧烈变化往往对政策造成严重影响。综观“一带一路”沿线区域，东南亚政治转型正在发生，大量底层的民粹力量与族群之间的矛盾正在被释放出来，社会动荡将会在未来一段时间内趋于频繁。最为严重的是缅甸，民主化转型、缅族与其他少数民族的内战、军方与民主派的矛盾以及美、日等国的干预，让该国的走向充满变数。近年来，我国的诸多企业都在缅甸遭遇了重大政治性风险。泰国高铁项目也面临类似的问题，虽然不存在缅甸的内战风险，但是泰皇、军方与民主派的矛盾十分尖锐，“红衫”与“黄衫”的背后，其实是农村底层力量与城市富裕阶层的零和博弈。此外，泰国还面临日趋激化的宗教冲突与民族分裂问题。同时，大选带来的暴力冲突与流血，也成为柬埔寨政治转型的问题。相对而言选举较为和平的马来西亚也面临着深层次的矛盾。[1] 同样，东南亚地区越南、老挝等这

〔1〕 参见储殷、柴平一：《绸缪“一带一路”的五大风险》，载中国网：http://opinion.china.com.cn/opinion_63_133163.html，最后访问日期：2018 年 6 月 8 日。

样的社会主义国家,虽然相较于民主转型的国家更为稳定,但也正在面临深化改革的“社会危险期”。中亚、南亚的一些国家由于领导人更迭也正面临更多的不确定性。

(二)政治性风险的原因

首先,“一带一路”覆盖了中东、中亚等传统大国博弈的势力范围,是美、日、俄大国竞争的主要场域。因为,中东作为国际石油储量最丰富的区域,其油气资源是世界工业的血液,是主要工业化国家垂涎之地。中东被誉为“五海三洲”之地,是欧亚非三大洲的连接地带和交往的必经之地,自古即为重要的贸易通道,也是经济、军事的要塞之地。丰富的石油资源和重要的战略地位使中东历来都是兵家必争之地和大国角力的场域。“一带一路”倡议恰好覆盖此区域,中国的介入引发更为激烈的竞争,导致传统势力大国的不合作,甚或抵制,某些国家还上升到“中国威胁论”,对“倡议”进行质疑和不合作。再加上“一带一路”沿线国家间的领土争端、南海问题等,进一步增加了域内的政治性风险。

其次,以美国为首的大国贸易保护主义、逆全球化开始抬头,引发“一带一路”沿线各国本国优先、排外主义的多米诺骨牌效应,大大增加投资者的安全与政治性风险。不仅如此,中美贸易谈判久而未决,两国关系遭遇十字路口,面临建交以来最深刻的一次调整。2016 年以来,英国脱欧,美国频繁“退群”(退出 TPP、巴黎气候协定、联合国教科文组织等),欧盟难民危机导致民粹主义兴起,美国以贸易战为借口对中国的全面遏制等,大大降低了国际社会对贸易投资自由化和全球合作的信心,随之而来的悲观与恐慌心理推高了“一带一路”沿线的非传统性风险。

最后,恐怖主义是推高沿线投资政治性风险的另一重大诱因和不可抗力因素。由于宗教、难民及发展失衡等问题,导致恐怖主义开始泛滥,特别是在西亚、北非地区,不仅局势动荡,同时还面临恐怖主义的巨大威胁。晚近,叙利亚难民问题引发伊斯兰极端主义抬头,导致恐怖主义袭击开始向欧洲发达国家蔓延。

三、其他风险

（一）法律风险

“一带一路”沿线国家法律体系繁杂，我国投资者在“一带一路”国家进行投资、运营、并购、工程承包时，常常会因为不懂法、不重视法、不合理运用当地法律法规而出现“水土不服”，当遇到法律争端进行海外仲裁及诉讼时也不得不“吃亏交学费”，没有能力选择、适用最优的争端解决途径，依法维护自身权益。

“一带一路”沿线法律风险的肇因主要有以下几个方面：一是“一带一路”沿线国家隶属不同法系而引发的法律适用冲突。“一带一路”沿线65个国家，分属大陆法系、英美法系和伊斯兰法系。[1]蒙古、韩国、日本等东亚国家，除阿富汗外的中亚国家，缅甸、泰国、老挝等东南亚国家，中国、俄罗斯以及法国、德国等绝大多数欧洲国家，都属于大陆法系。印度、巴基斯坦等亚洲国家，坦桑尼亚、肯尼亚等非洲国家，以及英国和爱尔兰等少部分欧洲国家属于英美法系。阿富汗以及除伊拉克、以色列等少数国家外的绝大部分中东国家属于伊斯兰法系，均实行伊斯兰教法。不同法系国家的法律分类、原则术语、法律表现形式、审判模式与技巧、法律适用规则等差异较大，同一纠纷在不同法系国家之间的解决途径各异，大大推高了沿线投资的法律风险。二是“一带一路”沿线国家法治状况、国民道德水平不同而引发的法律风险。“一带一路”沿线国家在贸易投资、环境保护等领域的法律法规、税收规定与我国有很大不同，许多国家有关基础设施的立法仍在不断调整完善，法律修订比较频繁，立法主体层级较多，大大增加了投资者即时把握交易规则的难度。一些国家的行政执法、行政监管十分复

---

〔1〕 伊斯兰法系是中世纪信奉伊斯兰教的阿拉伯各国和其他一些穆斯林国家法律的总称，又称阿拉伯法系。其内容极为广泛，私法比重大于公法。主要包括穆斯林义务、土地所有权、债权法、家庭法、继承法、刑法等。伊斯兰法系中的许多法律规范兼具宗教和道德属性，同伊斯兰教教义有密切联系，是每个伊斯兰教徒，即穆斯林所应遵守的基本生活准则。

杂,执法透明度不高,对外资企业有所歧视,甚至会基于本国政治、经济利益和安全的考量,有针对性地对某些跨国公司进行一定程度的法律管制,由此将会对我国投资企业产生诸多不利影响与潜在风险。[1] 同时,“一带一路”沿线国家的国民道德水平和守法意识参差不齐,还可能产生违约、欺诈等商业道德风险。三是非关税壁垒代表的贸易保护主义引发的法律风险。贸易保护主义利弊相随,利在于可以通过限制进口保护本国商品在国内市场免受外国商品竞争;弊则在于不利于本国工业的进步,易导致国内资源的低效配置,甚至可能失去参与国际分工的机会。当今以美国为首的部分国家贸易保护主义抬头,严重制约着全球贸易自由化进程。贸易保护主义主要是通过关税壁垒和绿色壁垒、技术壁垒、认证认可制度、安全审查、反倾销、知识产权保护等非关税壁垒来限制投资贸易的自由与便利化。“一带一路”沿线国家大多数都属于新兴经济体和发展中国家,经济发展水平和民主法治程度都不是很高,可能会重拾贸易保护主义政策,以维护本国的狭隘利益。这样会消解“一带一路”沿线国家为实现投资贸易便利化所做的努力,并可能由此引发投资贸易法律纠纷。

另外,“一带一路”沿线一些国家在法律上与国际接轨的程度较低,外国企业可能面临较为陌生的制度环境,并导致系列纠纷。从目前来看,我国企业在所在国存在税收缴纳、劳资关系、安全环保、招标程序、并购法律、安全审查等相关风险。因此,我国企业要想站住脚、站稳脚需要基于企业自身优势,契合全球化理念和本地化规则进行合规、合法性经营,做到“入乡随俗”。例如,印度劳动力便宜,但对于罢工权却比较重视;哈萨克斯坦近年来对企业的环境保护要求日益严格;蒙古由于其发展策略的变化,对其吸引海外资本的法律政策进行了多次调整。除此之外,一些国家司法机关不独立、腐败严重、政策不透明,属于高危国家;一些国家政府公信力较差,经常对国外企业进行征收;一些国家还存在当地强权集团利用司法程

---

〔1〕 参见李玉璧、王兰:《“一带一路”建设中的法律风险识别及应对策略》,载《国家行政学院学报》2017 年第 2 期。

序掠夺国外企业的现象。

因此，在沿线东道国进行贸易投资活动时，首先要熟悉当地的法律环境，只有充分了解了当地的法律、法规，才能在投资贸易中避免更多的纠纷。例如，纳税筹划是投资者避税的方法之一，但印度、泰国等国家的税法却认定纳税筹划的行为属非法逃税的行为。东道国相关法律和国家政策与我国的法律和政策存在很大的差异性，如果事前没有了解清楚而是惯性依照本国的法律政策行事，极可能产生违反东道国法律的风险。“一带一路”沿线基础设施建设项目一般投资额度较大，但是“一带一路”沿线一些国家金融市场的法律制度并不健全，效率低，缺乏必要的海外融资权和外汇的自由使用权，造成项目由于后期资金缺乏而中断，这样必然会给金融投资机构带来巨大的损失。

（二）文化宗教风险

文化是各民族、宗教和社会组织承袭下来的相对不变的社会信仰和习俗，它通常引导着人类价值观的形成和社会政策的实施。文化本身并没有风险，但国家间的文化差异及冲突可能影响相互交流，进而给跨国投资和贸易合作带来风险。目前，“一带一路”建设横跨亚欧大陆的 65 个国家和地区，辐射范围内伊斯兰教、基督教、佛教、东正教等教派林立，“一带一路”作为东西方文化融合和交叉的重要地带，国家间的文化交流十分密切，与之伴随的文化冲突也在一定程度上在增加，机遇与风险并存。“一带一路”沿线国家各有其历史和文明，文化演进各有特色，在“一带一路”推进过程中，文化交融是需要深化认知的重要方面。从目前来看，不同国家的身份定位直接塑造了对其自身文化的认知，也影响了其对外国文化的认知。正因如此，导致“一带一路”沿线部分国家对中国文化的认知存在偏差，对“一带一路”倡议的认知存在曲解。由于伊斯兰教存在教派林立、教派冲突的问题，不同伊斯兰国家往往存在较大差异，中国企业在另一些国家的经验往往并不适用于其所在国家。比如，中亚地区大部分国家虽然与沙特等海湾国家同属于逊尼派，但是在社会生活上却较为世俗化；马来西亚、印度尼西亚、土耳其等国家则体现出民主伊斯兰的特征，其社会生活的现代化程度较高；而阿富汗以及巴基斯坦的部分地区，则极为保守，甚至还处于政教合一的传统状态。除了伊斯兰教之外，“一带一路”沿线还存在大量的佛教国家与天主教国家，其社会对于企业亦有相应的期待与禁忌。

宗教、文化环境中的诸多差异可能不会出现于法律的明文规定中，也难以在员工、劳资双方之间口口相传，但却实际存在并极大地影响着劳资双方的关系。我国企业深受国内社会文化环境影响，其行事风格、考虑问题、运营管理及处理上下级关系的方式等有中国特有的社会文化特点，但这些思维方式恰恰成为很多“走出去”的企业产生劳资冲突的重要原因。若因社会文化差异而导致劳资冲突，势必影响企业投资的发展，影响“一带一路”倡议的推进，进一步加剧国内的经济转型的难度。“一带一路”沿线不仅有与中国类似的东南亚和东亚儒家文化、中东地区和西亚地区的伊斯兰文化、欧洲部分地区的天主教文化、印度文化等不同文化，更有不同文化熏陶下的个人主义、集体主义、奉献主义等不同的价值取向。企业管理人员应当了解所在国家的社会文化，避免因文化差异导致的紧张关系。例如，在中东地区的阿拉伯社会中，其特有的政教合一国家模式使宗教完全深入国家的政治、经济、文化和日常生活中，企业不尊重其宗教文化或不遵循其潜在的宗教习俗则会带来严重的劳资紧张关系。因此需要合理安排生产时间，不能与祈祷、礼拜时间冲突，更不能无故加班加点，尤其是在员工特有的作息时间，并应将宗教教规等考虑在内，尽可能避免不必要的纷争。

概言之，文化宗教风险的具体表现如下：第一，文化宗教差异会影响投资者的认知差异，提高“一带一路”倡议实施的交易成本，抑制跨境投资与合作。由于“一带一路”沿线国家的汉语推广和区域性关键语言建设上的相对滞后，导致跨境投资交流因语言理解差异产生认知障碍，实际交易成本提高。同时，“一带一路”沿线国家与中国的宗教信仰差异，也会使二者对投资利益、金融利息、合同规则等产生不同认识，进一步造成交易障碍，影响跨境区域合作。第二，文化差异会影响投资者对“一带一路”沿线国家的熟悉程度，带来更多信息壁垒和信息摩擦，增大合作双方对未来不确定性风险预期，抑制相互投资与合作。长期以来，对欧美国家的关注，使中国更了解和认同西方国家文化，如对基督教文化的认识就多于伊斯兰教文化，使中国与“海上丝绸之路”沿线国家的已有合作比“丝绸之路经济带”国家更多。而巨大的文化和宗教差异使包括中国企业在内的投资主体，至今仍对“一带一路”沿线国家的投资信心不足，不确定性风险预期偏大，影响双边经贸关系的扩大。第三，文化差异会影响东道国和母国之间的价值认同，限制二者的合作意愿与动力。文化差异不仅会影响合作双方对自身地位的重视程度和利益要求，增加双方的不信任程度，更会影响双方合作意愿与对最终目标的要求程度，最终抑制相互合作的正常发展。

（三）环境风险

“一带一路”覆盖区域是人类强烈活动区，也是环境生态的脆弱区，该区域总面积不到世界总面积的40%，却承载了世界70%以上的人口。该区域的人均生态足迹不仅超出了世界的平均水平，而且超出了生态承载能力的80%以上。以水资源为例，该区域年水资源量只有世界的35.7%，但水资源年开采量占世界的66.5%，对水资源和水环境造成巨大压力。以能源消费为例，该区域向世界提供的石油、天然气、煤炭和发电量在世界总量中分别占57.9%、54.2%、70.5%和47.9%，同时该区域也消费了占世界总量50.8%的一次性能源。[1] 因此，“一带一路”区域经济发展方式偏向粗放型，资源消耗较大，生态环境相对脆弱，已经成为相关国家经济持续发展的“瓶颈”与障碍，大大增加了投资的环境风险。

“一带一路”沿线不同国家缘于不同的生态资源条件、不同的产业政策，引发的风险亦不尽相同。例如，欧盟的荷兰、德国、意大利等发达国家，自然资源较为匮乏，一半以上的初级能源依赖进口，国内物种保护数量较多、保护区面积较大。因此，能源、资源合作开发投资风险较大。但是，这

[1] 参见徐鹤等：《“一带一路”战略的环境风险分析及应对策略》，载《中国环境管理》2016年第2期。

些国家高科技密集、创新意识较强、劳动力素质较高，高科技和加工产业应该成为我国企业投资的重点领域。中亚5国及印度尼西亚，能源、资源丰富，受保护区限制和受威胁的物种较少，生态环境风险相对较小。这些国家高储量的煤炭、铁、锌、锡、铝等正是我国短缺的资源，但这些国家普遍面临交通基础设施落后，互联互通严重滞后，资源深度开发受阻等情况。因此，针对这些国家，投资者应以矿产资源开发和交通设施建设为重点，环境风险不大。希腊、土耳其、印度、巴基斯坦、越南、马来西亚等国能源、资源相对短缺，生态环境状况相对较差，基础设施严重落后。印度、巴基斯坦、斯里兰卡等国需要完善交通网络和交通设施，希腊的港口、公路、铁路建设存在巨大合作潜力，中国与这些国家传统的合作主要集中在制造业、旅游及服务业。伴随“一带一路”倡议的推行，应尽快转移投资方向，避免环境风险。俄罗斯、伊朗等国家地广人稀、自然资源丰富、环境质量较高，投资的环境风险较小。我国企业重点投资合作领域应放在资源开发和基础设施建设上。

(四)安全风险

安全风险意指由于恐怖袭击、武装冲突给投资企业人员带来的人身安全风险。“一带一路”沿线区域由于历史问题，民族冲突、宗教对抗、武装冲突频发，投资企业面临人员安全风险。阿富汗、伊拉克、叙利亚、也门等中东国家长期深陷武装冲突，恐怖主义在乱局上“浇了一把火”，使安全问题越“燃”越烈。严峻的安全局势让中资企业的境外项目暴露在危险之下。据商务部统计，2010～2016年，中资企业各类境外安全事件，共发生345起。[1]

当前，我国“走出去”的企业与公民主要依靠领事保护。我国两万多家中资企业遍布于世界近200个国家和地区，虽然我国领事保护制度已经有了长足的进步，但面对沿线我国公民和企业数量的井喷式增长，领事保护的范围及能力也十分有限，驻地大使馆也很难有时间和精力及时解决驻

[1] 参见凤凰网国际智库：《国际安保竞争加剧，“一带一路”将中国安保力量推向世界》，载凤凰网国际智库网：http://pit.ifeng.com/a/20170526/51168688_0.shtml，最后访问日期：2018年5月7日。

外机构、企业的大量问题。因此，中国企业必须在“走出去”的过程中，摆脱对国家的过度依赖，增强组织化能力以实现自保。另外，由于军队的使用受到各国主权的极大限制，警务联络官的效果很大程度上则取决于驻在国是否配合，故而国际实践催生了私人安保服务业的繁荣。

高标准、个性化的安保服务主要依托于专业性的安保服务机构。为此，我国需要大力发展安保服务业，推动中国驻外机构、企业、人员安保服务的专业化、市场化，根据市场需求，提供量身定做的高水平安保服务。因此，中国民营安保企业理应成为海外中资企业和中国公民的首选，以弥补国家安保体系的短板。通过民营安保企业进入驻在国开展安保业务一定程度上也可以避免外交问题。无论在产权模式，还是目标国家准入态度、应对国际舆论影响等方面，私营安保公司都有着政府安保机构不可比拟的优势，更容易为目标对象国政府和民众所接受。因此，一方面，赴“一带一路”沿线投资的企业应组织民间商会、海外投资者协会等社会组织，增强自身的安全力量，提升与当地社会的谈判能力；另一方面，我国也应尽快摸索并推出具有中国特色的海外私人安保服务，使沿线投资的企业和个人能够通过市场来获得安全。

冷战结束后留下的“安全真空”给海外安保公司提供了巨大市场，西方海外安保公司迅速发展，杰富化（G4S）、化险咨询（Control Risk）、黑水、三蓬、橄榄集团等私人安保机构迅速壮大，频频出现在安全热点地区，成为越来越多的政府和企业的首选。客观而言，很多中资企业安全意识淡薄，对安保重视不够，既没有落实国家规定的安保投入，也没有专门的安全管理团队。从国际经验看，安全运营成本一般占到合同标的额度的1%～3%，在部分高危地区可能高达10%，安全成本较高。除了企业缺乏对安保重要性的认识，我国安保公司也存在专业人才匮乏、能力不足的缺陷。当前，安保公司人员大多是退役军人、武警，甚至特种兵，他们有丰富的实战经验，但外语水平、外事能力较差，无法弥补专家型高端人才、外事人才不足的短板。海外安保不是谁“拳头硬”就能高枕无忧，一旦“走出去”就要面临海外陌生而复杂的环境，没有当地的政府关系、社区关系、情报支持，“走出去”就显得底气不足。多数中国私营安保公司在这方面亟待提升，我国应该提供包括法律上的支持与保障，诸如我国私人安保公司在其他国家和地区执行安保任务，东道国是否允许持枪等。

（五）劳工风险

劳工风险是指因海外投资市场不同的劳工保护理念、法律规定对海外投资企业的限制，以及因海外投资企业未能遵守这些条款所导致的风险。由于“一带一路”沿线国家劳动法律制度差异性大，与我国劳动法的规定不尽相同，导致投资企业在当地的劳动雇佣风险增加。因此，投资企业需要在了解国际劳工标准的同时，认真熟知东道国劳动法，企业管理行为应符合东道国法律法规，避免按照我国的劳动思维惯性开展工作。[1]

---

〔1〕越南、缅甸、泰国、老挝、柬埔寨、马来西亚的劳动法规定每周工作 6 天，每日不多于 8 小时，每周不超过 48 小时，每月加班不多于 30 小时，其中部分国家还有夜间不得工作的规定。缅甸劳动法对工厂卫生、车间环境、工作安全都有明确规定，细致到具体操作。同时对工人福利，包括衣物、洗漱、餐饮、休息室、危险操作等也有着具体翔实的约束，甚至规定不得要求女工在晚上 6 时到早上 6 时之间工作。西亚的阿联酋国家劳动法规定没有适宜的本国公民可以胜任的工作，应优先考虑其他阿拉伯国家公民，其次才是其他国籍公民；如果职工工伤或患有职业病，公司支付全部医疗费用。埃及劳动法规定私营公司必须为雇员缴纳医疗和养老保险，公司利润 10% 应分给工人，工资年增长 7%。伊朗的劳动法倾向保护劳动者利益，制定了较高的最低工资标准，每年必须上涨 15%，对解雇雇员作出严格限制，对不签订劳动合同而直接用工的，按伊朗劳动法规定则视为永久雇员。以色列社会保险体系涵盖较广泛，企业缴纳社会保险种类较多。印度劳动法涵盖广泛，包含学徒法、最低工资法、奖金支付法案、雇佣法、生育津贴法案等，是劳动法最严的发展中国家，只做一天的工作也要签订劳动合同，雇主只要触犯条例就会被检控。巴基斯坦劳动法对合同终止的规定适用于长期工，除其行为不当的情况外，不能以任何理由终止其服务，除非由雇主提前一个月通知或给予一个月工资作为补偿，或是雇员本人选择离开其岗位。伊朗劳动法规定劳动者准备辞职或终止劳动合同则有义务继续在原岗位工作一个月，而其在递交辞职申请 15 日内被撤回则认定辞职无效。中亚国家和独联体国家则大体相同，与我国劳动法基本相似，一切按照劳动法规的标准执行即可，但中亚地区矿产资源丰富，我国企业投资大都是能源生产类行业，从事的基本都是危险性工作，企业当重视施工安全。在中东欧十几个国家中，受欧盟影响，其劳动法规对员工福利和社会保障方面较为重视，如塞尔维亚规定的 7 类保险中养老、伤残、医疗、失业则由企业和员工各自承担一半，病假、事故保险和劳动基金则由企业全部承担。参见石美暇、朱往立：《“一带一路”视角下的劳动关系研究》，载百度文库网：https://wenku.baidu.com/view/f09a072dabea998fcc22bcd126fff705cc175c04.html，最后访问日期：2018 年 3 月 1 日。

多数“一带一路”沿线国家的劳动法规按国际劳工标准执行,或与劳工标准冲突时以对职工有利的原则执行。例如,东南亚各国、希腊、蒙古等对于夜班工作都有着具体的限制,有的是明确不允许夜班工作,有的规定夜班工作需支付额外薪资。对于加班也有限制,部分国家规定每月加班不得多于30小时。同时几乎所有国家都强调对女性职工的保护,具体规定不尽相同,需要企业认真熟知当地法律并遵守,避免因加班、拖欠加班费用或薪资等违反当地法规的事件引发劳资纠纷。

因此,要建立友好的劳资关系应注意以下三个方面:首先,劳资双方自觉遵守劳动合同。双方应根据所在国家的劳动法规,以及企业自身利益进行平等协商,明确双方责任和义务,聘请人力资源和法律专业人员审核,避免合同出现违背法律或双方利益的漏洞。在不同国家进行投资时,对劳动合同进行相应调整,以适应所在国家的劳动法规和社会文化。其次,发挥工会组织作用。在企业、驻地大使馆、政府和工会的四方协调机制中,工会为劳动者发挥了监督、权利分享和保障利益的作用,同时部分国家的工会在集体谈判中发挥了重要作用。我国企业在“一带一路”沿线投资时应立足长远发展,依法组建工会作为劳资双方协商交流的平台,注重发挥工会在出现劳动关系紧张或劳资冲突时的重要作用。最后,改善管理水平。由于劳动者的社会文化及工作背景的不同,企业管理理念、管理方式都有可能成为劳动关系紧张的爆发点。在“一带一路”沿线国家的企业管理过程中,应尽量避免按照国内的管理思维来解决员工问题;公平公正地保障劳动者权益、妥善处理人际关系、明确工作范围、保障工作环境和工作安全、健全职业培训制度、公正公开绩效考核、确保员工福利。

四、特殊类型风险

(一)反垄断审查风险

在跨国并购中,东道国政府为了维持国内产业公平竞争,常常对收购企业进行反垄断审查。绿地投资模式,即根据东道国的法律新设经营实体,往往需要一步一步进行,慢慢积累,无论是从企业规模,还是市场影响力，本身不容易引发反垄断审查。而跨国并购和收购多半是与东道国既有目标企业直接合作，短时间内即可形成强大的竞争力和较大的市场份额，更容易引发东道国反垄断的法律审查。以中铝收购力拓案为例，澳大利亚1975年《外资收购与接管法》及其相关条款规定，对于将导致外国人控制澳大利亚公司且与澳大利亚国家利益不符的外国投资申请，澳大利亚政府有权审查阻止，小型投资项目则无须该法批准或备案。而中铝按照协议注资转股后，其对力拓集团的整体持股比例将超过该法案规定的不要审核的比例，因此受到长时间的审查。[1]

（二）安全审查风险

晚近，我国海外投资企业经常遭遇东道国以维护国家安全为理由而进行的安全审查，不少收购、并购因此受阻。例如，2004年联想收购美国国际商业机器公司全球台式电脑和笔记本业务、2009年西色国际收购美国内华达州金矿项目、2005年中海油收购美国优尼科石油公司等，均因东道国的国家安全审查而夭折，损失较大。其中，“三一重工诉奥巴马案”最为典型。[2]

---

〔1〕 参见梁永：《中国投资者海外投资法律与风险防范》，法律出版社2011年版，第84页。

〔2〕 2012年我国三一重工集团在美关联公司拉尔斯（Ralls Corporation）收购了4个俄勒冈州风电场。其中一个风电场位于美国海军限飞空域，其余几个也离军事管制区不远。2012年7月25日和8月2日美国外国投资审查委员会发布两道临时禁令，要求该项目立即停止建设和运营，并撤出物资。此举导致三一重工损失2000多万美元。9月12日，拉尔斯公司向美国哥伦比亚特区联邦地方分区法院起诉了美国外国投资审查委员会。9月28日，时任美国总统奥巴马以威胁国家安全为由，签署总统令，再次禁止该项目。10月1日，拉尔斯公司追加奥巴马为被告。该案11月28日开庭审理，初审法院作出批准美国政府撤案动议的初审判决，拉尔斯公司不服上诉。2014年7月15日哥伦比亚特区联邦上诉法院作出判决，推翻了原判决，且合议庭一致认为：(1)三一重工在美国关联公司拉尔斯在BC项目中具有受宪法程序正义保护的财产权；(2)奥巴马签署的禁止BC风电项目的总统令违反了程序正义，剥夺了拉尔斯公司在BC项目中受宪法保护的财产权，美国政府需要向拉尔斯公司提供相应的程序正义，包括美国外国投资审查委员会或总统作出的相关决定所依赖的非保密信息和在了解相关信息后回应的机会；(3)美国外国投资审查委员会就BC项目针对三一重工各公司下达的各项命令，不因奥巴马总统令的下达而自动规避法院的审查。初审法院应就拉尔斯对美国外国投资审查委员会各项命令的挑战和诉求立案并进行实质审查。三一重工取得了上诉的胜利。参见漆彤主编：《中国海外投资法律指南》，法律出版社2019年版，第36页。

“一带一路”沿线国家的安全审查立法及程序尚不及发达国家完善，正因如此，其安全审查程序不透明、不可预期，为投资者造成更大的不确定性。

国家安全审查程序是 GATT 第 21 条最惠国待遇原则的例外。美国从 20 世纪 70 年代起即开始关注外资对国家安全的影响，1988 年国会通过了首部针对外国投资安全审查的《埃克森—佛罗里奥修正案》，该法案授权美国总统对外资的合并、收购及接管进行国家安全审查，并制定了具体审查程序、措施等内容，并在 2007 年通过《外国投资和国家安全法》对安全审查制度进行了进一步完善。2018 年美国总统特朗普签署《美国外国投资风险评估现代化法案》，对外资安全审查的程序和条件变得更加严格。但“三一重工”在美诉讼的胜利表明，赴“一带一路”沿线投资的企业，应对投资项目所在的东道国进行全面的调研和考察；遭遇安全审查程序后，可以雇用当地优秀律师，积极运用法律手段维护自己的权益；此外，应注重储备精通国际投资法规、熟悉东道国政治经济和法律文化的复合型人才。

本章小结

“一带一路”沿线国家多为新兴经济体，整体经济基础薄弱，经济结构单一，部分国家地缘政治复杂，政权更迭频繁，经济、政治风险较高。赴“一带一路”沿线投资的企业面临的投资风险具有综合性、复杂性、多变性和长期性等特点，需要综合评估，合力应对，既要考虑到投资过程中的经济、经营方面的商业性风险，更要看到地缘政治因素变化引发的政治性风险，以及法律、文化、社会差异等导致的其他风险。同时，“一带一路”沿线的地缘政治经济趋势正在改变企业的投资环境，主导世界空间格局演变的因素逐步过渡到人文环境、地缘经济，国家间互相交往的主要动力亦转变为经济发展与合作。尽管“一带一路”沿线投资风险普遍高于世界其他区域，但投资安全指数晚近在不断提升,投资机遇大于投资风险。[1] 因此,投资者可以因地制宜,根据国家风险水平和区位优势,适当区别对待。例如,投向与中国贸易额持续增长的、合作空间较大的23个国家,[2]投向印度的通信和软件业、西亚的能源产业、东亚和南亚的基础设施建设、俄罗斯和中东欧的加工制造业等。由此,我国投资者在赴“一带一路”沿线国家投资的过程中,需要详尽熟知东道国的文化、法律、宗教等政策环境,充分了解合作方及行业发展状况,有效利用国家层面防范政治性风险的制度与机制,重视企业的安保安排,积极处理相关投资纠纷,尽到审慎、勤勉的注意义务,方能最大限度地防范、缓释可能的投资风险,实现投资的高回报与可持续。

---

〔1〕 2017年,新加坡投资安全指数最高,达90.9分;波兰、捷克、保加利亚、马来西亚、立陶宛、斯洛文尼亚、印度等国处于中上水平,得分在80~90分之间。参见计金标、梁昊光主编:《“一带一路”投资安全蓝皮书:中国“一带一路”投资安全研究报告(2018)》,社会科学文献出版社2018年版,第65页。

〔2〕 越南、伊拉克、巴基斯坦、泰国、孟加拉国、黎巴嫩、埃及、菲律宾、印度、柬埔寨、以色列、斯里兰卡、埃塞俄比亚、约旦、马尔代夫、马其顿、斯洛文尼亚、叙利亚、东帝汶、亚美尼亚、捷克、塞尔维亚、不丹。参见计金标、梁昊光主编:《“一带一路”投资安全蓝皮书:中国“一带一路”投资安全研究报告(2018)》,社会科学文献出版社2018年版,第165页。

第二章 “一带一路”沿线商业性风险的防范与应对

“一带一路”区域的商业性风险和政治性风险均高于世界其他区域，针对政治性风险，投资者自身很难避免。商业性风险的防范与规避，则需要投资者和政府的双重努力。一方面，投资者需要审慎、勤勉，凭借经营经验与智慧，进行前瞻性谋划，把风险控制到最低。根据不同国家的市场竞争情况、经济发展水平以及企业自身情况，作出最优的投资模式安排，以实现利润的最大化。另一方面，我国政府应该在信息的获得、东道国风险预警、行业政策变化等方面为企业提供有益参考，助力企业投资决策实现风险最低、回报率最高。

第一节　投资企业防范商业性风险的主要措施

一、完善风险评估管理体系

拟向“一带一路”沿线国家投资的企业，应针对“一带一路”沿线不同国家的不同级别、不同种类的风险，实施差异化经营和管理，确立不同的风险预案。已如前述，“一带一路”沿线不同国家的商业风险亦不尽相同，新加坡、哈萨克斯坦等国风险较低,阿富汗、叙利亚等国风险较高。就全域布局的投资者而言,针对不同等级的商业风险,应区别对待,建立分级、分类的多层次风险管理机制,最大限度实现风险的有效防范。

其一,企业投资需要确定一套科学合理的风险评级机制,对“一带一路”沿线各国和地区做好商业风险的评估与计量,减少在开展投资业务时由于盲目性而造成的损失。亦可参照世界知名评级机构(标普、穆迪、惠誉、大公国际等)以及我国政府发布的相应风险预警提示信息,综合评判投资目的国的风险水平,为投资决策提供科学依据。

其二,在各国进行投资、开展业务时,要根据该国商业风险级别,制定符合实际的经营策略,特别是对商业风险评级较高的国家,例如,叙利亚、越南、阿富汗等,设计有针对性的投资方案,尽可能利用投资保险分散投资风险,降低投资损失。

其三,针对不同的风险类别,制定不同的风险防范策略。在金融风险、汇率风险方面,应注重东道国本币和人民币汇率的波动、国际资本市场、融资借贷市场、股票证券市场的变化情况,适时兑换并汇出,尽可能避免金融市场波动带来的损失。在市场经营、企业管理风险方面,应注重相关行业的国际市场调研,强化企业内部的管理,优化管理流程,提高管理效率,防患于未然。在法律、环境、劳工风险等方面,应注重学习和研究东道国属地法律、政策,通过律师或法律部门充分了解东道国规范、风俗惯例与制度习惯,提前作出不同的风险应急预案。

其四,在企业整体风险管理机制的基础上,强化各个具体项目的风险管理。企业投资者风险的全面防范,最终应落实在每一个具体的项目、每一笔具体的投资上。资金占用量大、期限长的项目,风险一般较高,应成立专门的项目风控部门进行有针对性的管理与预防。对国家间关系相对稳定、合作意愿强烈、容易达成共识的项目优先考虑,明确母公司、子公司、项目部不同层次的分工与风险责任,最终实现投资风险有效管控。

其五,沿线投资企业的内部应构建科学的投资风险动态监控系统。风险动态监控体系应该贯穿整个投资项目流程中,至少应该包括前期的调研分析,投资过程中的风险识别,以及投资效益的风险评价。在资源匹配方面,沿线投资企业应有效整合内部资源和外部资源,将政府力量、行业协会、服务机构等外部力量与企业自身可利用的财务资本、社会资源动态结合起来,打造科学、严密、高效的动态风险监控系统。

二、做好前期风险调研,充分了解东道国法规与政策

沿线投资企业应该致力于对投资环境的调研分析,全面把握东道国的政策、法规与市场行情。针对不同的投资环境和投资机会采取不同的投资思路和投资方式。在具体实施过程中,既要考量自身的投资实力和资源禀赋,又要考虑与东道国的经济、政治、法律政策的契合性,进而采取最适宜的投资模式展开投资。而且,沿线投资企业应该进一步提升自身的技术水平,扩大沿线国别投资人才的储备、培养和使用,尤其是高水平的律师、财务人才,以有效降低投资风险。

此外,沿线投资企业应进一步加强与政府部门及中介机构的合作。我国贸促会、商务部、驻外使领馆及时有效的支持和帮助是企业投资成功的重要保障,亦是企业整体投资风险防控机制中最重要的一环。例如,投资前期的调研分析可以有效借鉴上述部门提供的数据信息及投资机会;投资项目审批通过后,可以向“中国信保”投保政治性风险的保险;沿线投资受阻时,可以寻求使领馆及我国政府部门的帮助和支持。另外,沿线投资企业还可以借助其他中介力量,如东道国的律师事务所、商务咨询公司、调查公司等,为其提供更广泛的法律帮扶和风险应对服务。

投资企业的风险调研,主要应该侧重于东道国的投资政策与法律、劳动用工与环境保护规定、产品市场状况,以及是否需要与当地投资者进行联合投资、采用什么样的投资模式等。前两个问题可以委托咨询机构、律师事务所进行研判,市场与产品情况可以借助行业协会的力量进行评估,对东道国的投资伙伴需要进行包括财务、信用、法律在内的全方位的尽职调查。最后结合东道国的实际情况、企业自身的技术与产品水平、资金实力及调研结果,综合选择最优的投资模式,以期最大限度地避免风险,实现

投资的高回报率。

投资企业对目标国家的调研应注重以下几个方面：

1. 市场准入的规定与政策。“一带一路”沿线一些国家出于对保护本国经济利益的考虑,往往会通过设置严格的法律和市场准入门槛,以及苛刻的审核程序,来限制海外投资主体及产品进入其本国市场。比如,欧盟对于食品行业投资的市场准入标准比较严格,符合中国标准的商品企业在欧盟则可能面临许多不确定性。晚近,贸易保护主义势力的抬头,从以往赤裸裸的诉诸关税壁垒,到今天各种隐形非关税壁垒的实施,贸易保护主义的形式可谓不断翻新,由此引发的法律风险愈演愈烈。中海油收购优尼科失败就与美国对外国投资安全审查制度和贸易投资保护政策密切相关。

2. 知识产权保护的规定与政策。国际投资法发展的一个重要特征是高标准的知识产权保护,这方面的规定甚至比 WTO《与贸易有关的知识产权协议》的要求更高,这就要求一些国家对其现有的知识产权法进行有效调整。在“一带一路”沿线的发达国家,比较注重知识产权的保护,可能会引发知识产权保护纠纷。2018 年上半年的中美“中兴事件”深刻说明了核心技术受制于人,没有自主知识产权的弊端。在“一带一路”沿线国家投资的企业应懂得如何运用知识产权战略和策略去维护自身合法权益,获得和保持竞争优势。

3. 劳工权益保护的规定与政策。随着国际社会对人权关注程度的提高,劳工权保护已成为国家的义务和企业的社会责任。“一带一路”可能存在的劳工风险主要有:一是因不平等招工,忽视所在国特有的民族问题、性别问题等,触犯与劳动平等及反歧视等相关的法律;二是漠视所在国法律赋予工会的权力,未能与当地工人及工会形成良好关系,可能会面临罢工和激烈抗议的风险;三是在雇工待遇和福利保障方面,如果触犯所在国的劳动法,可能面临处罚、诉讼,甚至导致并购失败等风险;四是企业在进行人员裁减或调整时,要特别注意所在国有关裁员力度、裁员补偿等方面的法律,否则也容易引起纠纷。

4. 关于环境保护的法律与政策。随着国际环保意识的崛起，世界各国尤其是发达国家的环境保护标准和法律越来越严。我国在“一带一路”沿线投资的企业需要严格遵守所在国的环境标准。但部分中资企业由于在海外投资中履行环保社会责任存在缺陷，已发生过多起此类事件。例如，在柬埔寨，当地政府曾因环境问题收回了中国投资者的森林采伐权。中石油和中石化在蒙古、印度尼西亚等国的某些项目也都遇到了当地环境组织的抵制及政府环境规制方面的问题。大量的事实、经验告诉我们，企业只有遵循绿色“一带一路”建设思路，努力适应国外环境标准和法律，才能减少因环境问题而引发的法律争端。

三、选择适当的投资模式，实现利益的最大化

影响我国投资者在“一带一路”沿线国家投资模式的主要因素有二：一是企业自身的管理、技术水平、资金实力等；二是东道国的经济、技术、市场潜力、风险状况等。一般而言，制造业及技术水平较高的企业可以选择“绿地投资”（新设投资）模式。管理能力较高的企业，适合于并购、收购模式。市场竞争不充分或很弱的产业，可以选择“绿地投资”模式，市场竞争处于中间的产业，可以选择并购和收购模式。“一带一路”沿线国家按照经济发展水平可以分为三类：发达国家、发展中国家和转型经济体。发达国家，如波兰、捷克、新加坡等，技术水平高于“一带一路”沿线其他国家，经济发展水平和劳动力成本较高，但国内市场潜力和市场规模较小。我国企业相对而言没有比较优势，投资数量较少。发展中国家主要集中在东南亚、南亚、西亚、北非等区域，一般自然资源丰富，劳动力和环境成本低，基础设施和技术水平落后，市场潜力和规模比较大。因此，我国企业比较优势明显，适宜“绿地投资”模式。转型经济体主要是指位于中亚、中东欧的一些国家。经济发展水平较快，劳动力、环境成本和技术水平都在不断提高，经济转型期对外资需求量较大。因此，我国企业可以绿地投资为主，针对个别高科技产业也可以选择收购、并购模式。

由此，“一带一路”沿线国家的市场发展潜力、劳动力成本、投资环境、

技术水平以及我国企业实力、技术水平等诸多因素对投资模式有着重大影响。前往“一带一路”沿线的中亚、南亚、东南亚等发展中国家的直接投资宜采取“绿地投资”的方式,将重点放在拓宽海外销售渠道,加强信息的采集与收取。而在新、波、意等发达国家的投资,宜采用跨国收购、并购方式,将重点放在新产品的研发与创新,以及先进技术的获取与利用上,充分利用发达国家先进技术实现我国制造业的转型升级。

此外,投资模式的选择还须注意以下几个问题:(1)投资者应根据企业自身规模和技术水平选择投资模式。当企业具有技术优势时,可优先选择“绿地投资”,没有技术优势而具备一定的资本实力时,可以通过跨国并购获得新技术。企业竞争力在产业链中不具备明显优势时,可通过与竞争力强的优势企业进行合作或并购提高自身的产业竞争力,争取在全球价值链分工中提高自身的地位。(2)了解东道国的最好途径是在投资决策之前,通过对东道国的投资环境、产业发展状况、市场规模等进行充分的分析与研究,在调研基础上选择适宜的投资模式。“一带一路”倡议覆盖范围广,不同国家和地区的经济发展水平、制度环境、文化习俗等差异很大,我国投资者在对其进行直接投资时,要充分考虑到这些因素,借鉴和吸取国内外对外直接投资的经验和教训,衡量企业产品是否符合东道国的发展状况与市场需求。(3)重视高科技对投资模式的影响,加大对科学技术、科技人才等软实力的投资力度。科技是第一生产力,伴随着日益激烈的国际竞争,科技与人才的竞争渐趋成为企业角逐的关键因素,我国企业由于技术水平不高,在国际产业价值链中以低端的加工制造业为主。因此,可以通过跨国并购、收购的投资模式,借鉴国外先进生产技术与管理经验,提高企业技术水平,弥补与发达国家之间的技术差距。此外,跨国并购与收购不仅需要强大的资本支撑,而且需要与当地的法律政策相契合;进行“绿地投资”对中小企业的学习能力、风险防控及投资经验的要求较高,不但需要国家政策的支持,更需要企业自身不断积累,抓住机遇。企业需要通过对外直接投资模式的选择对自身的长远发展进行谋划。

四、合理选择所适用的法律及救济途径

法律适用和纠纷解决是风险防范的最后保障。“一带一路”沿线国家分属不同法系，法律机制、诉讼模式、仲裁形式等纷繁复杂，差异较大，若适用东道国的法律或争端解决方式，囿于属地保护主义的倾向，可能无法公平保护我国投资者权益。尤其是民商事领域的法律适用，不同国家的冲突规范不尽相同，如俄罗斯的国际私法规定了“当事人意思自治原则”，因此，投资者在订立相关合同时，应充分利用对投资者有利的法律适用规则，选择对自己有利的准据法。

国际投资争端解决的途径概而有三，即东道国法院诉讼、东道国仲裁、第三国或国际仲裁。一般而言，通过第三国仲裁机构仲裁和国际仲裁机构仲裁可以避开东道国的属地管辖，比较公平地保护投资者权益。因此，投资者应重视纠纷解决途径的事前选择，避免纠纷发生后的仓促与被动，从被动应诉变为主动利用各种国际贸易规则和法律机制来维护自身的合法权益。同时，我们还要认识到，沿线许多国家，如哈萨克斯坦、土库曼斯坦、伊拉克、黎巴嫩等，不是 WTO 成员方，这些国家将不受 WTO 争端解决机制的约束。还有一些国家，如伊拉克、沙特、马尔代夫等国，不是《承认及执行外国仲裁裁决公约》(《纽约公约》)缔约国，这就意味着针对这些国家的投资贸易争端，即使通过国际贸易仲裁取得了有利于我方的裁决，但其承认和执行仍存在很大的不确定性。沿线还有些国家不是《解决国家与他国国民间投资争议公约》(以下简称《ICSID 公约》)的缔约国，如俄罗斯、波兰、伊拉克等，只能根据《ICSID 附件便利规则》选择其仲裁，但这样又面临仲裁裁决在东道国的二次审查及执行的困境。因此，在签订相关投资合作协议时，对合同的法律适用和纠纷解决途径，需要进行前瞻性约定，选择最适合本协议，能够最大限度地维护投资者权益的法律和纠纷解决方式。

五、充分重视对东道国企业员工的安全保障

近年来，我国企业及其员工境外遇险人数不断上升，抢劫、绑架、工伤、

自然灾害等安全事件频发,伴随“一带一路”倡议的深入推进,对包括人员、财产安全在内的海外投资利益的保护日趋严峻。要保护我国在沿线员工的人身、财产安全主要有以下三种途径:一是国家层面,二是专业性安保公司,三是投资企业自身的安保建设。

就国家层面而言,针对“一带一路”沿线我国公民的安全保护更多的是停留在日常安全风险信息提示及针对突发、严重事件的外交保护,国家对介入沿线我国公民的安全保护问题上保持了低调姿态。一方面,国家力量对于境外安保过多的介入可能引发东道国的疑虑和抵制,引发东道国对“一带一路”倡议的抵触;另一方面,受到我国驻外使领馆人员、精力、预算等方面的制约,国家领事保护服务难以满足日益增长的企业安全需求。

从国内专业性安保公司的海外发展状况来看,尽管国内安保业一致认为,“一带一路”背景下国际安保市场容量巨大,甚至有人认为随着世界反恐形势日益严峻、中国对外投资不断攀升,一个万亿市场、千亿收入、百亿利润的世界安保市场正在形成。但仍应理性看待我国安保业国际化问题,充分认识到国内安保公司在专业人才储备、当地资源积累、海外业务运营以及资本市场运作等方面存在的短板和不足。据不完全统计,目前国内有近6000家安保公司,500余万安保从业人员,只有20家实质性地开展了海外业务,主要以安全培训、海外营地核查等传统业务为主,在安全评估咨询、安保方案设计、情报网络构建、风险信息分析、绑架勒索谈判以及医疗救援和紧急撤离等综合性安全服务方面还处在起步阶段,暂时无法有效提供诸如尽职调查、监管合规、执法沟通、证据收集以及突发事件应急救援等安全服务,尚需要一定时间的海外机构布局、安保资源积累以及专业人才培养,才能逐步建立专业化、综合性的“一揽子”安保解决方案,全面满足“一带一路”沿线企业的安保需求。相较之下,化险咨询、杰富仕等国际知名安保公司,海外网络十分发达,业务内容成熟完善。

就投资企业层面而言,由于习惯了国内长期以来安全稳定的社会环境,出于节约成本考虑,部分“一带一路”沿线企业,尤其是中小企业普遍对员工安全意识、日常安全管理以及突发事件应急处置经验等不够重视。

许多企业的海外机构安保工作通常由行政、后勤、人力等部门人员兼任，安全管理专业性较为欠缺。同时，沿线企业之间在海外组织协调、相互支持、服务保障等方面尚未协同，基本处于单打独斗的局面，造成业务运营过程中面临“高风险、低安保、损失重、救济弱”的困境，中资企业应对安全风险始终处于应急处置、被动处置的局面，有时甚至由于短板而带来血的教训，给沿线投资企业敲响了警钟。外部安全形势倒逼沿线企业必须结合自身实际建立完善的安全管理体系，切实提升安全管理能力。

由此，当前“一带一路”沿线投资更多地应该依靠企业自身提高安保意识，健全安保机制。

1. 注重安保风险的评估和预判

当前“一带一路”沿线投资的企业主要有两大类：一类是以劳务输出为主的人员密集型企业，主要集中在基础设施建设及油矿资源开采行业，具有人员集中度高、作业范围偏远等特点，大多需要建设大型营地并建立完善的安全管理机制。另一类是以贸易往来和投融资为主的商务型企业，涉及长途差旅、酒店住宿、商务会议等内容，具有人员分散、行程随机性强等特点，安全风险难以量化识别并得到有效控制。不同类型的投资企业需要根据自身特点进行风险预评估。安全风险评估的关键是充分了解东道国的安全形势和项目所在地的社会治安状况。可以通过驻外使领馆、当地中资企业、安保咨询公司、对外工程承包商会等渠道获取主要信息。以高风险东道国及区域为例，一般需要关注两个方面的安全信息：一是投资企业所在国家具体地理位置和周边环境情况，包括但不限于军警机构、地标建筑、商场娱乐、交通枢纽等，项目人员来源及规模，外派员工居住情况，包括但不限于野外营地或城市中心区、集中或分散住宿、人员活动是商务差旅或野外作业等；二是所在区域或城市的安全形势和治安状况，如党派、军队、民族宗教、地方部落、地缘政治，以及反政府武装、恐怖组织活动、抢劫、绑架等社会治安形势等，重点关注针对外资企业尤其是中资企业的重大安全事件。在充分掌握安全情报信息的基础上，对目的国安全环境和企业自身情况进行全面分析，系统评估可能遇到的安全风险并进行分类与分级，结合企业自身安全风险承受能力和风险偏好，统筹部署营业办公场所选址、安保人员配备、防范设施安装、管理制度起草、应急资源准备等措施，有针对性地提前规避、转移、缓释安全风险。

2. 完善沿线投资安保风险管理制度

沿线投资一般具有周期长、范围广、资金量大、涉及因素复杂等特点，尤其是在海外安全高风险区域项目多、劳务输出量大、业务拓展迅速的大型集团类企业，应从总部层面构建“统一管理、统一架构、统一平台、统一标准”的专业化和常态化的安全管理机制，为海外机构安全运营提供系统性支持保障。例如，对标国际一流安保公司的经验，培养自己国际化、专业化的安保队伍；健全、落实安全责任制度，主要负责人即第一安全责任人；制定完善的安全管理制度规范，对安防消防、突发事件的预防处置进行细化规定；提升安防系统建设，包括但不限于建设壕沟、铁丝网、瞭望塔、沙袋墙、武装力量巡逻防卫、内保人员贴身保护、金融机构视频监控、门禁控制、驻点保安值守、武装押运等人防系统。

3. 建立严格的安全服务外包管理与监督制度

由于沿线投资企业，尤其是中小企业，安保工作的专业性较弱，多数情况下需要将安全服务进行外包，依托当地安保公司提供安全产品与服务。在此过程中应树立“服务外包但责任不能外包”的理念，通过多种方式监督安保公司履职，避免出现“以包代管、一包了之”的思想。例如，提前审核安保公司经营资格和服务资质，在合同中明确服务连续性安排和突发事件应急处理机制，定期评价履约情况、服务态度、响应速度等服务质量并与服务费用挂钩，并建立定期沟通反馈机制等，以持续获得优质的安全服务质量和效能。

此外，“一带一路”沿线投资企业最终应建构“三化”安保风险防范机制，缓释安保风险可能造成的人员财产损失。首先，海外安保体系建设应强调常态化。企业将安保体系建设作为日常经营的核心问题，适当加大海外安保经费投入，建立并实施相对完善的安保整体解决方案。加强外派人员的安全培训，全面提升派驻海外的企业管理人员和从业人员的安全意识和操作技能,增强应急处置和自救互救能力。其次,海外安保体系建设应强调专业化。支持专业化的外部情报收集机构、安全风险评估机构和安保团队的发展,为“一带一路”海外安保体系建设提供智力支持。鼓励企业聘请专业安保执行团队,提供情报信息收集与研判、安全风险评估、安全咨询与设计、现场保护、突发事件应对等立体化安全保障服务和整体解决方案,逐步提升企业海外安全保障能力和水平。最后,海外安保体系建设应强调产业化。加大海外安保、评估、咨询服务机构的建设,探索采用混合所有制的形式建立专业顾问公司、评估公司和信息情报机构。针对中央企业海外投资的资产规模进一步增大,企业派驻海外的员工数量进一步增加的形势,同时为了防范西方安保公司利用雇佣机会掌握中央企业的商业机密,应整合国内安保产业优势资源,扶持国内民间安保力量,探索中国海外安全治理市场化建设,可以考虑海外注册或者入股海外安保公司等多种方式,逐步实现项目外包由国内专业安保公司承接或者主导。

六、充分利用我国现有机制缓释东道国政治性风险

首先,可以充分利用政策性金融机构规避风险。如“中国信保”是国家专门为降低“走出去”的企业所面临的风险而设立的政策性金融机构,主要承保政治性风险,即战争内乱、征收征用、政府违约、汇兑等风险。由此,无论是进出口企业,还是投资企业均可根据“中国信保”的业务条件申请投保,通过进出口保险和投资保险的方式,降低、缓释相关风险。当然,由于“中国信保”机制的不足和缺陷,所涉内容较多,本书将另行专章论述。其次,注重学习、利用中国与“一带一路”沿线国家之间签订的 BIT 的规定,尤其是关于国民待遇、市场准入、投资争端解决等保护投资者权益的相关规定,依约保护投资者自身权益。由于双边投资协定的缺陷导致难以充分保护我国投资者的利益,所涉内容较多,本书将另行专章论述。再次,在未能获取“中国信保”担保时,亦可寻求 MIGA 的支持。我国是该机构创始成员国,但长久以来未能充分重视 MIGA 对我国海外投资风险担保的作用,在“一带一路”倡议推动下,可以重拾与 MIGA 的合作,尤其是投资

企业。当然,由于 MIGA 的语言、程序、申保条件等较为复杂,投资者需要委托给专业的律师团队来完成。另外,我国政府及“中国信保”需要继续强化、完善与 MIGA 的合作机制,为企业投资者向 MIGA 申保理顺通道,由于所涉内容较多,本书亦将另行专章论述。最后,东道国的税收政策直接影响了投资企业的利润空间,除了全面了解东道国的税法、税种、税率之外,还应积极利用我国签订的双边税收协定。但是我国当前的双边税收协定存在一些问题,需要进一步完善,所涉内容较多,本书亦将另行专章论述。

七、保守商业秘密,严防失密、泄密

“一带一路”沿线投资的企业大多是国有企业,不仅代表了企业本身,还代表了国家和行业利益。伴随沿线投资企业越来越多,竞争越发激烈,人员流动日趋复杂,商业秘密的泄密风险空前加大,保密管理越来越困难。刺探、获取竞争对手的商业秘密,或者故意泄露竞争对手的商业秘密,越发成为企业背后博弈的“撒手锏”,这必然为企业保密工作带来严峻的挑战。

如“中兴事件”,其起因是因为中兴高层赴美考察,董事长秘书被美国海关安检电脑时,查出电脑中存有向伊朗出口设备的会议全部记录以及相关决议,这些机密材料原本是不能带出国的,由此可知中兴公司的保密管理制度亦存在明显漏洞,此事件应该引起我国沿线投资企业的警醒。诚然,在当今错综复杂的国际商业背景下,通过窃取他国国家机密或商业秘密而决战商场的事例不胜枚举,然而令人匪夷所思的是,我国企业为何在屡屡“失利”的情况下依然“重蹈覆辙”,这需要我们进行认真思考。

由此,“一带一路”沿线投资企业应高度重视商业秘密的管理与规范,严防失密、泄密,重视对员工的保密教育,组织保守企业商业秘密的专项培训,反复强调、宣传保密的重要性。首先,企业管理层应重视保密管理,尤其是企业在参与有多家外国企业竞标、谈判的项目时,高管及其参与人员应该严守商业秘密,确保不会发生失密、泄密事件。其次,企业应该根据自

身情况建立严格的保密规章，形成制度规范，做好公示和宣传，确保员工能明确知晓保密规章的存在，以及违反保密规范所应承担的法律责任。最后，与员工签订专门性的保密协议，或者在劳动合同中约定详细的保密条款，提高员工的保密自觉性，规范员工的日常行为。

第二节　政府层面的防范措施

国家在“一带一路”沿线投资风险管理和应对上，尤其是在风险识别、风险预警、风险分散和风险防控方面，应该有更多作为，完善、建构相关的防范机制与制度，为我国投资者安全走进“一带一路”沿线国家并平安回归，创造更多的保障。一方面，国家可以进一步强化“一带一路”沿线国家风险识别和预警，及时、准确发布相关风险信息，为企业决策提供更多的支撑；另一方面，国家更重要的着力点是规则的完善和制度的建构。例如，完善我国海外投资保险机制、完善与“一带一路”沿线国家的双边投资协定、强化 MIGA 对沿线风险的分散作用、建构多元化的投资争端解决框架等。后者涉及相关制度的建构与完善，将在本书后边几章中详细阐述。由此，本节主要阐述第一方面的内容。

一、完善风险识别和风险预警机制

第一，“中国一带一路网”、中国贸促会对“一带一路”沿线国家风险预警已经常态化，但主要集中在人员安全及非商业性风险上，对于商业性风险的预警机制尚有较大的提升空间，且部门之间的风险预报不统一、不协调，可能误导沿线投资，引发误判。例如，国际游资风险、汇率波动、市场行情风险的预警体系缺失，且没有进行分类、分级综合预警。我国知名的信用评级机构——大公国际资信评估有限公司也主要针对“一带一路”沿线国家的政治性风险进行预测，对“一带一路”沿线国家市场行业风险的预测相对较少，且“一带一路”沿线国家的主权信用评级严重滞后，2018 年的信用评级只针对了土耳其、匈牙利、沙特阿拉伯、印度和马来西亚。中诚信国际信用评级有限公司2018年针对国家主权信用评级，在“一带一路”沿线只更新了俄罗斯一国的主权信用评级信息，评级报告的滞后性导致预警功能丧失，并影响机构本身行业影响力的提升。一方面，可能因为国外商业风险的预测，涉及国内外两层次的行业、市场、资本等多方面因素，难度较大。另一方面，当前我国这方面的商业人才比较缺乏，尤其是精通中东欧小语种的国际商贸人才长期比较匮乏。第二，“一带一路”沿线风险预警的多边合作机制缺位，未能实现信息共享和数据共用。因此，应强化与“一带一路”沿线国家的沟通协调，以“亚投行”“丝路基金”“上合组织”等多边机构为依托，实现各国风险信息无时差共享和跨区域网络联合监管，提升在重大问题上的政策协调和监管一致性。第三，构建现代化、高效的监管机构，全力推动“官僚式”运营方式向兼具专业经纪人和政府监管的双层运营模式演进。因此，商务部、贸促会等职能部门有必要建立统一的公共信息服务平台，发布重点国家和地区的风险评估报告及相关投融资机会。例如，常态化发布“一带一路国别投资安全指数”，为沿线投资企业提供投资风险信息服务及解决方案，助益企业稳健“走出去”，安全自由返回来。商务部、贸促会等投资管理部门应进一步强化外资保护职责，完善信息服务功能，通过相关网站和APP将主要“一带一路”沿线国家市场的最新动态及投资环境的有关信息，诸如法律变动情况、外资优惠政策、招商引资信息等及时传递公布。另外，银行、保险等各类金融机构通常具有广泛的业务联系和海外分支网络，可对其充分利用，展开对市场投资信息的收集、整理、发布工作，并可在此基础上建立相关的投资信息数据库。此外，政府亦可考虑建立一个集收集、研究、咨询投资信息和政策等功能为一体的网络信息服务平台，可由政府以及投资协会、商会等积极参与，通过网络技术为我国投资企业提供信息服务。

此外，国家应强化国别投资环境研究及相关制度的完善。国家相关部委及地方各级政府应组织协调相关部门和人员，组建专业化的法律专家团队，深入“一带一路”沿线节点城市和国家进行实地调研，对“一带一路”沿线投资可能涉及的税收、环保、金融、法律等风险问题展开深入研究，有针对性地开展法律风险管控专项培训，尤其是有关国家的政治制度、法律制度、法治环境等，为投资决策提供全面参考。国家亦可考虑建立海外投资贸易咨询、指导、服务机构及相关制度。首先，可以探索建立促进“一带一路”投资贸易的专门机构，对相关投资贸易活动提供规划咨询、指导服务、跟踪监督。其次，可以考虑建立“一带一路”信息管理制度和“一带一路”大数据库，通过数据收集、编码、加工以及系统化，实现数据信息的同步化和全覆盖，为推进“一带一路”建设提供强大的数据信息支持。最后，可以考虑加强与“一带一路”沿线国家和地区法律政策的有效对接。在不同投资贸易领域，各国的管理制度和规范千差万别，在制度未对接到位的情况下，相关部门应提醒投资贸易方注意做好前期调研，主动适应制度性落差，防止陷入“制度陷阱”。

二、完善“一带一路”沿线的风险评级机制

包括“一带一路”在内的国际信用评级，无论是主权信用评级还是债券市场评级，美国三大评级机构（标普、穆迪和惠誉）长期占据主导地位。我国成立的大公国际信用评级机构是新兴经济体向三大评级机构的首次挑战。美国三大评级机构主权信用评级是以政治体制、意识形态、GDP 实际增速、财政收支平衡、通胀率等为主要指标，尤其看重政治体制、人均 GDP 和央行的独立性。而“大公国际”确立了“五要素评级指标体系”（国家管理能力、经济实力、金融实力、财政实力和外汇实力），尤其注重财政健康、外汇储备和创造财富的实际能力。由于评价体系不同，导致三大评级机构和“大公国际”对同一国家的主权信用评级存在明显差异，实践中导致国别风险预警偏差较大。

详言之，“大公国际”与三大评级机构的评价标准分歧如下：首先是经济评价。三大机构评级体系中人均 GDP 占比很高，这代表了整个国家较高的偿债意愿，并把经济开放度、贸易自由度作为其重要衡量指标。“大公国际”则把国家信用评级回归原始债务债权人原理，认为一国的还债能力

取决于该国的财富创造能力,故把储蓄总量、经济规模、经济前景以及财政收入等作为其重要衡量指标。其次是政策组合。三大机构重视央行的独立性,央行拥有独立的货币发行权,货币的自由流通是财政政策的有效保证,并以此作为其政策组合的主要检验标准。而“大公国际”则认为本币币值的稳定是重要的衡量指标,以此可以防止政府通过货币贬值来减轻自身债务,因此应区分名义偿债能力和实际偿债能力。由于三大评级机构的主导地位为其带来了较多的业务和较高的盈利,评级任务较重,评级机构可能直接采用其他机构或以往的数据结果,进而影响其公正性和客观性。

美国三大评级机构垄断了世界90%左右的评级市场,即使在中国也占据了80%左右的市场份额,我国的信用评级机构也大多面临被兼并和收购的风险。当前,我国除了“中诚信”和“大公国际”之外,还有联合资信、上海远东资信和上海新世纪评级等稍具规模的评级机构。但穆迪早在2006年收购了“中诚信”49%的股权,并且接管了“中诚信”的经营权。另外,惠誉收购了联合资信的股权,美资控股的香港机构收购了上海远东的股权,标普收购了上海新世纪股权。当前,“大公国际”成了目前我国唯一独立的评级机构,且评级业务受到三大机构的激烈竞争和挤压。因此,“大公国际”应该继续“练好内功”,在国内市场建立坚实的基础,而后重点开拓“一带一路”沿线的信用评级市场,服务于国家战略和我国投资者的现实需求。“大公国际”评级机制的完善及快速发展无疑有利于打破三大评级机构对国家主权信用评级的垄断,在国际资本市场上发出中国的声音,有利于改变国际资本市场上资信评级对我国及其他第三世界国家不利的现状,这必将受到许多国家及企业的欢迎。

就国家层面而言,应重点扶持“大公国际”建构面向“一带一路”沿线国家的独立评级机制。当然,美国三大评级机构的改革及其评级行业的发展对我国信用评级行业有重大借鉴意义。对于评级机构来说,美国评级行业改革指出了未来行业的发展规范与趋势;对监管机构来说,可以从中借鉴以规范国内评级行业的发展。然而,借鉴美国的经验不能采取“拿来主义”。由此,我国应加快人民币国际化的步伐,破除制约我国信用评级行业发展的三大阻碍:第一,直接金融市场不发达,多头监管导致债券市场封闭停滞。美国三大评级机构的发展是以发达的直接融资市场为基础的,随着美国资本市场的强大而强大,随着美国资本市场的扩张而扩张,数据信息收集灵活便捷。欧洲模式以行政手段收集数据,大大受制于主权和国别。我国有限的直接融资市场的初衷是解决国有企业的融资问题,通过银行贷款而非债券市场进行融资,大大制约了直接金融市场的发展,阻碍了评级行业的壮大。第二,政府信用多数情况下代替了商业信用。长期以来,我国政府是“全能型政府”,从宏观经济管到微观经济。在社会信用不完善的情况下,政府倾向于用政府信用补充、替代部分商业信用,以维护金融系统的正常运转。“一带一路”沿线许多国家将借助于国家的力量实现经济的发展。但人们往往忘了在这种行政命令支配的经济中,由于政府和官员的自由裁量权过大而对经济发展产生的消极影响。由此,政府应该致力于建立稳定的宏观经济环境和法律保障环境,大力扶持民营经济,改变“全能政府”的状况,为市场主体作用的发挥创造一个良好的环境。因此,只有建构一个规则透明、公正执法的法治经济,政府方能提供透明规则和公正执法的市场秩序。

近年来,我国加快了金融市场化改革及人民币国际化的步伐,资本市场逐渐放开,大量的国际投资,包括“一带一路”沿线的直接、间接投融资,都需要及时准确的信用评级报告作为指引。人民币国际化战略将使我国逐渐发展为全球重要的金融中心,尤其是上海和海南即将建设的离岸金融中心,迫切需要发展本土信用评级机构,以支持本国金融市场,对国际评级机构针对中国资本市场的评级进行监督与制约。尤其是对“一带一路”沿线国家的投资,迫切需要我国的信用评级机构提供客观、可靠的风险信息,并对中国企业的信用水平作出客观的评价,避免企业付出不必要的投融资成本。由此,培养本土信用评级机构,争取国际评级话语权,对维护我国金融安全利益、推动国际信用评级体系的重构具有重大意义。

综上所述,我国在推动本土信用评级机构发展时,评级标准应尽可能避免“民族性”,客观中立的评级标准才是评级机构的生存之本。信用评级犹如金融市场的“标尺”,在金融运作中的重要性不言而喻。评级机构凭什么去评价国家和企业的信用,关键还是凭“标准”。如果刻意强调“发达国家”与“发展中国家”的差异,而不注重标准的同一性,则与时下改革国际评级体系的大目标相悖。质言之,评级机构发展壮大,市场是决定性因素。评级机构说到底还是中介机构,其信用和影响力是市场赋予的。评级机构能不能存活,能不能发挥影响力,归根结底要看市场的认可与接受度。我国在发展自己的信用评级机构时,胸怀要广,视野要开阔,要善于向国际信用评级机构学习,不能刻意催生一种对抗思维。在经济全球化日趋加深、贸易保护主义抬头的背景下,影响力的提升,归根结底还是要靠评级结果的客观、公正、准确。

三、完善我国海外投资保护的法律体系

“一带一路”倡议提出后,受到“一带一路”沿线国家积极响应,截至2018年年底,中国已同100多个国家和地区签署了120余份共建“一带一路”合作协议,为倡议的推进和实施积累了共识,奠定了基础。但是此类共建合作协议大多是原则性的规定,可操作性不强,其法律性质属于“倡议”,而非具有强制拘束力的公约或条约。我国在“一带一路”沿线国家中的投资企业更多的还需从我国海外投资保险立法以及与“一带一路”沿线国家间的双边投资协定中寻求救济,此方面的制度、规定及机制的完善甚为重要。

(一)完善我国海外投资保护的国内立法

晚近,我国已成为仅次于美国的第二大对外投资国,对外投资发展迅速。但与外国海外投资立法相较,我国海外投资立法相对滞后,主要靠国家发改委、商务部、财政部、海关总署等部门的规章、规范性文件进行调整,已经无法适应我国海外投资保护的实际需要,尤其是“一带一路”沿线投资保护的需要,应尽快推进立法程序,制定我国的海外投资促进法。该法应适用于一切投资主体、投资区域和投资形式,并对我国海外直接投资的

基本原则、投资形式、投资审批、管理机制、争端解决等问题进行全面规定。同时应规范政府部门在外资管理方面的权限,以及我国企业在海外投资方面的权利和义务,并配套出台海外投资促进条例、海外投资保险法、对外直接投资外汇管理法、对外直接投资企业所得税法等整套完备的法律规范,确保外国投资立法的一致性、协调性与统一性。

此外,需要对国有资本对外直接投资的监管进行专门立法。党的十八届三中全会决定指出,国有资本投资运营的是服务于国家战略的目标,更多地面向关系国家安全、国民经济命脉的重要行业和关键领域。因此,应对国有企业境外投资的方式、风险进行严格监管,确保国有资产的收益和保值增值。另外,需要完善我国国有资本对外直接投资准出制度,简化审批程序和流程,设立统一管理机构对海外投资进行审批。可以考虑将商务部及发改委对外投资管理的职能进行剥离,在市级以上各级政府内设立统一的对海外投资管理机构,由国务院根据实际需要进行宏观上的统一协调指导;地方各级政府对海外投资的行为进行核准,对不含国有成分的企业在海外投资的投资金额、地区等方面不予限制。

(二)完善与“一带一路”沿线国家间的双边投资协定

双边投资协定主要是调整缔约国之间以及缔约国投资者之间因国际直接投资而产生的权利义务关系,对于促进国际直接投资的流动有着非常重要的作用。首先,双边投资协定的签订通常是两国之间经过长期的协商,充分考虑双方的特殊利益及相关需求的情况下达成的,更易于为投资打造互利共赢的良好环境。其次,双边投资协定是国际条约,对缔约国双方具有强制性的法律拘束力,如果一方违反协定将承担国家责任。再次,双边投资协定还是国内法的重要渊源,国内法不能与双边投资协定相违背,缔约国有使其国内法与条约内容相一致的义务,这对投资者来说是一种强有力的保障。若没有双边投资协定,东道国的立法或行政、司法等规定可能被随意更改,将对投资者带来不可预期的或然性损失。最后,双边投资协定为缔约国双方的国民和企业提供了一套可遵守的确定性法律规则，减少了两国间法律的冲突、矛盾及障碍，为投资者提供了一个稳定、透明、可预期的投资法律环境。由此，应积极与“一带一路”沿线国家签订、完善双边投资协定，为保护、促进我国投资企业在沿线的投资安全奠定法律基础。

以印度为例，早在2006年中印就签署了双边投资协定，但协定的条款较少，内容比较原则，可操作性不强，因此对中印投资的确定性指引作用有限。随着中国企业赴印度投资逐渐增多，涉及的投资问题越来越复杂，中印2006年的双边投资协定已经严重滞后于投资实践的需求。中印双边投资协定已于2016年到期，由于种种原因至今未能续签。笔者认为，需要结合中印投资发展的最新实践，积极推进修订，为投资企业提供更详细、更客观、更明确的法律指引。当然，如果进行新的谈判应高度关注印度2015年投资协定范本，与以往范本相较，该范本更加倾向于对东道国主权及公共利益的维护，弱化了对外资权益的保护。因此，如果基于此范本更新中印双边投资协定，将对我国投资带来重大不利，所以协商中必须进行较大修正，制定一个相对公平合理的新协定。

此外，我国应积极推动面向“一带一路”区域的多边投资协定的谈判，以实现投资法的统一，克服当前的碎片化状态。当前，“一带一路”覆盖的区域尚未达成一个多边投资协定。我国是一个“双向投资”大国，过于碎片化的国际投资法体系不利于“一带一路”倡议的实施及沿线投资的自由化流动。故我国可以研判启动面向“一带一路”沿线的多边投资协定谈判。其路径有二：一是嵌入当前已有或正在谈判的多边贸易协定，如中国东盟自由贸易区协定、区域全面经济伙伴关系（Regional Comprehensive Economic Partnership，RCEP）等；二是谈判签署专门性的多边投资协定，对投资概念、市场准入管理、东道国公共管理权、投资争端等问题进行全面约定，最大限度实现投资者和东道国利益的平衡保护。

鉴于我国海外投资保险立法的完善及双边投资协定涉及内容较多，本书将另行专章阐述。

(三)完善我国海外投资保险制度

投资者依靠投资策略与经营智慧可以有效规避商业性风险,但对政治性风险大多无能为力,需要母国的支持与协助,于是海外投资保险制度应运而生。自美国1948年马歇尔计划创设该制度以来,当前已成为各国促进本国海外投资的通行做法。在我国,“中国信保”的海外投资保险业务已初步开展。据“中国信保”官网统计,2016年其总承保金额为4731.2亿美元,其中中长期出口信用保险新增承保金额226.1亿美元,短期出口信用保险承保金额3752.4亿美元,海外投资保险承保金额426.5亿美元,只占承保总额的11.09%。故其主要业务是“出口信用保险”,而不是“海外投资保险”。按《2017世界投资报告》公布的我国2017年1830亿美元的对外投资总额计算,获得“中国信保”承保的只占2.33%。这与我国快速增加的对外投资总额及“第二大对外投资国”地位形成巨大反差,急需改革完善。

(四)强化与MIGA的合作机制

长期以来,发达国家比较重视MIGA对国际投资风险的缓释作用。我国作为其创始成员国,理论上在发展中国家的海外投资,均可向MIGA投保。然而,由于我国海外投资保险制度的滞后与不足,制约了与MIGA的业务合作,导致MIGA的优势在中国无法落实。迄今为止,我国申请MIGA担保的海外投资项目只有5个,其中有2个位于“一带一路”沿线国家境内(缅甸、孟加拉国),且投保人均为国有企业。据《MIGA年度报告(2017)》,MIGA为各种项目提供了创纪录的43亿美元政治风险和信用增级担保,其中45%属于IDA国家,10%为受冲突影响的国家和脆弱国家。由此,贫困国家及受冲突影响的国家是MIGA担保业务的重点,此与“一带一路”所覆盖的区域较为契合。包括我国在内的“一带一路”沿线的61个国家均为MIGA的成员国,且绝大多数为发展中国家,符合申请担保的成员资格要求,可以充分利用该机制降解投资风险。MIGA机制及与其合作的主要途径所涉内容较多,本书拟专章另行论述。

本章小结

拟赴“一带一路”沿线国家投资的企业要想全面、有效预防各种商业性风险,需要着重两个方面。一是自身的审慎、勤勉。例如,注重自身风险管理,做好市场风险调研以及合作伙伴的尽职调查,充分了解东道国的法规与政策,选择适当的投资模式,合理确定适用法律及纠纷救济途径,重视企业员工的人身安全,配备充分的安保人员,等等。二是充分、有效利用我国对外投资的政策和制度。例如,科技、环保企业在“一带一路”沿线国家收购相关企业时,可以充分利用我国外汇、税收方面的鼓励性措施;赴沿线投资的企业如果需要从国内引进原材料和设备,可以关注原产地、出口退税政策;赴政治风险较高的中东国家投资,可以向“中国信保”申请投保;在“走出去”之前,应充分了解“中国一带一路网”、商务部、使领馆、国家税务总局等公布的风险与预警信息;在“一带一路”沿线国家的投资本金和收益需要汇回国内时,应提前知悉我国与投资所在国之间是否有“避免双重征税的协定”,相关条款又是如何规定的;与东道国的合作协议签署前,应了解我国与东道国之间是否有“双边投资协定”,相互给予的投资待遇、征收国有化补偿、争端解决又是如何规定的,相关规定如果不适合具体的投资项目,需要在协议中怎样约定改变,等等。由此,赴“一带一路”沿线国家投资的企业应适时调整策略,摆脱在国内长期以来形成的经营模式、管理机制的路径依赖,勇于改变,入乡随俗,主动融入东道国的市场机制中,利用一切有助于缓释投资风险的手段和政策,“高高兴兴走出去,安安全全返回来”。另外,拟赴沿线投资的企业在多个不同国家进行投资时,在合同风险控制、内部企业管理、安保能力的提升、税收负担的差异等方面,如何才能设计出既符合东道国法律政策,又能最大限度保护投资者自身权益的投资计划,需要具体问题具体分析。

第三章 我国海外投资保险制度的完善

如前所述,“一带一路”沿线直接投资作为一种跨越国界的资本流动,面临较大的政治性风险。而海外投资保险制度则是资本输出国鼓励、促进和保护本国的海外投资,消除本国国民在对外直接投资过程中所遇到的非商业性风险而建立的一种重要的国内法制度,它是当代国际投资法的重要组成部分,是一个国家的外资立法不可或缺的内容。自 1948 年美国在马歇尔计划的实施过程中创设这一制度以来,日本、法国、德国等主要的资本输出国也先后建构了海外投资保险制度。不仅发达国家如此,发展中国家与地区也于 20 世纪 70 年代开始探索建立自己的海外投资保险机制。在“一带一路”沿线,我国是典型的“资本输出国”,且此区域政治性风险普遍高于世界其他区域。因此,应充分借鉴其他国家海外投资保险的成熟经验,从立法机制、保险内容等方面进一步完善当前的海外投资保险制度,以期更好地防范、缓释沿线投资的非商业性风险,促进“一带一路”沿线投资的可持续发展。

第一节 海外投资保险制度的基本内涵

一、海外投资保险制度的缘起及概念

海外投资保险制度又称海外投资保证制度(Oversea Investment

Guaranty)，意指资本输出国政府对本国海外投资者在国外可能遇到的政治性风险，提供保证或保险，投资者向本国投资保险机构申请保险后，若承保的政治性风险发生，致投资者遭受损失，则由国内保险机构补偿其损失的制度。海外投资保险最早出现在20世纪50年代，当时整个市场由政府保险人主导。例如，美国国际开发署(Agency for International Development)是美国海外投资保险的负责机构，直到1971年由私人海外投资公司(Overseas Private Investment Corporation，OPIC)继任。20世纪70年代开始，以伦敦劳埃德保险社和位于纽约的美国国际集团为代表的私营保险公司开始涉足海外投资保险市场。1985年世界银行的成员国决定设立一个国际组织专门负责海外投资保险，即MIGA，以促进投资向发展中国家流动及投资自由化发展。

私营保险公司涉足海外投资保险往往试图通过与其他保险公司的合作来丰富自身的保险业务，也试图借助再保险人的资源来支持自身的运营。与国营保险机构相较，私营保险机构能够推出特定被保险人需要的产品，以商业因素为基础决定产品价格，接受或拒绝风险，能够快速、灵活地运转。一般而言，私营保险公司倾向于将核危害排除在业务范围之外，将战争险、恐怖主义险视为政治性风险予以承保。私营保险公司与国有保险机构相较，最显著的差别在保险合同的期限上。为了减少风险，前者一般会缩短保险期限，有的甚至每3年就需要续签保险合同，部分私营保险公司的政治性风险保险期限最长达到15年。而国营保险机构承保期限最长可达20年。针对大型投资风险项目，私营商业性保险机构一般不予承保，只能向国家海外投资保险公司投保。

与传统商业性保险相较，海外投资保险的主要特征如下：(1)保险机构是由政府机构或国有公司承保的，不以营利为目的，而是以保护、促进投资为目的。(2)海外投资保险的对象只限于海外私人直接投资，不包括间接投资，且被保险的私人直接投资必须符合特定的条件。(3)海外投资保险的范围只限于政治性风险，如征用险、外汇险、战争险等，不包括一般性商业风险。(4)海外投资保险的主要意旨在于防患于未然，而不是事后补偿,通常是通过双边投资协定来完成的。

我国的海外投资保险,包括海外股权投资保险和海外债权投资保险,是为我国投资者进行海外投资时,保障投资者的海外投资免受因征收、汇兑限制、战争和政府违约等事件造成的损失而进行承保的保险产品,实质上是一种对海外投资者的“国家保证”。投资保险的功能主要有:(1)补偿损失功能。投资保险为投资者因遭受政治性风险而产生的投资损失提供经济补偿,维护投资者和融资银行权益,避免因投融资损失而导致的财务危机或坏账。同时,承保机构通过承保项目对东道国施加影响,从而降低项目的征收和政府违约等风险。在出现投资纠纷后,“中国信保”可以借助外交等手段来协助化解投资者和有关政府之间的纠纷,在最大限度内防范风险的发生。(2)促进融资功能。海外投资风险高,融资难度大,投资保险通过承保政治性风险,为投资者提供融资便利,同时也为投资者降低了融资成本,帮助投资者获得较为优惠的信贷支持。(3)开拓市场功能。在投资保险保障的基础上,配合“中国信保”专业化的投融资风险管理服务,投资者可以更有信心地开拓新市场、投资新项目,从而实现分散投资风险、增强企业国际竞争实力。(4)提升信用等级功能。投资保险通过承保特定风险,降低投资者和融资银行承担的风险,提升投资者和被保险债权的信用评级,增加债券和股票的投资吸引力,为投资者赢得更具竞争力的发展空间。(5)风险管理功能。作为政策性金融机构,承保机构与国家机关保持着密切的工作联系,能够及时获取各国政治经济最新动态和投资环境状况;承保机构拥有丰富的项目承保经验和先进的承保技术,可以帮助投资者提升风险管理水平,提高项目抵御风险的能力,及时化解投资风险,防控损失发生。

二、海外投资保险制度的演进与发展

美国是世界上最早、最广泛实行海外投资保险制度的国家。1948 年美国根据其对外援助法实施马歇尔援欧计划,创设了海外投资保险制度。当时适用范围仅限于欧洲发达国家,保险范围也仅限于当地货币不能兑换的外汇风险。伴随美国成为第一大资本输出国,其海外投资保险制度在担保主体、承保范围、保险对象等方面都进行了很大的改进。保险机构由原来的“国际开发署”改为 OPIC,承保范围逐步扩大到多种政治性风险,适用地区从欧洲发达国家扩大到广大发展中国家,最后固定在整个发展中国家和地区。根据 OPIC 的投保规范,凡是美国公民、公司、合伙或其他社团,或资产的全部,或至少 95% 为美国公民、公司、合伙或社团所有的外国公司、合伙、社团,均可就其在同美国签订双边投资保护协定的国家和地区的合格投资向 OPIC 投保,OPIC 承保的险别包括外汇险、征用险和战争险,这三种风险可同时一并投保,也可分险别单独投保。一旦投保的政治性风险发生,投保人便可从 OPIC 获得最高 90% 的补偿,OPIC 则取得代位求偿权,可依照双边投资保护协定中的代位权条款向东道国求偿。[1]

自 20 世纪 60 年代后,由于国际投资大量涌入发展中国家,为了保证本国海外投资免受东道国政治性风险的影响,一些主要发达国家先后效仿美国建立起自己的海外投资保险制度。例如,日本在 1956 年开始实行“海外投资原本保险”,1957 年又增加“海外投资利润保险”,1970 年把两种保险合二为一,建立了统一的海外投资保险机构;德国于 1959 年,法国在 1960 年,丹麦、澳大利亚在 1966 年,荷兰、加拿大在 1969 年,瑞士在 1970 年,比利时在 1971 年,英国在 1972 年,纷纷建立了自己的海外投资保险制度。至今,国家海外投资保险机制历经半个多世纪的发展,已成为各个资本输出国保护、促进本国海外投资,防控投资风险的重要机制。伴随国际投资的自由化发展,资本在国际的流动迅速增长,对海外投资的保护更趋于必要和迫切。由此,海外投资保险制度将进一步得到完善,日益为更多的资本输出国所采用。

我国于 2001 年 5 月经国务院批准组建了中国出口信用保险公司。成立之初,“中国信保”的主要业务是“出口信用保险”,目的是促进出口、赢

---

〔1〕 参见王法:《关于构建我国海外投资保险制度的思考》,载《当代经济》2016 年第 8 期。

取外汇。为了助益“走出去”战略的实施，海外投资保险成了“中国信保”的主要业务之一，主要针对政治性风险。由此“中国信保”成为我国海外投资保险中唯一的国有政策性保险机构。根据“中国信保”发布的2017年全球投资风险报告，2003年至2016年年末，“中国信保”海外投资保险金额超过2200亿美元，年均增幅近60%。2016年年末，“中国信保”海外投资保险业务全面承保金额为426.5亿美元。截至2017年10月，“中国信保”海外投资保险项下累计赔付案件30起，累计支付赔款超过1亿美元。[1]

三、海外投资保险制度中的保险机构

与传统的商业性保险相较，海外投资保险的保险机构一般是政府职能部门，或者政府公司、国有公司等，详述如下。

（一）政府公司保险人

创设海外投资保险制度的美国开始即采用了此做法。从1948年到1961年，保险机构的名称从最初的经济合作署、共同安全署，到后来的海外事务管理署、国际合作署，再到国际开发署。尽管机构名称历经多次调整，但每次改变均是对前一机构的承继，继承了前一机构的所有权利和义务，使投资保险关系稳定、可预期，最重要的是，此阶段的保险机构均为美国联邦政府的一个行政部门。

1969年，由于国际投资环境变化，美国再次修改《对外援助法》，设立OPIC承继国际开发署的海外投资保险义务及权利。该公司具有公私双重属性：一方面，美国《对外援助法》明确规定该公司仍然是“美国国务院政策指导下的一个机构”，其法定资本由国库拨款；另一方面，该公司作为独立法人，完全按照公司体制和章程经营管理，为了实现其宗旨，可以利用私

---

〔1〕 参见余劲松：《国际投资法》，法律出版社2018年版，第178页。

人信贷,扩大私人参股,其董事会也有私人企业界的代表参加。[1] 美国之所以由这种兼具公私性质的 OPIC 承继海外投资保险业务,主要是为了避免美国政府与东道国政府的直接对抗,OPIC 可以"充当外国政府和美国投资者之间的桥梁,使政治性问题,取得商业性解决"[2]且由于政治性风险较大,传统商业保险公司不愿意独立承保这种业务,故海外投资保险公司也必须由政府支持。

OPIC 设立公司董事会作为其最高权力机构,由 15 名董事组成,其中 8 名私人董事,至少有 2 名是由在小企业经营及劳动与合作方面具有丰富经验的企业代表担任,这 8 名董事均由总统获得参议院同意后任命。其余的 7 名董事由联邦政府的主要官员担任,包括公司的总经理、国际开发署署长、美国贸易代表和美国总统指派的劳工部官员等。公司的董事长和副董事长由美国总统任命。

OPIC 的业务范围主要包括以下几个方面:(1)投资保险,即对合格的海外私人投资承保各种政治性风险;(2)投资担保,即对合格的海外私人投资者的贷款和其他投资提供担保;(3)直接投资,即按照公司设立的条件向私人企业发放贷款,协助其向发展中国家投资;(4)投资鼓励,即按照公司设立的条件,对私人投资者针对投资项目进行调查、评估、指导;(5)特别活动,即举办各种特别项目,包括提供有关个人技能、职业或管理方面的经费资助和咨询服务,以促进人力资源的开发,提高技术水平和资本使用效能;(6)其他保险业务,即同其他保险公司签订保险或再保险合同、让渡或承受再保险业务等。[3] 除了美国外,澳大利亚、印度等国也都通过设立政府公司来承保海外投资保险业务。

---

[1] 参见姚梅镇:《国际投资法》,武汉大学出版社 1987 年版,第 250 ~ 252 页。

[2] 陈安:《美国对海外投资的法律保护及典型案例分析》,鹭江出版社 1985 年版,第 19 页。

[3] See Foreign Assistance Act of 1961(P. L. 87 – 195);22U. S. C. 2194. 当前 OPIC 的业务除了投资保险和项目融资外,还设立了投资基金,对新型市场经济国家设立私人所有和管理的投资基金予以支持;还设立企业发展网络收集必要的信息和资源,为中小型企业在发展中国家寻找商机提供帮助。

（二）政府机构保险人

有些国家由政府机构承担海外投资保险的保险人，1969 年 OPIC 成立之前的美国海外投资保险即是如此。当前日本等国仍然采用此种方式。日本石油通商产业省贸易局承办投资保险业务，此局是一个政府机构，但财政上具有独立性，其宗旨是担保国际贸易和其对外交易中普通保险公司不能承保的风险，以促进国际经贸的发展。此机构担保的保险险种除了一般意义上的政治性风险之外，还有普通出口保险、出口收入险、出口票据保险等。[1]

此外，新西兰（国家保险署）、瑞典（出口信贷担保委员会）等国也是由政府机构作为海外投资保险业务的保险机构。

（三）政府与国营或私营保险公司共同实施保险业务

联邦德国是典型的政府与国营或私营保险公司共同实施保险业务的国家，德国于 1959 年正式建立海外投资保险制度，由两家国有公司经营。这两家公司受联邦政府的委托和授权，代表联邦政府发布和接受一切有关担保的文件，负责具体业务的实施。但海外投资保险的审批则由经济部、财政部及外交部代表组成的委员会及会计审核院和联邦银行代表的咨询委员会负责，主要审查投资项目是否符合保险条件，以及是否符合德国鼓励的东道国国家范畴。由此，德国联邦政府是法律上的“保险人”，国有保险公司是实际业务的实施者。[2] 伴随德国海外投资保险发展的需要，德国也在不断地改革其投资保险制度，当前德国政府委托普华永道和裕利安怡信用保险公司负责实施投资保险的具体业务，前者负责咨询和监管，后者负责保险运营，保险审批则由联邦政府的部际委员会负责。

---

〔1〕 参见姚梅镇：《国际投资法》，武汉大学出版社 1987 年版，第 260～270 页。

〔2〕 See Kathryn Gordon, “Investment Guarantees and Political Risk Insurance: Institutions, Incentives and Development”, *OECD*, 2008, p. 157.

法国的做法与德国类似，其对外投资保险业务也是由两个机构经营：法兰西对外贸易保险公司和法兰西对外贸易银行。投资保险的审核与批准则由经济和金融部部长根据特定部际委员会的意见决定。

（四）我国的实践

“中国信保”是我国从事政策性出口信用保险和海外投资保险业务的政策性国有独资保险公司，以促进我国贸易、投资的发展为宗旨，不以营利为目的。“中国信保”注册资本为40亿元人民币，资本来源为出口信用保险风险基金，由国家财政预算安排。“中国信保”按照商业性保险公司的运营方式运作，独立核算，保本经营。“中国信保”不设董事会、设有监事会，实行总经理负责制。由此发现，我国以国有政策性保险公司作为保险人的做法与上述美国的实践类似。

四、海外投资保险的范围

总结各国海外投资保险制度的经验，一般其保险险种限定于政治性风险上，详述如下。

（一）战争内乱险

战争内乱险意指由于战争、革命、暴动、内乱等武力冲突导致投资者在东道国遭受的财产损失，由保险人赔付。美国OPIC把战争内乱险限于“个人或集团主要是为了实现某种政治目的而采取的破坏活动所造成的损失”，此界定排除了劳资纠纷、罢工引发的骚乱而造成的损失。OPIC现已把战争内乱险改为“政治暴力险”，并且把“恐怖主义险”纳入其中，拓展了保险范围，但投资者也可以单独投保恐怖主义险。

战争内乱险导致的损失主要包括财产被毁坏、丢失、掠走，或者被保险人为了应对紧急的敌对行为所采取的阻止、抗击或防御行动所付出的经济代价。只要战争、内乱、恐怖主义与遭受的损失之间有直接的、必然的因果关系，由此造成的一切损失均在赔付之列。

(二)征收类似措施险

征收类似措施险意指东道国政府实行征收或国有化措施,导致投保者财产遭遇部分或全部损失,由保险人负责赔付。关于“征收行为”的解释是国际投资法中分歧较大的问题之一,各国理解不尽相同,美国的界定最为宽泛。《对外援助法》规定,征收包括但不限于外国政府废弃、拒绝履行及损害其与投资者签订的合同,使该投资项目实际上难以继续经营。可归责于投资者自身的过错或不当行为引发的损失除外。OPIC 在此基础上进一步明确:征收意指投资项目所在国的政府所采取、授权、认可或纵容的、给予赔偿或不给予赔偿的任何行动,该行动开始于保险期限内,且直接造成以下任意一种后果长达一年之久。(1)阻碍投资者获得海外美资企业依据有价证券以指定货币支付给投资者的到期款项;(2)阻碍投资者作为股东或债权人有效地行使由于投资而取得的对于海外美资企业的基本权利;(3)阻碍投资者转让有价证券或有价证券所派生的任何权利;(4)阻碍海外投资企业对本企业重要财产的适用和处置实行切实有效的控制,阻碍建设或经营该投资项目;(5)阻碍投资者有效控制在证券方面作为投资收益和资本收益所获得的金额。[1]

从美国及其他国家的实践可知,“征收行为”有以下特征:(1)东道国采取、授权、批准或纵容的导致投资者财产损失的行为;(2)征收可以分为直接征收和间接征收两种情况。前者是指直接剥夺财产所有权的行为,后者指对投资者财产的使用、占有和处置进行无理干涉,导致投资者无法正常使用。美国、英国、德国的征收险范畴都包含间接征收;(3)征收的对象一般指投资者的投资、贷款、利润,以及由财产权而衍生的其他债权及契约权。OPIC 对征收的界定即包含违约情况;(4)构成征收行为一般应持续一年以上。

---

〔1〕 参见 OPIC 官网:https://www.opic.gov/what-we-offer/political-risk-insurance/types-of-coverage,最后访问日期:2018 年 6 月 1 日。

“中国信保”对征收险的界定为:投资所在国家政府采取、批准、授权或同意的对投资实施的强行征收、没收、国有化、扣押等行为。行为持续了一段时间,且投资者无法推动其项目,或者剥夺、妨碍投资者权益。由此,我国界定的征收行为亦包括了间接征收,因为妨碍投资者权益的也构成征收。与美国 OPIC 不同的是,“中国信保”的征收险,不包括政府违约,而只是将政府违约作为一个单独的险别来承保。

(三)外汇险

外汇险包括东道国货币不能兑换险及不能转移险,有的国家只承保禁兑险,有的国家则都承保。美国 OPIC 对货币兑换险的界定为:作为被批准的投资项目的利润或其他收益,或因投资回收或处分投资财产而获得的东道国货币或其他货币,在东道国境内被禁止兑换和转移。东道国的外汇管制、停止外汇,拖延不作为妨碍投资者的兑换和汇出。OPIC 在批准风险担保之前,需要获得东道国关于原本与利润等自由汇出的保证,投资者应确切证明东道国政府已经同意。按照美国 OPIC 保险合同的规定,投资者必须在换取美元的申请已经提交 30 日或 60 日,而当地政府仍不予批准的条件下,向 OPIC 要求用美元进行兑换。如果投资者事先没有尽力向东道国政府申请兑换,或者该当局货币在投资者手上迟迟不予兑换已经超过 18 个月,则无权向 OPIC 要求兑换。此外,货币不能兑换险不包括货币贬值险。

日本承保的外汇险既包括汇兑险,又包括不能自由转移险。日本海外投资保险法规定,有下列情况之一,致使日本海外投资者本金和利润两个月以上不能兑换为外币或日本货币的,均属于外汇险。具体如下:(1)东道国政府实行的外汇管制和禁止外汇交易;(2)因东道国发生战争、革命、内乱导致无法交易的;(3)东道国政府对日本投资者各项应得金额实行管理制度;(4)东道国政府取消各项应得金额汇回日本的许可;(5)东道国政府对各项所得予以没收。

我国“中国信保”也承保汇兑险,意指投资所在国政府实施的阻碍、限制投资者把当地货币兑换成可自由兑换货币，并汇出东道国的措施，或者使投资者必须以高于市场汇率的价格才能将当地货币兑换为可自由兑换的货币，并汇出投资所在国家的措施。由此，我国承保的汇兑限制既包括不能自由兑换，也包括不能自由汇出。

除了上述战争险、内乱险、恐怖主义险三种主要的险别外，有的国家还承保其他政治性风险。例如，德国还承保延期支付险，英国还承保其他非商业性风险，我国还承保政府违约险。政府违约险意指投资所在国政府非法取消、违反、不履行或者拒绝承认其出具的、签订的与投资相关的特定担保、保证或特许权协议等。一般国别实践要求非商业性风险需要一起投保，但美国 OPIC 规定亦可以单独投保。

五、适格的投资

适格的投资包括五个方面：一是投资必须符合投资者母国的利益；二是投资必须符合东道国经济发展政策；三是一般只限于新投资；四是东道国适格；五是投资形式适格。

（一）投资必须符合投资者母国的利益

资本输出国的国家海外投资保险制度一般要求投资必须符合本国利益需求。例如，OPIC 审核一项投资是否适格时，一般看其是否有利于美国经济，包括对就业促进、国际收支平衡等经济发展目标的有益影响。反之，OPIC 拒绝对以下投资承保：(1)投资者拟向海外投资的产品，取代原来在美国生产的同类产品并销往原属美国同类产品的统一市场，从而大量削减该投资者在美国雇用工人的人数；(2)该项投资可能会大量削减美国其他企业雇用工人数量；(3)该项投资用于海外制造业或加工业的项目之后，可能会削减美国的贸易利益或影响国际收支平衡；(4)该项投资采购商品或劳务的重点不在美国，而在外国等。另外，还有具体行业的限制：纺织业、农业、铜矿开采，向美国出口为目标的投资项目，投资企业非美国所能控制等。[1] 由此,OPIC 可以承保的投资首先要符合美国鼓励、促进投资的法律政策,对美国经济发展有利。其他国家也有类似的规定,例如,日本要求投资必须有助于日本外交目标及经济发展;英国要求投资必须符合英国的国家利益和政策,即投资项目能够带动英国的货物和劳务出口,或不影响英国在其他方面的利益;德国要求投资项目"值得鼓励",并加强同发展中国家经济关系的积极贡献;我国要求投资项目必须符合国家政策、经济、战略利益,尤其鼓励覆盖"一带一路"区域和倡议的行业。

(二)投资必须符合东道国经济发展政策

此条件是为了保证投资在东道国的安全,降低其风险程度,因为只有对东道国有利的投资才会得到东道国充分的保护,减少保险机构的赔付。美国 OPIC 规定,海外投资必须经过东道国的批准,符合东道国的经济发展政策。凡是对东道国环境、健康、安全具有不合理或较大影响的投资项目,可能违反国际承认的劳工权利的投资项目,或非法贿赂的投资项目,OPIC 均不予承保。澳大利亚也要求海外投资对东道国经济发展有利,其主要考量因素是就业机会、员工培训、进口替代、出口创汇以及投资是否获得东道国的批准等。[2]

(三)一般只限于新投资

各国海外投资保险制度一般只承保新的投资。所谓新投资是指新建企业投资。已经正式运营的投资企业,一般不予承保。但在原有企业的基础上,进行的扩大投资,各国一般也将其视为新投资,予以承保。此规定的目的是便于承保者判断海外投资的合格性,以免引发国际争端。

---

〔1〕 参见 OPIC 官网:https://www. opic. gov/what-we-offer/political-risk-insurance/types,最后访问日期:2018 年 6 月 1 日。

〔2〕 根据 OECD 的一项调查,只有少数国家要求其承保的海外投资有利于东道国的经济发展。See Kathryn Gordon, " Investment Guarantees and Political Risk Insurance: Instantiations, Incentives and Development" , *OECD*, 2018, p. 187.

(四)东道国适格

有些国家的海外投资保险制度对东道国资格有明确要求。以美国OPIC为例,其承保投资的东道国须符合以下条件:(1)须是与美国签订双边投资协定的国家,以确保其代位权;(2)投资所在的东道国须是发展中国家,对最不发达国家的投资优先承保。德国、丹麦等国也要求必须以双边投资协定为前提,日本、澳大利亚、挪威等国实行单边投资保险制度,即不以双边投资协定的存在为前提,尽管实践中也在积极利用双边投资协定。

(五)投资形式适格

实践中,投资形式多种多样,包括有形资产及无形资产,常见的有以下几种:(1)股权投资。包括以现金、实物、工业产权与专有技术等进行的投资,也包括基于契约安排的权益投资,如企业的利润收益权、技术及能源开发中产品的分配安排应得的收益。(2)贷款。包括已经批准投资项目的贷款或者投资有关的贷款,英国、澳大利亚等还包括这类贷款的担保。(3)债券。日本规定合作的投资形式包括取得外国政府、外国法人为经营海外企业所发行的公债、公司债券或类似债券。(4)向分支机构的投资。如日本和联邦各国均规定,本国企业在海外设立分支机构、营业所、工厂所进行的投资,可申请投保。

六、适格的投资者

各国海外投资保险制度均规定,申请投资保险的投保人应符合特定的条件,归纳如下:(1)应是本国国民,即具有本国国籍的自然人和法人。有些国家还附有对国民的住所要求,如德国规定,自然人投保必须具备两个条件,即具有德国国籍,且在德国有住所。英国则规定具有英国国民身份,且在英国或其领土上有居住权。(2)本国公司、合伙或其他团体。多数国家都允许依照本国法律设立的、具有或不具有法人资格的实体作为投保人，如英国、美国、德国等，但日本只限于法人。有些国家，如美国，对法人还有资本控制的要求，即适格的投保实体不但要依据美国法设立，而且该实体51%以上的股权应由美国公民或法人持有。德国对适格投资者还有住所的要求，即在德国有住所、以德国法依法设立、具有或不具有法人资格的公司和社团均可以作为投保者。"中国信保"对适格投资者的界定是，在我国境内依法设立的企业，但由我国香港特别行政区、澳门特别行政区和我国台湾地区的企业、机构、公民或外国的企业、机构、公民控股的除外。(3)例外规定。一般情况下，多数国家对外国公司、合伙及社团不予承保。但有些国家的海外投资保险制度特别规定，外国公司实体也可以作为合格的投保者。如美国法规定外国公司实体资产的全部或至少95%为美国公民、公司、合伙或社团所有者，才可以作为合同投保者。"中国信保"规定，在我国香港特别行政区、澳门特别行政区和我国台湾地区及境外注册的企业，如果其95%以上的股权由我国境内企业控制，可申请投保。

七、保险费与保险期限

有些国家规定，自保险费支付之日起保险合同才生效。有些国家规定，保险费逾期不支付则导致解除合同。如德国规定，保险费必须在每年规定支付期限前缴纳，逾期3周尚未缴纳者，保险人有权解除保险契约。关于保险费的额度，各国规定不尽相同。由于投资保险是政策性保险，以促进保护投资而非营利为目的，所以各国的保险费率一般在1%以下。

海外投资保险期限一般为15年，有的可以延长至20年。例如，OPIC规定保险期限根据投资种类、性质及承保险别的不同而不同，如股份投资保险期限最长不超过20年。日本规定，保险期限一般为5~10年，最长不超过15年。

八、索赔与代位

海外投资保险承保的风险事故发生后，保险人应立即向承保人申请赔偿并提出有关证据,承保人在收到申请后,若依据法律和保险合同确定应予以赔偿,则支付约定的保险金。保险金额一般依据损失额和赔付率予以确定。美国 OPIC 规定,保险金额不超过投资当时公司批准项目中被保险美元票面价值加保险契约限度内该投资实际上应得的利息、利润或其他收益,即可赔偿投资者所受的全部损失额。但实际上,保险契约通常约定保险人只赔付损失的 90%,投保者自负损失的 10%,分担风险责任。其他国家也有类似的规定,由被保险投资者自己承担部分损失,日本、英国、德国等为 10%,加拿大、丹麦为 15%,瑞士为 30%。

与一般商业性风险类似,投保人在保险事故发生时必须承担一定的审慎义务:尽力阻止损失的进一步扩大,尽快向保险人通知风险与损失情况,保管好一切有关的资料和资产,向保险人转移承保投资的资产和权益。

保险人向投保人支付保险金额后,即取得了向东道国进行追偿的代位求偿权,包括有关资产的所有权、债权、索赔权等。有些国家通过双边投资协定的途径实现代位权,有些国家则通过国内法的规定及互惠实践赋予外国投资保险机构代位求偿权。

综上所述,海外投资保险制度是各国保护、促进本国私人海外投资的重要手段。但对其效果,实务界和学界评论不一。就资本输出国的角度而言,主要争议如下:首先,海外投资保险制度把本属于东道国保护外资的义务转嫁给了资本输出国,这不仅无益于抑制东道国对投资者的不公平待遇,反而助长了东道国对投资者的不友好行为。其次,海外投资保险制度导致投资风险不是由投资者承担,而是由国内广大纳税人承担。再次,投资保险需要本国政府主管部门的批准和审核,导致海外投资活动受到了国家权力的过多干预。最后,海外投资保险制度无法保护由不同国籍的投资人参与的联合投资项目,这类投资不能依靠各自独立的各国投资保险制度而得到统一的保险。就资本输入国的角度而言,主要争议如下:首先,资本输出国把国内保险制度与双边投资协定相挂钩,规避了“属地救济”原则,对东道国主权是一种侵蚀。其次,代位求偿权又导致东道国与投资者之间的争端上升为资本输入国与资本输出国政府之间的争端，往往会激化矛盾，反而不利于投资争端的解决。

尽管对海外投资保险制度有一系列的争论和分歧，但随着经济全球化及投资自由化的发展，尤其是对于“一带一路”沿线投资风险较高的区域而言，投资保险依然是保护、促进投资的重要法律手段。且不少国家把投资对东道国经济的促进作为判断投资是否适格的重要条件，这有助于促进国际经济合作与发展。

第二节　主要发达国家的海外投资保险制度

一、美国海外投资保险制度

（一）美国海外投资保险制度的发展

美国海外投资保险制度始于1948年的马歇尔援欧计划，并伴随美国对外投资的发展而渐趋完善。自1948年以来，美国《对外援助法》多次修改，保险机构几经更替，援助地区也从欧洲发达国家向发展中国家和地区扩展。在整个发展过程中，鼓励、促进和保护私人海外投资的安全与利益，是美国政府始终一贯的基本政策。

1948年4月，美国根据《经济合作法案》制定了《对外援助法》，实施马歇尔计划，并设立“经济合作署”，专门管理援外事务及海外投资，开创性设立了投资保险制度。当时只适用于欧洲发达国家，保证范围只限于“当地货币不能兑换为外汇”的风险。

1951年10月，美国国会通过《共同安全法》，随后设立“共同安全署”管理海外投资保险业务。适用地区开始转向欧洲以外的少数发展中国家和地区。

1953年9月，“共同安全署”改革为“海外事务管理局”，接管海外投资保险业务，保险覆盖的地域范围继续扩大到中美洲、南美洲、中东和近东。

1955年7月,设立政府直属的“国际合作署”主管海外投资保险业务。根据1955年美国《共同安全法》修订案,保险范围扩大到战争、革命和内乱险。至此,形成了一个完善、成熟的海外投资保险体系。

1961年8月,美国国会通过新的《对外援助法》修正案,并设立“国际开发署”主管海外投资保险业务。由于此阶段亚非拉民族革命、独立迎来高潮,美国在发展中国家的投资频频遭遇征收、国有化等强制措施,且往往采取集体行动。[1] 从1961年开始美国的投资保险制度仅适用于投向发展中国家和地区的投资。

1969年5月,美国再次修订《对外援助法》,设立OPIC接管美国海外投资保险业务,并发展成为美国海外投资保险的专门性机构。

美国海外投资保险制度的主要特点可以归纳如下:首先,采用与美国订立双边投资协定为国内法上海外投资保险制度适用的前提,即美国OPIC只承保美国投资者投向与美国签订双边投资协定的国家的投资。这样就把私人对外投资关系提高到两国政府间,使OPIC的代位求偿权获得了国际法(双边投资协定)的保障。其次,美国海外投资保险制度自始即为对外援助体制的一部分,并通过美国《对外援助法》的不断修改而持续完善。最后,美国的海外投资保险由OPIC专门负责,采用了“审保合一”实践模式,审批机构和保险机构都是OPIC。

(二)美国海外投资保险制度的主要内容

1. 投资保险的范围

根据1975年美国《对外援助法》第234条(a)(1)规定,保险范围覆盖以下三种风险:外汇险(不能自由兑换险)、征收险、战争险。外汇险意指东道国批准项目的利润或其他收益不能在东道国兑换成美元汇回美国而

---

〔1〕 参见[美]费德曼:《应对海外投资事业面临的新挑战》,载《美国商业》1978年第7期。转引自姚梅镇:《国际投资法》,武汉大学出版社2011年版,第205页。

使投资者遭遇损失的风险。外汇险发生后,OPIC 应接受不能兑换的东道国货币或相应的汇票,并向投资者赔付相应数额的美元。征收险是指由于东道国实行征用、征收、国有化致使投资财产的全部或一部分遭遇损失的风险。根据美国《对外援助法》第 238 条(b)规定,征收险还包括东道国政府废弃、拒绝及违反投资合同等政府违约的情况。但这些情况应是由不可归责于投资者本人的过失或不当行为引起的。战争险包括革命、战争、内乱及暴动等武力行为导致的投资者财产损失。一般恐怖活动或国内轻微骚乱、罢工等情况所导致的财产损失,则不属于战争险。以上三种风险可以单独投保,亦可一并投保。

2. 保险人

根据 1964 年美国《对外援助法》修正案,1971 年正式营业的 OPIC 是属于美国国务院领导下的独立的政府公司,承继了原来"国际开发署"的投资保险业务。OPIC 管理机构为董事会,由 13 名董事组成,其中 7 名是个人董事,6 名为政府代表,其中 3 名由商务部、国务院及财政部选派。董事均由总统取得参议院同意后任命。美国国际开发署署长为公司董事长和法定代表人,商务部代表为副董事长。OPIC 海外投资保险的特点有三:一是鼓励中小企业海外投资;二是鼓励向不发达国家和地区的投资;三是除了保险业务外,还对美国企业在海外享有股权与经营管理的投资项目,提供资金帮助。

3. 被保险人

根据美国《对外援助法》第 238 条 9(c)规定,合格投资者包括以下三种情况:一是具有美国国籍的公民;二是依美国联邦、州或属地法律所设立的法人或其他社团,其资产至少有 51% 为美国公民、法人或社团所有;三是依外国法律设立的法人或其他社团,其资产的全部或至少 95% 为美国公民、法人或社团所有。

4. 适格的投资

美国海外投资保险要求适格投资必须是"新投资或扩大的投资",但在一定条件下,可包括"现有企业的扩大、现代化及其发展"的投资;须是投向不发达国家和地区的投资;须是经过外国政府批准的项目投资;须是与美国签订双边投资协定的国家或地区的投资;须是经美国政府同意实行保险、再保险、保证的投资;须是在不发达地区和国家投资的,经海外私人投资公司认可的项目。

5. 保险期限

保险期限根据投资种类、性质及承保险别的不同而不同,一般而言股份投资保险期限最高,自承保之日起,不得超过20年。

6. 保险费

依不同的承保行业、险别及范围,保险费的数额由OPIC决定。承保的行业、险别及范围不同,保险费亦不相同。外汇险一般保险费率为0.3%,征收险为0.4%~0.8%,战争险为0.6%。三种同时投保,综合费率是0.4%~1.7%。特别保险费年率,可以低于或高于上述比率。

7. 保险金

保险金是指保险事故发生时,保险人应该向被保险人实际支付的补偿金额。OPIC承保的保险金额不得超过投资当时公司批准项目中被保险投资美元票面价值加保险契约限度内该投资实际应得的利息、利润和其他收益。且OPIC只按照投资总额的90%承担责任,被保险人应自行承担投资总额的10%。但如果损失是由被保险人的欺诈或虚伪行为导致,则丧失索赔权,公司不负支付保险金的义务。

8. 投资保证

在1969年美国《对外援助法》颁布之前,美国的“投资保证”一词实际上涵盖了投资保险,且主要是指投资保险。在美国《对外援助法》颁布之后,将投资保险和投资保证两项业务并举。因此,OPIC除了海外投资保险业务之外,经国会授权还可以对在美国国内的贷款及海外投资贷款,承担保证责任。根据OPIC的章程,对贷款项目保证的担保责任,一般不超过该项投资总值的50%,对外贷款的其他投资的保证责任,一般不超过所担保投资总额的75%。[1]

二、日本海外投资保险制度

(一)日本海外投资保险制度的发展

日本海外投资保险制度起初是专为支持中小企业的发展而建立的,因为众多中小企业在资金筹措上有困难,仅靠民间金融机构是不够的,必须由政府制定和实施有关政策加以扶持。为此,1950年开始,日本颁布《输出保险法》,以直接保险来缩减金融机构对中小企业融资的风险,并创设了输出信用保险制度。1956年过渡到海外投资保险制度,但只包括了"投资的原本保险"。1957年进一步扩大到"投资的利润保险",经过不断的改革完善,演变为当前成熟的海外投资保险机制。由于20世纪60年代,日本以货物出口为主,海外投资基本以实物投资居多,利用货款的"输出保险"种类基本可以实现保险的目的,所以,最初日本海外投资者对保险的要求不甚迫切,投资保险利用率不高。进入70年代后,日本对东南亚国家的投资剧增,日本把两种类型的保险一元化,投资保险制度进一步充实,利用率也大幅提升,大大促进了海外投资的发展。

日本海外投资保险制度充分借鉴了美国、德国的经验,与美国不同的是采用单边模式,即只根据日本国内法的规定,不以日本与东道国订立双边投资协定为前提,降低了对东道国资格的要求。但进入80年代后,由于投资环境的急剧变化,促使日本更加重视东道国的营商环境,越来越重视双边投资协定的存在。

(二)日本海外投资保险制度的主要内容

1. 投资保险的范围

日本投资保险主要包括三种政治性风险:一是外汇险,二是征用险,三

---

〔1〕参见姚梅镇:《国际投资法》,武汉大学出版社2011年版,第219页。

是战争险。外汇险是指日本海外投资者的本金及利润在五种情况下，[1]两个月以上不能兑换为外币汇回日本，而遭受的损失。按照日本《输出保险法》第14条第2项的规定，凡日本在外国投资的资产为国外政府（包括地方公共团体）所“夺取”的，均为征收险的范畴。所谓的“夺取”指东道国对投资者的财产实行征用、没收或国有化，而剥夺其所有权的情况。东道国对此有无补偿，或补偿金额是否合理，并不影响保险事故的成立。但因征收、没收、国有化等所受损失，投资者已从东道国获得的补偿，在计算保险金额时应予以扣除。战争险意指因战争、革命、内乱、暴动等冲突而导致投资者财产损失，包括但不限于下列情况：投资的企业不能继续经营；破产或类似之情况；银行对该企业停止交易或类似事态；停业在6个月以上者。从法理上来说，以上事故之所以被保险覆盖，主要是由于各种政治性风险，导致日本投资者丧失其在投资的企业的股东或出资者地位。但因为战争所导致的股票下跌或经营失误致使营业恶化，则不属于上述保险赔付的范畴。

2. 适格的投资

海外投资的内容包括：股票、债券、股权证书、抵押权证书、利润证书等；现金贷款、工业产权在内的债权请求权；海外直接投资的企业、产业等。海外投资项目要求：促进日本对外经济交往的健康发展，武器制造、娱乐博彩事业不属于保险对象；限于新投资。日本海外投资的目的国，不像美国保险制度要求必须是与美国订有双边投资协定的国家，故无特别限制。但要求投资目的地国外资保护政策完备、政治安定、经济稳定，如果投资项目需要政府批准，须获得许可或批准的书面证明。

3. 保险人与被保险人

申请投资保险的合格投资者是被保险人，限于向海外投资的日本公民

---

[1] （1）东道国政府实施外汇管制或外汇禁止；（2）因东道国发生战争、革命或内乱，无法实行外汇交易；（3）东道国对日本投资者各种应得款项（本金、股金、红利、利息等）实行管制；（4）东道国政府取消对各项应得款项汇回日本的许可；（5）东道国政府对各项所得款项予以没收等。

或法人。但被保险人与保险合同的投保人不必是同一人,被保险人限于投资者,而保险合同的投保人可以是保险人认可的任何人。

保险人是日本通商产业省,负责承办具体保险业务。海外投资者确定投资计划后,应提交海外投资保险申请书、外汇使用许可证书、东道国外资引进许可证等资料,向通商产业省申请海外投资保险。通商产业省收到通知后,审查范围为:投资的具体内容,项目是否合格,是否有利于促进日本国际经济交往,是否有利于改善国家收支,取得外国法人股份的时间、价格、种类等是否合适等。审查合格后,签订保险合同,保险合同从支付保险费之日起生效。

4. 保险期限

保险合同的期限一般是 5 ~ 10 年。如果投资企业因建设需要不能马上投产,需要经过一段时间才能开业,则可以加上必要的建设期限。但最长不得超过 15 年。除此之外,原则上不得延长保险期限。

5. 保险费

保险费率按照保险合同期间内保险金额每 100 日元为 55 钱计算,即 0.55%。保险费在保险合同第一年度,在签订合同时缴纳;第二年度以后,在每年度的保险期间开始前缴纳。[1]

6. 保险人的代位权

作为保险人的日本政府向被保险人支付赔偿后,可以取得被保险人基于保险事故对东道国所享有的索赔权及其他权益,向东道国索赔。与美国 OPIC 基于双边投资协定行使代位求偿权不同,日本要求投资者在用尽东道国国内救济后,才能以国际法上的外交保护制度行使代位权。

---

〔1〕 参见姚梅镇:《国际投资法研究》,载《武汉大学学报》1981 年第 4 期。

三、德国海外投资保险制度

(一)德国海外投资保险制度的发展

第二次世界大战后,德国在美国的资金、技术的援助下,经济得到迅速的恢复和发展。德国从20世纪60年代初开始逐步对外资本输出,20世纪70年代发展成为主要的资本输出国。为了鼓励、保护私人对外投资,德国在1949年效仿美国开始探索海外投资保险制度,具体业务由国营的“黑姆斯信用保险公司”(Herms Kreditversicherung Aktiengesellshaft)和“德国信托与监察公司”(Deutsch Revision-und Treuhand-Aktiengesellshaft)负责。经过不断地完善与发展,至1959年形成了较为完善的海外投资保险经营制度,与美国相比,保险范围较宽泛,适用上弹性较大。

德国海外投资保险制度起初不以两国政府之间的双边投资协定为前提条件,但事实上政府对双边投资协定采取积极态度,向发展中国家投资一般都需要订有保护、鼓励投资的双边协定,但不是绝对要求,如果东道国法律秩序稳定、良好,足以保证外资的安全,即使没有双边投资协定,亦可承保。而为了强化国内保险制度的效力,仍要求尽可能地签订双边投资协定,因此与美国具有实质上的类同性。[1]

虽然德国与资本输入国一般签订投资保护协定,但其海外投资保险制度与美国不同,它不要求以这种双边投资保证协定作为法定条件。德国的海外投资保险制度同美国相比,担保的范围更宽,其他方面大体相同。德国海外投资保险中的政治风险的范围为5项:外汇险、征用险、战乱险、迟延支付险和货币贬值险。

---

〔1〕 姚梅镇:《国际投资法》,武汉大学出版社2011年版,第219页。

（二）德国海外投资保险制度的主要内容

1. 投资保险的范围

主要包括以下 5 种风险：外汇险、征用险、战争险、延迟支付险、因停止支付或延迟支付不能自由兑换等措施带来的货币贬值损失险。外汇险意指投资者的本金及利益在东道国不能兑换为外币自由汇回德国而遭受的损失。包括资本参股的到期债权、利润产生的到期债权等，投资者获得支付后，2 个月内，不能兑换成可自由兑换货币汇回德国，均属于外汇险范畴。征用险意指因征收或产生类似效果的措施给投资者带来的损失。战争险意指战争、革命、武装冲突等导致投资者损失的情形。延迟支付险意指因拒绝或延迟支付投资者到期债权、应得利润的全部或一部分，而给投资者带来的损失。

2. 适格的投资

适格的投资需要具备以下 2 个条件：首先，保险对象只限于投资参与的形式。其次，投资者获得的利润必须是从投资中应得的利息、红利及其他收益。延迟金、违约金不能作为保险的对象。

3. 适格的投资者

适格的投资者必须在德国有住所或居所，投资项目应"值得鼓励"，且对加强德国同发展中国家经济关系具有推动作用。符合条件的投资，投资者应按照法定程序向主管部门提供必要的资料，最终由财政部审核批准。

4. 保险费

保险费必须在每年规定的支付期限前缴纳，逾期 3 周仍未缴纳者，保险人有权解除保险合同。按照保险期限不同，保险费率亦不同。5 年以内的，年费率为 0.6%；5～10 年的，年费率为 0.5%；10～15 年的，年费率为 1.0%；15～20 年的，年费率为 1.5%；3 种风险综合保险的，年费率为 0.5% 或 0.8%。保险期限原则上为 15 年，的确需要延长的，可延长至 20 年。

四、美国、日本、德国三国海外投资保险制度比较

如前所述，美国、日本、德国三国的海外投资保险制度互有借鉴，尤其是日本、德国对美国经验的吸取，但在保险机构的设置、保险条件、保险范围等具体内容上，又各具特色，为了更为鲜明地突出各自的特点，在此专门进行对比性阐述。

（一）海外投资保险机构设置的异同

与传统的商业性保险相较，三国的海外投资保险均为政府或国家的政策性保险，以鼓励、促进海外投资为目标，不以营利为目的，一定意义上是一个国家经济管理制度的组成部分。因为政治性风险过大，传统商业保险公司不愿承保，故海外私人投资保险公司一般由政府经营。这一特点主要体现在海外投资保险机构的性质上，即海外投资保险人不是完全按照市场规律运作的商事主体，它总是与国家主管机关有某种联系，直接受到政府职能部门制约。但三个国家的海外投资保险机构在具体运行上又存在差异。

美国海外投资保险业务，包括保险的申请和审批，均由美国政府直接控制的国有公司 OPIC 全权负责和经营，该公司兼具公、私法人的性质。美国之所以设立这种性质的保险机构，是因为“这可以避免政府与政府之间的直接对抗，公司可以充当外国政府与美国投资者之间的桥梁，使政治性问题取得商业性解决”。[1]

日本则设立“通商产业省贸易局”承办具体保险业务，该局是政府职能部门之一，财政上又是独立的。其宗旨是担保国际贸易和其他对外交易中传统商业性保险所不能承保的风险，以促进国际经济交往的发展。由此，日本的海外投资保险的审批及各种业务的办理直接由政府机关负责。该模式中，保险人和投保人间的保险合同实际是一个行政色彩较浓的合同，

---

〔1〕 李冬梅、李湘芬：《海外投资保险法律制度研究》，载《重庆工商大学学报》2007 年第 3 期。

美国在 1969 年以前也采用这种做法,当前新西兰、瑞典等国也采用此模式。

在德国,海外投资保险的申请由联邦经济事务部、财政部和外交部代表组成的部际委员会审查批准。具体的保险业务则由两家国有公司(德国信托监察公司和黑姆斯信用保险公司)负责经营。这两家公司受政府委托和授权,代表政府承接相关海外投资保险业务。法国做法与德国类似,其对外投资保险业务也是由两个机构经营,即法兰西对外贸易保险公司和法兰西对外贸易银行,由经济和金融部长根据特别部际委员会的意见决定投保申请的审查与批准。

由此可知,美国的 OPIC 实际上是政府公司作为保险人,兼具公、私法人的性质,日本是政府机构直接作为保险人,而德国则是政府与国有公司共同实施保险业务。因此,各国投资保险机构都本着国家专营的原则设置,这既是海外投资保险业务自身性质的体现,也是海外投资保险机制顺利进行的基础。从审批机构与保险业务经营机构是否分离的角度上分析,美国和日本采取集审批机构与保险业务经营机构于一体的运行体制,保险机构既是审批机构,又是经营机构。德国则采取审批机构与经营机构分设的运行体制,政府负责海外投资保险的审查批准,另设一受政府委托和授权的公司负责海外投资保险业务的经营。前种体制有助于政府对海外投资保险进行宏观调控,保证海外投资保险业务能够完全执行国家海外投资及有关经济政策。后种体例在国家内部有利于各部门之间的监督和制约,可有效防止腐败。从法律关系上看,也更清晰地体现出投资者与保险公司的投保人与保险人,国家政府与私人投资者的管理者与被管理者的法律关系。海外投资者与审批机构之间的关系是一种纵向的被管理者与管理者的关系,与经营机构间的关系为保险合同关系。海外投资者按法律规定向审批机构提出保险申请,经批准后与经营机构签订保险合同,向经营机构缴纳保险费,政治性风险发生后,向保险机构进行索赔。

(二)是否以签订双边投资协定为承保的前提条件

已如前述,美国采用的投资保险制度是以订立双边投资保护协定作为使用国内海外投资保险的前提,学术界称为美国式的双边保险制度。质言之,美国私人海外投资者只有在与美国订立了双边投资协定的国家投资时才能向美国 OPIC 申请保险。

日本海外投资保险制度是在借鉴美国海外投资保险制度的基础上建立的,但与美国不同的是它并未要求将与日本订有双边投资协定作为适用国内海外投资保险制度的前提。质言之,日本国内保险机构既可以承保已与日本订立双边投资协定的国家的本国私人海外投资,也可以承保没有与日本订立投资协定的国家的本国私人海外投资。由此,日本海外投资保险制度采用了单边保险体制,只根据国内法规定即可适用海外投资保险制度。

德国海外投资保险制度类型介于美国式的双边投资保险制度与日本式的单边保险制度之间,属于折中模式。从形式上看,德国海外投资保险制度与日本相同,并不要求以两国政府间的双边投资协定作为适用国内保险制度的前提,但实践中德国政府积极与不同国家订立双边投资协定。尤其是向发展中国家的投资,一般都要求订有关于保护及鼓励投资的双边协定,在此基础上确定是否承保。由此,德国海外投资保险制度实质上仍要求订立双边投资协定,与美国保险体制类同。

由此可知,以双边投资协定为前提的美国海外投资保险制度可能有两种效果:一是客观上将一部分不是投向与美国订有双边投资协定国家的投资排斥在保险范围之外,限缩了被保护投资的范围;二是将私人海外投资中投资者与东道国之间的关系上升到两国政府的层面,使本国私人投资直接受制于国际法的保护,为 OPIC 行使代位权提供了更高层次的国际法依据。而日本的单边保险制度的好处在于可以扩大国内海外投资保险制度覆盖的范围,有利于促进本国海外投资的发展。不足之处在于有可能提高海外投资保险机构自身的风险及增加行使代位求偿权的难度,使发生在没有与日本订立双边投资协定国家的海外投资政治性风险,只能通过外交保护途径进行救济。德国表面上采用了折中模式,实际上倾向于美国模式。三种模式各有其特点,但是在实践运行中,日本和德国也十分强调将双边协定作为保护本国海外投资的重要手段。尤其是德国,日本也有类似倾向。实际上，无论是双边还是单边投资保险制度，都只是一种国内法上的制度，国家依据该制度向海外投资者承担了一种保证责任。投资母国对本国海外投资政治性风险的救济途径并无本质区别。实行双边投资保险制度的国家也可以依照传统的外交保护向东道国行使代位求偿权，而实行单边投资保险制度的国家也可以依据已有的双边投资协定行使代位求偿权。关键在于，主权国家如果要求确保自身在向东道国求偿时，能以双边投资协定为法律依据，则可以选择在国内法上实行双边投资保险制度，否则可适用单边投资保险制度。相较而言，选用双边投资保险制度的美国可以更多地利用双边协定而避免通过外交保护手段行使代位求偿权；选择单边投资保险制度的日本也可以通过单边立法中的代位权条款行使向东道国索赔的权利，只不过有一定难度。

（三）海外投资保险具体内容的异同

1. 美国、日本、德国投资保险险别的比较

根据三个国家的立法和实践，其海外投资保险的范围均涵盖了外汇险、征收险与战乱险三种政治风险。就外汇险而言，美国 OPIC 规定禁兑险是指投资项目的利润或其他收益，或因投资回收或处分投资财产而获得的当地货币或其他货币，在东道国禁止兑换成美元。而日本规定，特定情况下致使日本海外投资者的本金和利润两个月以上不能兑换为外币汇回日本者，均属外汇险。由此，三国外汇险的不同之处在于，美国只承保禁兑险，日本和德国既承保不能自由兑换的禁兑险，也包括不能自由转移的转移险。就征收险而言，美国、日本、德国三国法律均规定东道国政府的征收行为必须是由于不可归责于投资者本人的过错或不当行为。其不同之处在于美国把契约权也列为征收对象，而依日本法律，在合营企业国有化时，日本海外投资者所持有的股份被强制转让者，也属征收。美国法律还规定构成征收险的征收行为应持续一年以上，德国、日本并无此规定。对于战争内乱险而言，美国、日本、德国三国法律都规定，战乱险只限于个人或集团为了实现某种政治目的而采取的破坏活动所造成的损失，不包括劳资纠

纷、经济矛盾、罢工骚乱所引起的冲突风险。

除以上三种风险外,日本和德国还承保其他政治性风险。日本法律规定,资源开发领域的投资,如果由于不可归责于投资者的事由,投资对方破产或其债务在6个月以上迟延履行等信用风险,也属保险赔付的范畴。德国还承保迟延支付险和货币贬值险,迟延支付险意指凡投资者以资本形式参加所产生的债权、贷款期权、应得利润债权的全部或一部分,因停止支付或迟延支付,致使完全不能得到保证或完全不能收益的,均属于保险赔付的范畴。货币贬值险意指因停止支付或迟延支付,不能自由兑换等措施致使货币贬值所受的损失属于保险赔付范畴,分支机构、营业场所解散时的清算资金,发生同样情况亦属货币贬值险。

2. 美国、日本、德国海外投资保险费、保险期间和保险金的比较

美国、日本、德国三国具体保险费的数额不尽相同,一般而言保险费的额度依承保行业、险别及范围而不同,有的国家还依投资的东道国类别以及投保投资的规模而异。以综合保险为例,美国为承保额的1.5%,日本为0.55%,德国为0.5%。针对保险期限,美国、日本、德国三国规定也有不同,美国规定保险期限根据投资种类、性质及承保险别的不同而具体确定,一般而言股份投资保险法定最高期限,自承保之日起不得超过20年。德国海外投资保险期限原则上为15年,但属于生产设备的制造需要较长时间者可延长到20年。日本规定保险契约的期间,从5年到10年,一般不超过10年。针对保险金方面,保险事故发生后,保险公司一般只承担被保险人损失的一部分而非全部。美国、日本、德国三国法律都规定保险人只补偿被保险人损失的90%,剩下的10%由投保者自负。[1]

3. 美国、日本、德国海外投资保险的承保条件之比较

美国、日本、德国三国的海外投资保险对承保的风险条件作了一般性规定,即适格的投资、适格的投资者及适格的东道国。适格的投资包括两

---

〔1〕 参见[美]道格拉斯·Q.拜尔、罗伯特·H.格特纳、兰德尔·C.皮克:《法律的博弈分析》,严旭阳译,法律出版社1999年版,第289页。

个方面：一是投资项目合格；二是投资形式合格。针对适格的投资项目，美国、日本、德国三国都规定海外投资必须符合投资者本国的利益。但日本海外投资保险法要求所承保的投资必须有助于日本对外交易的全面展开，且对日本经济发展有积极作用；德国则要求投资项目"值得鼓励"，并对加强同发展中国家经济关系有积极贡献。另外，三国海外投资保险都要求海外投资要有利于东道国的经济发展且只限于国外的新项目的投资，即新建企业和现有企业的扩大投资。关于合格的投资形式，既包括有形财产，也包括无形财产，其中股权投资是适格投资的主要形式。除股权投资外，美国还向贷款、租赁、技术援助协议、许可证协议及其他契约性安排等几种形式的投资提供保险。日本也向贷款提供保险，但仅限于对计划长期进口的原材料开发项目的贷款。德国则向与股权密切相关的贷款，对海外分公司提供的资金，以及某些再投资提供担保。针对合格的投资者，美国、日本、德国三国海外投资保险要求的标准不尽相同，一般要求符合以下条件：(1)本国国民，指根据本国法律取得本国国籍的自然人，德国还要求在本国有住所或居所；(2)本国公司、合伙或其他社团，美国允许依本国法律设立的、具有或不具有法人资格的、盈利或非盈利的公司、企业、合伙或其他社团作为投保人，但日本只限于日本公民或法人，且须符合资本控制要求；(3)符合一定条件的外国公司、合伙、社团，一般有严格的限制。美国海外投资法要求依外国法设立的外国公司、合伙、社团，其资产的全部或至少95%为美国公民、公司、合伙或社团所有，才可作为合格投保者。关于适格东道国的要求，美国、日本、德国三国海外投资保险法的规定亦不尽相同。美国的规定最为详细、严格，须同时符合以下四个条件：限于友好的发展中国家，东道国国民人均收入低于一定限度；尊重人权和国际上公认的工人权利；与美国订有双边投资保护协定。德国不以东道国是否与其签订双边投资协定为担保海外投资的法定条件，只要经审查确认东道国的法律秩序及其有关措施足以切实保护外国投资，即属合格的东道国。日本的海外投资保险制度也不以东道国同日本订有双边投资保护协定为法定条件，而采取单边保险机制，但实践中，一般也采取以订立政府间双边投资协定作为调整投资环境的重要手段。

第三节　我国海外投资保险制度的完善

一、我国海外投资保险制度的现状与问题

已如前述，海外投资保险制度是主要资本输出国鼓励、保护本国海外投资的重要国内法制度。从2016年始，我国成为“双向资本大国”，尤其是“一带一路”沿线，我国作为资本输出国的地位凸显。然而，与快速发展的对外投资相较，我国的海外投资保险制度相对滞后，很难满足“一带一路”沿线投资企业防范政治性风险的迫切需求。

（一）海外投资保险制度的产生与发展

我国海外投资保险始于中国人民保险公司1988年开办的海外投资保险业务，1994年中国进出口银行成立后也对海外投资进行承保。但海外投资保险正式作为一项政策性保险业务，是从设立“中国信保”[1]开始

---

〔1〕“中国信保”是由国家出资设立、支持中国对外经济贸易发展与合作、具有独立法人地位的国有政策性保险公司，于2001年12月18日成立，目前已形成覆盖全国的服务网络。公司的经营宗旨为：“通过为对外贸易和对外投资合作提供保险等服务，促进对外经济贸易发展，重点支持货物、技术和服务等出口，特别是高科技、附加值大的机电产品等资本性货物出口，促进经济增长、就业与国际收支平衡。”“中国信保”的业务范围包括中长期出口信用保险、海外投资保险、短期出口信用保险、国内信用保险、与出口信用保险相关的信用担保和再保险、应收账款管理等出口信用保险服务及信息咨询业务、保险资金运用、经批准的其他业务。截至2017年6月，“中国信保”累计实现承保超过2.04万亿美元，支付赔款超过56.6亿美元，其中，支持我国企业出口和投资超过1.86万亿美元，承保项目遍及230多个国家和地区。为数万家出口企业提供了出口信用保险服务，为数百个中长期项目提供了保险支持，包括高科技出口项目、大型机电产品和成套设备出口项目、大型对外工程承包项目等。同时，“中国信保”还累计带动233家银行为出口企业融资超过2.7万亿元人民币。参见徐梦非：《论如何利用中国出口信用保险公司和世行多边投资担保机构助力国家开发银行“一带一路”国际业务风险防控》，载《开放性金融演技》2017年第5期。

的。2001 年 5 月国务院正式批准组建了专业的出口信用机构“中国信保”,其 40 亿元的注册资本金全部由财政部提供。“中国信保”于 2002 年推出了对外投资保险项目,包括征收和国有化、汇兑限制、战争和暴力事件以及投资所在国政府违约四种政治风险。适格的投资包括海外新设企业、并购当地企业及提供股东贷款或担保等直接投资行为。国家成立“中国信保”的目的就是通过政策性出口信用保险手段,支持货物、技术和服务出口,特别是高科技、附加值大的机电产品等资本性货物出口,故投资保险只是其业务之一,且具有鲜明的政策性,不以营利为目的,其宗旨在于推动中国企业“走出去”。但从“中国信保”的法律主体地位、业务内容、运行机制以及实际运行效果来看,其设立初期并没有为我国的海外直接投资提供强有力的法律保障。原因有二:一是我国尚未制定专门的海外投资保险法,从大的法治环境上缺乏保护和规范;二是“中国信保”本身正处于起步阶段,货物出口保险是其主要业务板块,海外投资保险只是其附带业务,且经验不足。

“中国信保”于 2003 年 9 月签下了海外投资保险第一笔业务,为中国化学工程总公司和中国成达工程公司投资印度尼西亚巨港电站项目提供海外投资保险和融资担保支持。由此,标志着我国海外投资保险制度正式启动。“中国信保”第一单海外投资保险业务具有一定的代表性,在投保人方面,中国化学工程总公司和中国成达工程公司都是大型国有企业,两家公司都曾入围世界 225 家最大的国际工程承包公司。在项目方面,印度尼西亚巨港电站是 BOOT(建设—拥有—经营—移交)项目,总投资额 9843 万美元,经营期 20 年。这两家公司之所以能够投资此项目,主要是因为“中国信保”提供了融资担保。直到 2005 年,“中国信保”的投资保险业务才取得较大突破,全年实现保险金额 5 亿美元,同比猛增 317%。然“中国信保”毕竟成立时间不长,经营经验和专业人才无法与国际先进保险组织相比,不少企业认为“中国信保”的海外投资保险费率过高,吞噬了进出口银行提供的大部分贷款优惠,以致企业海外投资的融资成本居高不下,使不少企业不得不尝试寻求其他的担保途径。

自“中国信保”设立后，中国人民保险公司和中国进出口银行停止办理政策性出口信用保险业务，目前我国仅有“中国信保”一家公司有资格从事海外投资保险业务，故其在市场上处于垄断地位。另外，在审批与承保机制上，“中国信保”既负责审批及决定海外投资项目是否适格，又作为承保机构负责整个业务的实施。这导致“中国信保”权力过分集中，可能使很多中小投资者由于严格的审批机制、较高的收费而难以获得海外投资保险，一旦监管不力势必更容易催生权力寻租，腐败现象更加突出。且海外投资保险仅是“中国信保”的主营业务之一，但是海外投资保险的运行过程十分复杂，其对象是政治性风险，相对于其他商业性风险业务来说利润更低，故有学者担心在此构架下“中国信保”可能不会集中精力于海外投资保险，事实上目前海外投资获“中国信保”投保的也仅占20%左右。[1]

(二)海外投资保险制度存在的主要问题

一份完整的海外投资保险合同应包括多个条款，其基本条目应该涵盖适格的投资者、适格的投资项目、适格的东道国、承保的政治性风险细目、赔偿金额和承保期限、承保机构的代位求偿权等。但我国目前关于海外投资保险合同针对上述条目的规定并不明确，没有详细的审查标准。

第一，适格投资者的判定标准不明。国家发展和改革委员会和“中国信保”于2005年联合发布的《关于建立境外投资重点项目风险保障机制有关问题的通知》第3条规定：在中华人民共和国境内注册的企业法人均可申请为其提供境外投资项目风险担保服务，而“中国信保”《投保指南》规定：中国大陆地区以外注册但实际控制权为中国大陆地区的法人掌握的法人亦可申请其投保。由此，适格的海外投资主体的资格标准没有统一，且没有包括自然人投资者。相较之下，美国OPIC规定的合格投资者的标准更为详尽具体，范围更加宽泛。

---

[1] 参见熊小奇：《当代海外投资保障制度及其借鉴》，载《国际贸易问题》2002年第10期。

第二,适格投资项目的界定过于模糊。根据《境外投资项目核准和备案管理办法》以及“中国信保”官网对海外投资保险的介绍可知,投资项目包括海外股权投资和债权投资等,《投保指南》规定投资项目应符合我国外交、外经贸、产业、财政及金融政策,符合项目投资各方法律和政策规定,并获得与投资项目相关的批准许可。此规定偏原则性,在实践中难以进行有效操作,一方面投保企业难以根据此规定预判自己是否满足条件及应当提供哪些材料,另一方面此规定赋予审批机构过大自由裁量权,易造成投保审批的随意性。

第三,适格东道国条件有待商榷。关于合格东道国的规定,主要资本输出国大致有以下三种:一是仅指发展中国家和最不发达国家,二是仅指与其签订了双边投资协定的国家,三是包括任何国家和地区。我国对适格的东道国未作限制,应属于第三种,这样有利于扩大海外投资保险的覆盖范围,鼓励私人海外投资;但其弊端也是显而易见的,即如果东道国与母国之间没有签订双边投资协定或者多边投资公约,承保机构代位权的行使便缺乏有力保障,且在财政基金有限的情况下,“好钢无法用在刀刃上”,无法满足“一带一路”沿线高风险区域的投资保险需要。

第四,政治性风险界定不明确。“中国信保”规定政治性风险是指被保险人在对外投资和贸易过程中,因保单约定的、债务人所在国(地区)或贷款须经过的第三国或投资目的地的政府行为和订约双方不能控制的事件,使债权人或权益人可能遭受损失的风险,包括禁止或限制汇兑、进口管制、没收、征用、国有化、撤销进口许可证、颁发延期付款令、战争、暴乱或革命等。但在实践中,我国企业进行海外投资会面临各种各样的风险,不同的行业可能面临的风险亦不尽相同,风险的发生存在极大不确定性,“中国信保”仅对承保险别作简单列举而没有进行更详细的解释,致使投保企业在实际风险发生时易处于较为被动的局面。另外,“中国信保”设定的承保风险范围比较狭窄,把战争及政治暴乱限定在东道国发生革命、骚乱、政变、内战、叛乱、恐怖活动以及其他类似战争的行为,导致投资企业资产损失或永久无法经营,没有将东道国境外的战争行为纳入其中,但境外战争行为也可能给投资带来较高的风险。

第五,代位求偿权的国际法依据缺位。“中国信保”在向投保人予以赔付后,即代位取得投保人向东道国索赔的相关权利。这种机制的优点在于把私人投资者与东道国之间的争端上升到投资者母国与东道国之间的争端,有利于提高获赔的效率。目前世界上对于代位求偿模式有以美国为代表的以双边投资协定为求偿依据的双边运行模式,以日本为代表的以外交保护为依据的单边运行模式和以德国为代表的混合模式。双边模式的优势在于双边投资协定对于协定双方法律约束力较强,相较国内法或保险合同能更有效地保障代位权的实现,劣势在于将大量投资排除在海外投资保险之外;单边模式的劣势在于采取外交保护手段行使代位权受一些规则限制,如用尽当地救济原则。

(三)海外投资保险立法缺失

我国至今没有制定单独的海外投资立法,《保险法》也没有对海外投资保险作出规定,而是通过一些部门规章、行政法规以及“中国信保”的公司章程、投资指南等来调整规范海外投资保险。例如,1998 年财政部出台了《关于申请办理出口信用保险若干规定的通知》,2003 年对外贸易经济合作部、中国出口信用保险公司发布了《关于建立境外投资重点项目风险保障机制有关问题的通知》,2014 年国家发展和改革委员会公布了《境外投资项目核准和备案管理办法》等。可以看出,文件数量多但是位阶低,文件内容主要是规范不同时期海外投资保险程序问题或者倡议重点行业参与保险问题,主要考虑政策性和实用性,很少对当事人权利义务问题等作出明确全面地规范,没有可预期性。

在国际法方面,我国加入了一些国际多边条约和双边投资协定,如 1988 年加入《多边投资担保公约》,1993 年加入《关于解决国家和他国国民之间投资争端公约》,2001 年加入 WTO《与贸易有关的投资措施协议》,也与很多国家签订了双边投资保护协定。然而,对于投资保险的承保要求,如适格的投资者、投资项目、政治性风险等,都是由《中国出口信用保险公司章程》《投资指南》以及“中国信保”官方网站公布的一些信息予以规定，且规定的内容并没有达到科学、明确的标准，原则性强，可操作性差。国内海外保险制度立法不健全，也会影响双边投资协定中海外投资保险条款的适用和落实。

二、我国海外投资保险机制的完善

（一）当前海外投资保险制度存在的两个根本性问题

1. 立法规范有待完善

海外投资保险属政策性保险，我国《保险法》只调整商业性保险，未涉及海外投资保险制度。“中国信保”海外投资保险制度的运行完全依赖国家发改委 2014 年《海外投资投保概述》和《关于建立境外投资重点项目风险保障机制有关问题的通知》两个文件。前者只有四项内容（承保风险、赔付比例、申请条件及业务流程），过于笼统。后者只有 10 条，涉及三项内容（承保项目、投保人资格及险种），只是一个指导性文件。海外投资保险制度是一个系统性规范体系，需要立法支持，仅用通知的形式开设几个险种是远远不够的。因此，应借鉴发达国家海外投资保险制度经验，结合“一带一路”沿线风险实况，尽快制定我国海外投资保险的专门性立法。其路径有二：一是制定专门的“中华人民共和国海外投资保险法”或“中华人民共和国海外投资保险条例”；二是制定综合性的“中华人民共和国海外投资法”，以该法为基础，再出台配套的包括海外投资保险法在内的系列法规或司法解释，建构完善、系统的海外投资保护与促进法律体系。鉴于我国海外投资保险机制的滞后及沿线投资保护的迫切性，由国务院先行颁布专门性法规的方式较为可行，运行相对成熟后，再行升级为人大立法。

2. 海外投资保险运行模式有待于进一步合理

从机构角度来看，我国投资保险采用的是“申保合一”模式；从 BIT 角度来看，我国投资保险实施的是不以东道国与我国签订 BIT 为前提的“单边模式”。“申保合一”缺乏监督，易滋生腐败，不利于保险机制的健康运转;不以BIT为前提的“单边模式”,使我国代位求偿权不能获得东道国承认,赔付投资者损失后难以追偿。当投保者是国有企业时,如无法向东道国追偿,承保即丧失了实际意义。且亦使我国与“一带一路”沿线国家签订的50多个BIT中有关代位求偿权的约定成了摆设。故而,借鉴德国、日本经验,推动我国海外投资保险审批机构和业务机构由“合一模式”转向“分离模式”,由国务院增设一个直属机构(海外投资管理局)或由商务、外交及财政三部委联合成立“海外投资管理委员会”,负责保险的审核与管理;“中国信保”则负责具体业务的实施。一方面,在保险审批层面可充分发挥商务部投资的指导和监管、财政部的财政支持及外交部的外事关系协调作用;另一方面,政府机构的介入也符合海外投资保险的官方性质,可在一定程度上体现国家对海外投资的引导与调控作用。另外,改“中国信保”海外投资保险的“单边”模式为“双边”模式,充分利用我国与“一带一路”沿线国家间BIT中的“代位求偿权”条款,把海外投资保险的适格东道国限定为与我国签订BIT的国家,确保“中国信保”对东道国代位求偿权的顺利实施。

(二)海外投资保险制度内容的完善

除上述两个根本性问题外,我国海外投资保险制度还应澄清以下问题。

1. 适格投资与适格投资者

无论是2014年《海外投资保险概述》,还是“中国信保”官网的《海外投资保险简介》,对适格投资的界定及投资目的地国的规定都不够明确。可借鉴MIGA经验,适当放开金融投资(股权、证券)保险,出资形式可扩大到债权、知识产权及特许权投资,且与我国BIT中的投资范畴保持一致。适格投资者规定存有以下问题:(1)将自然人与非法人组织均排除在适格投资者之外,而我国与“一带一路”沿线国家间的BIT对投资者的界定则包括了自然人和非法人组织。制度的相互衔接与协同是最大限度防范投资风险的先决条件,应扩大适格投资者范围与BIT保持一致。(2)没有要求所有在中国注册的法人的股东必须是中国公民或其资本由中国公民所有,又使承保条件过于宽泛,不利于对我国投资者的精准保护,可能消耗"中国信保"有限的保险资源。

2. 承保范围

"中国信保"的"海外投资保险合同"将其承保的风险分为基本政治性风险及附加险,基本险包括汇兑限制、征收、战争及政治暴乱;附加险包括营业中断(仅适用股权投资)和政府违约。上述险种的内涵与外延不明确,未对标国际,缺乏可操作性,应完善如下:(1)外汇险包括禁兑险和转移险,美国只承保禁兑险,日本、德国、澳大利亚则都承保。为了实质性有效防控沿线风险,我国应都承保,且应包括东道国对投资者采取歧视性汇率而造成的损失。但东道国货币贬值而引发的损失,实为具有非歧视性的商业性风险,应不予赔付。(2)明确征收险范围。首先,征收行为应是可归因于东道国政府的行为,包括直接实施或授权、委托、默许实施的行为。其次,这种行为应包括直接征收、间接征收或逐步征收行为,[1]投资者自身过错或不当行为引起的征收或没收应不予赔付。(3)战争险覆盖面过小,应扩大到发生在"邻国"的战争、冲突而导致的投资者损失,以及因民族、宗教冲突、骚乱而引发的损失,但间接损失不应包括在内。(4)政府违约险是 MIGA 新设险种,鉴于沿线国家政府违约或毁约常有发生,可以考虑把政府违约险列为基本险。(5)营业中断险只限于股权投资不甚合理,应扩大到有实体企业的所有投资,同时应排除因汇兑、征收、战争导致的营业中断情况。(6)恐怖主义险是美国及 MIGA 都予承保的一种风险,鉴于沿线部分区域恐怖袭击频发,应把恐怖主义险作为一项基本险或把其划归战争险的范畴。

---

〔1〕 Overseas Private Investment Corporation. Regulatory Risk, [EB/OL]. July 30, 2018, https://www.opic.gov/what-we-offer/political-risk-insurance/types-of-coverage/regulatory-risk,最后访问日期:2018 年 7 月 30 日。

3. 保险期限及费率

德国、美国是根据投资项目、承保险别等具体情况确定，最高不超过20年。日本保险期限一般为5～15年，根据投资实际需要可延长。我国可以借鉴美国、德国体例，视情况而定，但要控制在20年以内。美国保险费率由OPIC决定，外汇险为承包金额的0.3%，征收险不超过0.8%，战争险为0.6%，同时投保三种风险的，按年费率的1.5%征收。[1] 德国保险费率则根据保险期限的长短来调整，年费率一般在0.5%～1.5%之间。而“中国信保”保险费率为4%，远超过了国际通行的最高费率，令很多私人投资者望而却步，保险费率应降低至1%以内。

4. 赔付额度

美国、日本、德国及MIGA公约均规定，保险最高赔付金额为损失额的90%，加拿大、丹麦为85%。其目的是增强投资者防控风险的责任感，尽力避免风险发生及损失扩大。结合相关行业及目的国实况，建议将我国海外投资保险赔付额度控制在85%～95%。

本章小结

第二次世界大战后至今的国际投资实践表明，海外投资保险制度是各个国家促进、保护本国海外投资的有效政策机制，美国海外投资的快速发展，并成为全球最大的双向投资大国，与其OPIC机制的不断改革与完善密切相关。而我国由于长期以来是重要的FDI流入国，而ODI的输出有限，导致管理与规范FDI的法律规范和政策制度相对比较完善，而促进和保护ODI的政策制度严重滞后。在“超国民待遇”政策鼓励下，外资大量涌入，我国本土企业的技术能力和管理水平也有了质的飞跃，再加上贸易

---

〔1〕 参见OPIC官网：https://www.opic.gov/what-we-offer/political-risk-insurance，最后访问日期：2018年7月30日。

顺差积累了大量的外汇储备,我国企业开启了海外投资的征程。于是在世纪之交,我国正式启动“走出去”战略。经过近20年的海外拓展,我国已成为第二大对外投资国。遗憾的是,我国促进、保护海外投资的制度,尤其是海外投资保险制度的发展,滞后于我国对外投资的发展,制约了海外投资的持续与壮大。“一带一路”倡议启动前,我国海外投资的目的地大多为政治稳定、法律完善的欧美发达国家,政治性风险较低,海外投资保险制度的不完善对海外投资的影响尚不明显。随着“一带一路”倡议推进,我国投资企业开始大量转向沿线政局波动、法律不透明的发展中国家,政治风险普遍较高,我国滞后的海外投资保险制度与沿线投资企业的巨大需求,形成明显的落差,制度不足和制度缺陷越发凸显。例如,适格投资者的判定标准不明、适格投资的界定过于模糊、代位求偿权国际法依据缺位等,其中最大的制约是海外投资保险立法和行政法规缺失。因此,为了更好地促进、保护赴“一带一路”沿线投资的我国企业,国家层面应研判出台“海外投资促进与保护法”和“海外投资保险法条例”,在总结我国近20年的“走出去”经验的基础上,确立对海外投资鼓励、保护的基本原则和基本制度,并对海外投资保险的制度模式、保险主要内容(适格投资者、承保范围、期限、费率、理赔等)进行明确,以期更好地为“走出去”的企业保驾护航。

第四章 我国与“一带一路”沿线国家间BIT的问题与完善

在国际投资保护的问题上，各国的海外投资保险制度及外国投资法立法起到了一定的作用，亦存在很多缺陷。例如，外资待遇标准、征收国有化补偿、投资争议管辖与裁处等问题单边国内法往往难以解决，需要在互惠、公平的基础上，确立统一的国际法规则，来实施对国际投资的共同保护。

由此，国际投资保护的核心是规则和制度的确立。从一定意义上来说，国际投资法规则谈判，很大程度上是用和平手段争夺国际规则的制定权和解释权，并借此维护自身的最大利益。近年来，国际投资则正在经历重大重构，美国主导了 TPP、TTIP、TISA 和美式 BIT 等新的投资贸易规则，其核心目的是维护和强化国际规则的主导权，以新的符合自身比较优势的国际规则来保护自身的贸易和投资利益。中国积极参与全球化和全球经济治理，以“一带一路”倡议为突破口，推动构建人类命运共同体，也需要以议题、规则和制度来体现和落实“开放、包容、普惠、平衡、共赢”的发展理念，以不断升级的国际法规则来提升对国际投资利益的保护，应对国际投资面临的法律风险和规则风险。[1]

---

〔1〕 参见尹晨等：《“一带一路”海外投资风险及其管理——兼论在上海自贸区设立国家级风险管理中心》，载《复旦大学学报》（社会科学版）2018 年第 2 期。

促进投资的国际法规则包括两个国家之间的双边规则和多国之间的多边规则两个层面,在全球性 MAI 缺位、区域性多边投资协定鲜见的情况下,双边投资条约亦称双边投资协定,成为国际上统一调整国际投资关系的最重要的国际法凭借。截至 2018 年年底,中国已与 130 多个国家签订了双边投资协定,其中包括 54 个“一带一路”沿线国家。因此,本章主要阐述双边投资协定对我国在“一带一路”沿线投资的促进与保护作用,以及双边投资协定存在的主要问题及其完善。

第一节　BIT

一、BIT 的概念与形式

双边投资协定意指资本输出国与资本输入国之间签订的,以促进、鼓励、保护国际私人投资为目的,确立资本输入国、输出国及投资者之间权利与义务关系的双边条约。双边投资条约是目前各国间保护私人外国投资普遍行之有效的重要手段,亦被视为东道国投资环境透明、成熟的重要标志之一。

概言之,双边投资协定可以分为两大类:一是 FCN;二是双边投资条约,其中包括美式的“投资保证协定”(Investment Guarantee Agreement)和德式的“促进与保护投资协定”(Agreement for Promotion and Protection of Investment)。第二次世界大战前,资本输入国和输出国之间通常通过签订综合性的 FCN 条约来保护商人及其资产和投资,投资保护只是其中的内容之一,条约保护的重点是商人而不是投资。

20 世纪 60 年代后,伴随经济全球化和资本自由化流动的提速,美国在进一步完善国内投资保险制度的基础上,积极同其他国家签订双边投资协定。一方面,因为美国的海外投资保险制度是以 BIT 为前提的;另一方面,通过 BIT 的方式确保了 OPIC 的代位求偿权及投资争议解决的国际化。因此,美式 BIT 更像是 FCN 的扩大和补充。为了进一步提升美资准入的透明度,20 世纪 80 年代,美国在 BIT 中引入外资准入的“负面清单管理模式”,并开始在多边投资协定,如 NAFTA 和 BIT 中极力推行。早在 1979 年,美国就同 100 多个发展中国家签订了双边投资协定,成为资本输出国中签订双边投资协定最多的国家,但由于种种原因中美之间的双边投资协定至今尚在谈判中。

与美式投资协定范本相较,德式“促进与保护投资协定”范本更倾向于实体性规定,除了关于投资争议、代位求偿等程序性规定外,对于投资待遇、征收补偿、本金及利润的汇回、国有化补偿的计算方法等实体法内容的规定更为详尽、具体,增加了投资保护的透明度和可预期性。法国、意大利、日本等国家,普遍采用了德式范本。

二、BIT 的主要内容

(一)投资者待遇标准

关于外来投资者的待遇,一般是 BIT 的首要内容,大多原则性规定如下:缔约一方对他方投资者(法人和自然人)必须采取公平合理的对待(fair and equitable treatment),禁止实行差别待遇(discriminatory treatment)。[1] 具体又包括两个方面,即国民待遇(National Treatment,NT)和最惠国待遇(Most Favored Nation Treatment,MFN)。所谓国民待遇意指外国投资者和本国投资者之间享有平等的待遇,不能对外国投资者歧视,但同时亦反对外国投资者在东道国主张本国投资者未享有的“超国民待遇”。为了吸引外资,东道国自愿给予外国投资者以“超国民待遇”的除外。另外,国民待

---

[1] 参见《中华人民共和国政府和法兰西共和国政府关于相互鼓励和保护投资的协定》《中华人民共和国政府和俄罗斯联邦政府关于促进和相互保护投资协定》《中华人民共和国政府和阿拉伯埃及共和国政府关于鼓励和相互保护投资协定》等投资条约的第 3 条;《中华人民共和国和日本国关于鼓励和相互保护投资协定》《中华人民共和国和德意志联邦共和国关于促进和相互保护投资的协定及议定书》等投资条约的第 2 条、第 3 条;《中华人民共和国政府和新加坡共和国政府关于促进和保护投资协定》等投资条约的第 2 条、第 4 条。

遇原则也不是绝对的,东道国为了保护民族产业、公共利益等而对外资的合理限制,既是一国经济主权的表现,也是国际投资法公认的国民待遇原则的合理例外。但此时也不应违背最惠国待遇原则,即这种例外和限制应同等地适用于所有来自不同国家的投资者。

在美国早期的 FCN 中,要求东道国在大部分经济领域中应给予美国投资者以国民待遇,不得采取歧视性措施。如 1959 年美国同巴基斯坦的 FCN 第 26 条规定:缔约国任何一方不得采取不合理的或歧视性措施,以损害缔约国另一方国民或公司在其领土内设立企业所提供的资本、技能、工艺、技术等合法权益。[1] 根据最新的美式 BIT 范本第 3 条第 1 款的规定,国民待遇是指缔约方给予另一缔约方投资者的待遇应不低于其在类似情况下在设立、获取、扩大、管理、经营、运营、出售或其他投资处置方面给予国内投资者的待遇。"[2]由此,美国新版双边投资协定已经把国民待遇提前到“企业的设立过程”,即在企业设立过程中的信息获取、资料提交、注册时间等方面应该与本国投资者享有同等的待遇,即“准入前国民待遇”。

早期的德国 BIT,亦对两种待遇进行了详细约定。如 1970 年《联邦德国与印度尼西亚关于促进与保护投资条约》第三章规定:“……(3)除非协议另有规定,缔约任何一方对他国国民或公司在其境内所享有或控制的投资,不应低于本国国民或公司,或第三国国民或公司所拥有投资的待遇;(4)除非协议另有规定,缔约一方对他国国民或公司在其境内与投资有关的活动,不应给予低于其本国国民或公司,或第三国国民或公司投资活动的待遇;(5)缔约任何一方考虑他方给予同样条件的国民待遇,应在本协议锁定范围内,给予同样的国民待遇。"[3]在该协定中,分不同情况,相互给予互惠的国民待遇和最惠国待遇。

---

〔1〕 参见姚梅镇:《国际投资法》,武汉大学出版社 2011 年版,第 247 页。

〔2〕 参见美国《双边投资协定范本(2012)》第 3 条。

〔3〕 姚梅镇:《国际投资法》,武汉大学出版社 2011 年版,第 248 页。

（二）投资的认定

一般而言，投资的定义、范围与种类是所有 BIT 的首要约定内容。关于 BIT 所保护的“投资”范围的界定，资本输出国倾向于采用广义的视角，资本输入国倾向于采用狭义的视角，每一个协定关于“投资”的界定都是双方博弈的结果。

例如，《中美双边投资保险和保证的鼓励投资协议及换文》第 2 条规定：本协定的规定只用于经中华人民共和国政府批准的项目或活动有关的投资的承保范围。其解释进一步指出，该批准的投资包括以下各项：（1）经对外经济贸易部（现为商务部）批准的项目或活动中投资者的股份投资和贷款；（2）金融机构给由对外经济贸易部批准的项目或活动的贷款；（3）与对外经济贸易部批准的项目或活动所达成的技术转让、服务和管理协议。

1983 年《中国与德国的双边投资协定》第 1 条规定，投资一词系指缔约各方根据各自有效的法律所许可的所有财产，主要是：（1）动产和不动产的所有权以及其他物权，如抵押权、质权等；（2）公司股份和其他形式的参股；（3）用于创造经济价值的金钱请求权或具有经济价值的行为请求权；（4）版权、工业产权、工艺流程、专有技术、商标和商名；（5）特许权，包括勘探、开采和提炼的特许权。所投财产形式的变化，不影响其作为投资的性质。

1985 年《中国与法国的双边投资协定》第 1 条规定：投资系指依据在其领土和海域内接受投资的缔约一方的法律用于投资的各种财产，尤其是：（1）动产、不动产及其他各种物权，如抵押权、用益物权、担保物权及类似的权利；（2）股票和在缔约一方领土内的公司的其他形式的直接或间接的参股，包括少数参股；（3）债券、债权以及各种具有经济价值的给付请求权；（4）著作权、工业产权（如发明专利、许可证、注册商标等）、专有技术、工艺流程、商名和商誉；（5）依据法律授予的特许权，尤其是种植、勘探、开采和开发自然资源，包括在缔约各方海域内的自然资源特许权。所投资产形式的变更,在不违背其领土和海域内接受投资缔约一方的法律规定的条件下,不影响其作为投资的性质。

2010 年《中国与比利时和卢森堡双边投资协定》第 1 条第 2 款均规定,“投资”一词系指缔约一方投资者根据缔约另一方法律法规在缔约另一方领土内所投入的各种财产,包括但不限于:(1)动产和不动产以及其他任何财产权利,如抵押权、质押权、留置权、用益物权及类似权利;(2)股份、公司权利和其他任何形式的对公司的参股;(3)与投资有关的对金钱或其他任何具有经济价值的行为的请求权;(4)版权、工业产权、工艺流程、商号、专有技术和商誉;(5)根据法律或法律允许的合同授予的商业特许权,包括勘探、耕作、提炼或开发自然资源的特许权。所投资或再投资的财产发生形式上的变更,不影响其作为本协定下的“投资”。

2012 年中国分别与韩国、日本签订的 BIT 第 1 条均规定,“投资”一词是指投资者直接或间接拥有或控制的、具有投资性质的各种财产,例如资本或其他资源投入、收益或利润预期或风险承担等,投资的形式可以包括:(1)企业及其分支机构;(2)企业的股份、股票或其他参股形式,以及由此衍生出的权利;(3)债券、信用债券、贷款及其他形式的债,以及由此衍生出的权利;(4)合同权利,包括统包、建设、管理、生产或者收益分配合同;(5)金钱请求权,以及请求履行具有与投资相关经济价值的合同的权利;(6)知识产权,包括著作权及相关权利,专利权,以及与实用新型、商标、工业设计、集成电路布图设计、植物新品种、商号、产地标识、地理标识及未披露信息相关的权利;(7)依据法律法规或合同授予的权利,如特许权、许可、授权及许可证;(8)其他任何有形及无形财产,动产、不动产以及任何相关的财产权利,如租赁、抵押、留置权、质押权。而且,投资也包括由投资产生的孳息,特别是利润、利息、资本利得、股息、特许权使用费及收费。作为投资的财产发生形式上的变化,不影响其作为投资的性质。

2012 年《中国与加拿大双边投资协定》第 1 条规定:“一、‘投资’一词系指:(1)一家企业;(2)企业中的股份、股票和其他形式的参股;(3)债券、信用债券和企业的其他债务工具;(4)对一家企业的贷款(当这家企业附属于投资者,或当此贷款的原始到期时限至少为3年);(5)尽管有上述第(3)(4)分款规定,对金融机构的贷款或金融机构发放的债务证券只有在该贷款或债务证券被该金融机构所在的缔约方视为监管资本时才是投资;(6)在企业中的一项权益,该权益能使所有者分享该企业的收入或者利润;(7)在企业中的一项权益,该权益能使所有者在该企业解散时获得资产分配;(8)由于向缔约一方境内投入用于该境内经济活动的资本或其他资源而产生的权益,例如,a.依据涉及投资者的财产存在于缔约一方领土内的合同,包括交钥匙或建筑合同,或对勘探和开采石油或者其他自然资源的特许权,或b.依据报酬主要取决于企业的产量、收入或者利润的合同;(9)知识产权;以及(10)其他任何出于商业目的取得或使用的有形或无形、可移动或不可移动的财产和相关财产权利。但下述第(11)分款、第(12)分款中不涉及第(1)分款至第(10)分款规定权益的情形不是投资:(11)金钱请求权,此请求权仅源于:a.销售商品或服务的商业合同,或b.与一项商业交易有关的授信,例如贸易融资,除了第(4)分款涵盖的贷款以外;或(12)其他任何金钱请求权。”

综上可知,BIT关于“投资”的界定包括缔约方投资者直接或间接地拥有或控制的投资所用的所有资产、收益利润的预期及请求权。从最初的动产和不动产,到20世纪80年代的债券与股票、财产请求权与采矿特许权,再到晚近的收益性权益,我国BIT中关于“投资”的内涵日趋接近国际标准,内容越发细化、明确和具体,其内涵也经历从“狭义”到“广义”的转变。

(三)征收与国有化

美国1966年的FCN范本第4条规定:缔约国任何一方的国民或公司在缔约国他方境内的财产,应受到公平合理的对待,除非基于“公共目的”,并及时给予合理补偿,否则不得加以征收。[1]

---

〔1〕 参见姚梅镇:《国际投资法》,武汉大学出版社2011年版,第251页。

1985 年《中国与法国的双边投资协定》第 4 条第 2 款规定：缔约任何一方对于在其领土和海域内的缔约另一方的投资者的投资，只有为了公共目的、以非歧视性方式、按照法律程序并给予补偿时，方可采取征收、国有化措施或其他相同效果的措施。如采取征收措施，应给予适当的补偿。补偿额的计算原则和规则以及支付方式，最迟应于实施征收之日确定。补偿的给付不应无故迟延，并能实际兑现和自由转移。补偿的计算方式及其具体办法在作为本协定组成部分的附件中加以规定。

2010 年中国与比利时和卢森堡的 BIT 第 4 条均规定：(1) 缔约各方承诺不采取任何征收或国有化措施，或任何具有直接或间接剥夺缔约另一方投资者在其领土内的投资效果的措施。(2) 如果由于公共目的、安全或国家利益的原因需要违反第 1 款的规定，应符合下列条件：一是应根据国内法律程序采取措施；二是措施不应具有歧视性；三是措施同时应有给予补偿的规定。(3) 该等补偿应等于在采取措施或措施公开之日投资的实际价值。该等补偿应以可兑换的货币支付。补偿的支付不应不合理地迟延，并应可自由转移。补偿应包括自确认其数额之日起到付款之日按正常商业利率计算的利息。

2012 年《中国与加拿大双边投资协定》第 10 条规定：(1) 每一缔约方投资者的涵盖投资或投资收益均不得在另一缔约方的领土内被征收或国有化，亦不得被采取具有相当于征收或国有化效果的措施，基于公共目的、根据国内正当法律程序、不以歧视方式并给予补偿的情况除外。此种补偿应相当于采取征收前或征收为公众所知时（以较早者为准）被征收投资的公平市场价值，并应包括直至补偿支付之时按通常商业利率计算的利息。补偿的支付应可以有效实现、自由转移，且不得迟延。根据实施征收缔约方的法律，受影响的投资者应有权根据本款规定的原则，要求该缔约方司法机构或其他独立机构审查其案件及对其投资估值。(2) 本条不适用于有关知识产权强制许可的颁发，亦不适用于与知识产权相关的其他措施，只要该措施符合缔约双方均为成员方的与知识产权有关的国际协定。第 11 条对损失补偿进一步规定：缔约一方投资者的涵盖投资,如果由于战争、国家紧急状态、叛乱、暴乱或其他类似事件而遭受损失,在恢复原状、赔偿、补偿或其他解决措施方面,另一缔约方给予该缔约方投资者的待遇,不得低于相似条件下其给予本国投资者或第三国投资者的待遇。

综上可知,关于投资国有化、征收的约定,实际上涉及两个关键性问题,一是征收的条件,二是补偿标准。发达国家认为征收、国有化必须符合以下三个条件,否则属于国际法上的违法侵犯财产的行为:必须为了国家公共利益,必须无歧视,必须给予合理补偿。对于前两个条件,一般无异议,但对于第三个条件,发达国家和发展中国家分歧严重。资本输出国长期以来主张“充分、有效、及时”的补偿标准,且视该标准为国有化合法的必要条件。在墨西哥国有化美国石油公司时,美国国务院在 1938 年、1940 年分别致函墨西哥,一再重申:美国政府固然可以承认主权国家出于公共利益之目的,有权征用外国资产,但必须与有效而即时的补偿相结合,并以此为条件,征用行为的合法性,事实上以遵守这一条件为前提。在此基础上,美国国务卿赫尔提出国有化补偿的三个原则,又称“赫尔三原则”,即及时(prompt)、充分(adquate)、有效(effective),以确保投资者既得利益不受损害,并被众多发达国家所沿用。如 1959 年英伊投资协定第 15 条即规定“及时、充分、有效”的补偿原则,印度尼西亚同丹麦、挪威,马来西亚同德国、荷兰之间的投资协定均有类似规定。[1]

而资本输入国(发展中国家)一直反对这一主张,长期以来倾向于采用“适当补偿”的标准。例如,1956 年埃及政府颁布 285 号法令,将苏伊士运河公司收归国有,并强调:苏伊士运河在埃及领土内,苏伊士运河公司是埃及公司,对运河公司采取国有化措施是埃及行使独立主权的行动,英国、法国无权干涉。但《1959 年英伊条约》第 15 条,对征收、国有化依然采取了广义的解释,即缔约国一方对他方国民或公司在其境内的财产或权利和

---

[1] 参见《英国关于国际法和国际关系的官方文件》(U. K. ,Command Paper on International Law and Relations)第 698 号(1959),第 12 页。

其他国民或公司享有权益的任何公司的财产、权利，所采取的任何非武力行为或武力的取得、处分、限制、约束或收用的措施，均属于征用行为。质言之，伊朗政府对英国投资者财产取得的一切形式，特别是间接征收和逐步征收(indirect and creeping expropriation)均构成征收。这一约定特别有利于英国在伊朗的股权持有者。因此，如果伊朗政府对一个伊朗公司实行国有化，而英国投资者在该公司中持有股份，那么伊朗政府不能以该公司是伊朗公司为由予以抗辩。这就消除了英国政府能否对一个在伊朗公司中享有股权的英国国民行使外交保护权的疑虑。发展中国家没有放弃努力，经过长期的斗争与争取，终于把“适当补偿”的标准纳入联合国 20 世纪六七十年代《建立国际经济新秩序宣言》及《行动纲领》等系列文件中，[1]并明确：国有化是主权国家自由处置其自然财富和资源的不容剥夺的主权权利。然而，为了吸引外资，促进本国经济发展，越来越多的国家开始接受发达国家“及时、充分、有效补偿”的高标准。例如，俄罗斯与白俄罗斯、蒙古国之间的 BIT，我国与日本、韩国、加拿大等国间的 BIT，均实质性地接受了“充分补偿”的标准。

(四)代位求偿权

代位求偿权亦是投资协定的重要问题之一，特别是在美式的双边投资协定中，占有更为重要的地位，因为其 OPIC 承保是以双边投资协定为前提条件的。从美国海外投资保险制度的域外效力及代位求偿权实现的角度看，在平等互惠的基础上，在东道国法律规定的限度内，在双边投资协定中约定代位求偿权，也是符合缔约双方的利益的。

1985 年《中国与法国双边投资协定》第 6 条规定：(1)缔约任何一方如有法律规定，可在逐项研究的基础上，对其投资者在缔约另一方领土和海域内事先得到缔约另一方批准的投资给予担保。(2)如果缔约一方根据

---

〔1〕参见联合国 1962 年《关于自然资源永久主权的决议》第 4 条；联合国 1974 年《各国经济权利和义务宪章》第 2 条。

其对在缔约另一方领土和海域的某项投资提供的担保,向有关投资者支付了款项,缔约另一方应承认缔约一方对该投资者的权利和诉讼权的代位。但代位所取得的权利不应超出该投资者原有的权利,代位也不损及缔约另一方对该投资者享有的原有的一切权利。

2010 年中国与比利时和卢森堡 BIT 第 7 条分别规定:(1)如果缔约一方或其公共机构根据其对某项投资提供的担保向本国投资者支付了赔偿,缔约另一方承认得到赔偿的投资者的权利转让给了缔约一方或其公共机构。(2)缔约一方或其公共机构将以投资者的名义,并在已转让权利的限度内,通过代位行使原投资者的权利及与之有关的请求权。(3)对于上述转让的权利,缔约另一方可向作为代位者的缔约一方提出它对投资者具有的反求偿权。

2012 年《中国与加拿大双边投资协定》第 13 条规定:(1)若一缔约方或其代理机构依据其对投资者的涵盖投资授予的担保或保险合同向该投资者进行了支付,则另一缔约方应承认该投资者的任何权利或诉请均转移给前述缔约方或其代理机构。所代位的权利或诉请不得超过前述投资者原有权利或诉请。此权利可由缔约方行使,或由其授权的任何代理机构行使。(2)在依据第三部分进行仲裁时,争端缔约方不得以争端投资者根据保险或担保合同已收到或将收到对其全部或部分所诉损失的赔偿或其他补偿,作为提出抗辩、反诉、抵消或其他主张的理由。

综上可知,代位权的约定一般有两个方面,一是代位权的条件,二是代位权的范围。从 20 世纪 80 年代的中法 BIT,到 21 世纪以来与比利时、卢森堡之间的 BIT,均规定缔约一方需要向投资者提供了担保,并支付相应赔偿款项后,方能取得代位权。但我国和加拿大等国 BIT 的一个明显变化是缔约一方向投资者“提供了担保”或“支付了赔偿”,都可以取得代位权,即缔约一方提供了担保,并承诺支付赔偿,尚未支付赔偿的时候,即可取得代位权。针对代位权的范围,无论是美式双边投资协定范本还是德式范本及中国现有双边投资协定,一般都延续了商业性保险的做法,即要求代位权的范围不能超出原投资者所享有的权益及诉请。但是,由于保险赔付一般是“不足额赔付”，如果担保机构赔付了投资者实际损失的 90%，那么担保机构追偿的上限是实际损失的 90% 还是 100%？ 如果是前者，那么投资者将不得不自行追索剩余的 10%，由于双方地位的不平等性，投资者单独另行向东道国追偿往往有一定难度。因此，可以在双边投资协定中明确，担保机构的追索范围可以是实际损失的全部，多余部分另行返还给投资者即可。

（五）投资争议解决

起初，BIT 不直接涉及投资者之间或投资者与东道国之间的争议，所约定可解决的争议主要是缔约国双方关于协定解释和适用所产生的争议，且解决途径主要是协商和国际仲裁。随着国际投资争议解决规则的发展，尤其是 ICSID 设立后，发达国家为了保护其海外投资者的利益，避免东道国的属地保护，往往倾向于选择 ICSID 作为解决争端的机构。于是，投资者与东道国之间的争议解决逐渐融入 BIT 的内容，与缔约国之间的争议解决并列其中。

例如，1985 年我国与法国的 BIT 即只涉及缔约国之间争端的解决程序，未涉及投资者之间或投资者和东道国之间的投资争端。其第 10 条规定：(1) 缔约双方对有关本协定的解释或适用的争端，应尽可能通过外交途径友好地加以解决。(2) 如果争端自缔约任何一方提出之日起六个月内未能解决，应根据缔约任何一方的要求提交仲裁庭。(3) 每一争端案的仲裁庭按下述方式组成：缔约双方各委任一名仲裁员，该两名仲裁员共同指定一名第三国国民，并由缔约双方委任为首席仲裁员。仲裁员应在缔约任何一方通知缔约另一方要求将争端提交仲裁之日起两个月内委任，首席仲裁员应在上述两名仲裁员委任后两个月内委任。(4) 如果仲裁员，包括首席仲裁员，未能在上述第三款规定的期限内委任，则缔约任何一方应请求联合国秘书长作出必要的委任。如果联合国秘书长是缔约任何一方的国民或因其他原因不能履行此职责时，则请求资历最深且非缔约任何一方国民的副秘书长作出必要的委任。(5) 仲裁庭自行制定其规则。仲裁庭应以多数票作出裁决,并为终局裁决,对缔约各方具有当然拘束力。仲裁庭可应缔约任何一方的要求解释裁决。(6)缔约双方各自负担其仲裁员及仲裁过程中的费用,首席仲裁员的费用和有关其他支出由缔约双方平均负担。

2010 年中国与比利时和卢森堡之间的 BIT 已经有限接受投资者除了可以直接提交给国际仲裁机构裁决,亦可向东道国司法机构起诉,投资者有选择权。但可以提交国际仲裁的争议仅限于“国有化、征收或其他类似措施”的补偿争议,而不是所有投资争议。其第 10 条规定:(1)有关投资的任何争议将由缔约一方投资者向缔约另一方提出书面通知,并附有详细的备忘录;争议应在尊重接受投资缔约一方法律和法规的前提下尽可能友好解决。(2)本条第 1 款所述的争议受投资所在国的司法管辖。(3)作为第 2 款的例外,在本条第 1 款所述的书面通知之日起六个月内未能友好解决时,有关征收、国有化或其他类似措施的补偿额的争议,可按投资者的选择:或提交接受投资缔约一方国内司法解决;或直接提交国际仲裁,而不诉诸其他任何手段。

2012 年《中国和加拿大双边投资协定》第 15 条约定了缔约方关于协定的解释或适用争议的解决途径,首先是协商,如六个月内未果,任何一方可以提出成立临时仲裁庭,并对临时仲裁的组成程序和仲裁规则进行了详细约定:(1)缔约双方之间关于本协定的解释或适用的任何争端,应最大可能地通过外交途径协商解决。(2)若争端未能在六个月内协商解决,则经任一缔约方请求,该争端应提交专设仲裁庭解决。(3)该专设仲裁庭应由 3 名仲裁员组成。自一缔约方收到另一缔约方请求仲裁的书面通知之日起两个月内,每一缔约方应任命一位仲裁员。两位仲裁员应一起选定第三位仲裁员,其应是与缔约双方均有外交关系的第三国的国民。第三名仲裁员应自两名仲裁员任命之日起两个月内,由缔约双方任命为仲裁庭主席。(4)若在本条第 3 款所述期间内未完成必要的仲裁员任命,每一缔约方在没有其他协议的情况下,均可邀请国际法院院长任命尚未任命的仲裁员。如果国际法院院长为缔约一方之国民,或因其他原因无法履行上述职责,应当邀请国际法院中第二资深、且不是缔约双方国民的法官进行必要的任命。(5)仲裁庭应决定其仲裁程序。(6)仲裁庭以多数票的方式作出裁决。应任一缔约方请求,仲裁庭应解释其裁定的原因。除非另有约定,仲裁庭应尽其最大努力,在根据本条第 3 款和第 4 款任命仲裁庭主席后的六个月内作出裁决。(7)每一缔约方须各自承担其指定仲裁员及其参与仲裁程序的支出。仲裁庭主席及其仲裁庭的相关支出应由缔约双方等额分担。(8)仲裁庭的裁决系终局裁决并对缔约双方均有约束力。如有必要,在裁决作出后 60 日内,缔约双方应会面并就解决其争端的方式达成一致意见。通常情况下,此一致意见应是执行仲裁庭的裁决。若缔约双方未能达成一致,提起仲裁争端的缔约方应有权获得与仲裁庭裁决等价值的补偿。

《中国与加拿大双边投资协定》第 19 ~ 32 条是关于投资者与东道国之间投资争端的解决程序,是我国当前双边投资协定中投资仲裁约定最为详细的协定之一。其中:第 20 条是“缔约一方投资者的诉请”,规定了投资者可以把哪些争端诉诸仲裁;第 21 条是“诉请提请仲裁的前提条件”,规定了仲裁前的磋商前置程序;第 22 条是“诉请提请仲裁”,主要涉及 ICSID 及其附加便利规则仲裁以及 UNCITRAL 仲裁的适用条件;第 23 条是“仲裁同意的无效”;第 24 条是“仲裁员的条件、选定程序及报酬负担”;第 25 条是“仲裁员任命的同意程序”,要求必须书面同意;第 26 条是“多项仲裁请求的合并程序”,主要规定了仲裁请求可以合并的条件及其程序;第 27 条是“非争端缔约方的参与条件及所需文件”,主要涉及文件、通知的送到程序及时效;第 28 条是“审理文件及裁决的公开程序”,规定在删除相关保密信息后,可以公开发布;第 29 条是“非争端方/第三方陈述”,主要规定非争端方,但与争端有密切联系的第三方当事人,经双方同意后,可以提交书面陈述;第 30 条是“仲裁所适用的准据法”,规定仲裁庭在适当时,首先应该考虑东道国的法律;第 31 条是“临时保护性措施及裁决的类型”;第 32 条是“裁决的终局性及执行力”,涉及 ICSID 仲裁规则的裁决情况,以及附加便利规则和UNCITRAL 仲裁规则而作出的裁决情况。[1]

---

〔1〕 第20条规定:“缔约一方的投资者可依据本部分就另一缔约方违反如下义务的行为的诉请提请仲裁:(1)违反第2条至第7条第2款、第9条、第10条至第13条、第14条第4款,或第16条所规定的义务,如果该违反与投资者或投资者之涵盖投资相关,且第(二)分款不适用于该投资者或投资者之涵盖投资,或者(2)违反第10条或第12条所规定的义务,如果该违反与在另一缔约方领土内金融机构中的缔约一方投资者相关,或与该投资者在另一缔约方领土内的金融机构中的涵盖投资相关,并且由于该违反的原因或源于该违反,该投资者或投资者的涵盖投资遭受了损失或损害。第21条规定,诉请提请仲裁的前提条件(1)在争端投资者将诉请提请仲裁之前,争端各方应首先进行磋商,以求友好解决诉请。除非争端各方另有约定,磋商应在诉请提请仲裁的意向通知提交后的30日内进行。磋商地点应为争端缔约方的首都,争端各方另有约定的除外。(2)在遵守第三部分第21条的附录中对缔约方特定要求的规定的前提下,争端投资者只有在如下情况下方可依据第20条将诉请提请仲裁:a.该投资者同意按照本协定规定的程序进行仲裁,并将此同意的通知及诉请提请仲裁的陈述送达争端缔约方;b.引起诉请发生的事件至少已经过6个月时间;c.在诉请提请仲裁至少4个月前,该投资者已以书面形式向争端缔约方递交诉请提请仲裁的意向通知;d.在根据第(三)分款规定递交诉请提请仲裁的意向通知的同时,该投资者已递交其系另一缔约方投资者的证据;e.针对据称违反本协定第二部分项下义务的措施,投资者已经放弃其根据第三国与争端缔约方之间的任何协定享有的启动或继续争端解决程序的权利;以及f.自投资者首次知悉,或本应首次知悉声称的违反以及知悉投资者或其涵盖投资因此而遭致损失或损害之日起,未超过三年期限。”

第22条规定:“诉请提请仲裁(1)满足第21条规定之先决条件的争端投资者可依据下述仲裁规则,将其诉请提请仲裁:a.《ICSID公约》,条件是缔约双方均为该公约的缔约国;b.《ICSID附加便利规则》,条件是有一个缔约方为《ICSID公约》缔约国,但不是双方均是该公约缔约国;或c.《UNCITRAL仲裁规则》,上述仲裁规则以经过本协定的规则进行的补充或修改为准,或以缔约双方采纳的规则为准。(2)在下列情况下,一项诉请被视为根据本部分的规定提请仲裁:a. ICSID秘书长收到根据《ICSID公约》第36条第1款提起的仲裁请求;b. ICSID秘书长收到根据《ICSID附加便利规则》附录C第2条提出的仲裁通知;或c.争端缔约方收到根据《UNCITRAL仲裁规则》提出的仲裁通知。”

第24条规定:“仲裁员(1)除了仲裁庭系根据第26条的规定设立外,以及除非争端各方另有约定,仲裁庭应由三名仲裁员组成,争端双方各任命一名仲裁员,第三名仲裁员由争端双方协商一致任命并将担任首席仲裁员。(2)仲裁员应当:a.在国际公法、国际贸易或国际投资规则、或者在国际贸易或国际投资协定争端解决方面具备专业知识或经验;b.独立于任一缔约方或争端方,亦不附属于任一缔约方或争端方,且不得接受任一缔约方或争端方的指示;并且c.在缔约双方议定任何规则时,遵循该等附加规定。(3)如果申诉人主张争端涉及争端缔约方采取或维持的与另一缔约方金融机构相关的措施,或涉及争端缔约方领土内金该协定第 21 条诉请提请仲裁的前提条件：

“(1)在争端投资者将诉请提请仲裁之前，争端各方应首先进行磋商，以求友好解决诉请。除非争端各方另有约定，磋商应在诉请提请仲裁的意向通知提交后的 30 日内进行。磋商地点应为争端缔约方的首都，争端各方另有约定的除外。

(2)在遵守第三部分第 21 条的附录中对缔约方特定要求规定的前提下，争端投资者只有在如下情况依据第 20 条将诉请提请仲裁：a. 该投资者同意按照本协定规定的程序进行仲裁，并将此同意的通知及诉请提请仲裁的陈述送达争端缔约方；b. 引起诉请发生的事件至少已经过 6 个月时间；c. 在诉请提请仲裁至少 4 个月前，该投资者已以书面形式向争端缔约方递交诉请提请仲裁的意向通知；d. 在根据第(三)分款规定递交诉请提请仲裁的意向通知的同时，该投资者已递交其系另一缔约方投资者的证据；e. 针对据称违反本协定第二部分项下义务的措施，投资者已经放弃其根据第三国与争端缔约方之间的任何协定享有的启动或继续争端解决程序的

融机构中的另一缔约方投资者及该投资者的涵盖投资，则：a. 如果争端双方达成一致，则除第 2 款规定的条件之外，仲裁员还需具备金融服务法律或实践方面的专业知识或经验，该专业知识或经验可包括金融机构监管；或 b. 如果争端双方未能达成一致，则：每一争端方均可选择满足第(一)分款规定条件的仲裁员，以及如果争端缔约方援引第 33 条第 4 款进行抗辩，首席仲裁员应满足第(一)分款规定的条件。(4)若争端双方未能在仲裁庭组成前就仲裁员的报酬达成一致，应适用现行 ICSID 仲裁员报酬费率。(5)除依据第 26 条所设立的仲裁庭外，若仲裁庭未能在诉请提请仲裁之日起 90 日内组成，则应任一争端方的请求，ICSID 秘书长，除了首席仲裁员不得为任一缔约方的国民这一条件外，将依其自由裁量任命尚未任命的仲裁员。”

第 32 条规定：“裁决的终局性和执行。(1)仲裁庭作出的裁决除了限于争端双方之间和就本案件而言外，均无约束力。(2)除本条第 3 款规定和对临时裁决适用的审查程序外，争端方应遵守并执行裁定，不得延误。(3)争端方仅在如下情况下方可寻求执行最终裁决：a. 在根据《ICSID 公约》作出最终裁决的情况下：如争端方未要求修改或废止该裁决，则在裁决作出日起超过 120 日，或修改或废止程序已结束；并且 b. 在根据《ICSID 附加便利规则》或《UNCITRAL 仲裁规则》作出最终裁决的情况下：自裁决作出之日起已过 90 日，且争端双方均未启动修改、撤销或废止该裁决的程序，或法院已驳回或接受修改、撤销或废止该裁决的申请，并且没有进一步上诉。(4)任一缔约方均应履行在其领土内执行裁决的程序。”

权利；以及 f. 自投资者首次知悉，或本应首次知悉声称的违反以及知悉投资者或其涵盖投资因此而遭致损失或损害之日起，未超过三年期限。”

第二节 美式 BIT 范本

从 FCN 到 BIT，美式 BIT 不断地演进、完善，并先后拟定了多个 BIT 范本，以作为与其他国家谈判高标准 BIT 之模板。[1] 其中，2004 年的 BIT 范本被认为最具代表性。[2] 然而，自从美国被依据 NAFTA 争端解决条款诉至 ICSID 后，其开始反思 2004 年版本的合理性。于是，2009 年美国政府启动了对 BIT 范本的审查工作。在国务院和贸易代表的主导和努力之下，历经 3 年的修改，2012 年 4 月 20 日，奥巴马政府发布了美式 2012 年 BIT 范本（2012 U. S. Model Bilateral Investment Treaty），并声称将之作为与其他国家缔结新 BIT 的基础。迄今，美国仍然是世界上最大的经济体，具有很强的吸引外资和对外投资的能力，因此，其 BIT 等经济政策方面的变动必然会对世界其他国家产生重要的影响，亦是中美双边投资协定谈判中美国的要价基础。

美国的 BIT 范本，虽然冠以“双边”的字样，但是作为美国对外投资谈判的蓝本，不仅适用于投资保护协议，也适用于投资开放协议；不仅适用于双边协议，也适用于区域协定，甚至多边协议。NAFTA 第 11 章和 OECD 的多边投资协议的许多规定都源于美国 BIT 范本。BIT 范本指导投资开放的作用源自 4 个条款的相互作用：一是第 1 条规定了非常宽泛的投资定义；二是第 3 条规定的准入前国民待遇；三是根据第 14 条规定的不实施国

---

〔1〕 在美国 BIT 缔约史上，依次主要通过了 1982 年、1983 年、1984 年、1987 年、1991 年、1994 年、2004 年以及 2012 年范本。See Kenneth J. Vandevelde, *U. S. International Investment Agreements*, New York: Oxford University Press, 2009, pp. 769 – 852.

〔2〕 Mark Kantor, “The New Draft Model U. S. BIT: Noteworthy Developments”, *Journal of International Arbitration* 21(4), 2004, p. 85.

民待遇和最惠国待遇的例外；四是第 7 条中对投资自由转移相当高的要求。这四个规定组合在一起可以确保缔约国对外资保持高水平开放之义务。[1]

一、2012 年美式 BIT 范本主要修订内容

从结构上看，2012 年美国 BIT 范本基本沿用了之前范本的框架，包括序言、正文和附件三部分内容，共 37 个条款。在内容方面，则承袭了 2004 年范本的主要条款规定，对投资定义、投资待遇等规定都未作实质性修改。但 2012 年新范本也对诸多条款进行了修订，既包括对原有条文的进一步细化与明确，也包括对一些重要条款的扩充与完善。概言之，主要体现在以下几个方面。

（一）进一步明确了“国有企业被授予政府职权”之含义

2004 年之前的 BIT 范本对于何为“国有企业被授予政府职权”未作明确界定，实践中容易导致对哪些国有企业被授予政府职权的行为应受规制之争议。2012 年 BIT 新范本对此主要修改如下：首先，明确了第 2(2)(a) 条中“国有企业被授予政府职权”的含义，以脚注方式澄清了判定缔约方授予国有企业或其他任何企业政府职权的标准，即“被授予政府职权”包括以立法授予、政府命令、指令或其他措施将政府职权转交给国有企业或其他个人实体，或者授权国有企业或其他个人或实体行使政府职权。其次，缔约一方 BIT 下的义务适用于国有企业或其他由该方指定的实施任何管制、行政或其他政府权力的个人。最后，为了进一步澄清该条款，2012 年 BIT 新范本为该条“政府当局”增加了注解，用以表明即便是通过政府当局非正式授权的国有企业同样受投资条约规则的拘束。[2] 其最终目的

---

〔1〕 参见崔凡：《美国 2012 年双边投资协定范本与中美双边投资协定谈判》，载《国际贸易问题》2013 年第 2 期。

〔2〕 2012 U. S. Model Bilateral Investment Treaty, art. 2(2)(a).

是美国政府可以审查另一缔约国通过其他方式进行的事实授权行为,使BIT新范本可以调整国有企业。

早在美国政府对2004年BIT范本审议时,无论是BIT的反对者还是赞成者都提出了在BIT中应对国有企业在美国投资予以规制的建议,但这些建议最终都未被政府采纳。虽然2012年BIT范本有关国有企业问题仅作出了上述的修改,但意义深远。这一修改反映了美国政府不倾向于对通过国有企业在美国的投资进行规制,且通过范本表明其同意“一国有可能会因其国有企业行使政府授权行为而依照其中的实体条款规定被追究法律责任”的立场,即使该授权是以非正式方式授予的。[1]

(二)进一步强化了东道国的管辖权限

为了应对全球金融危机以及主权财富基金的扩张,美国在这次BIT审查中重新修订了其金融服务条款,为美国及其BIT签署国保留必要的政策灵活性,确保缔约国采取多种必要措施预防和缓解未来的经济危机。在复审中,审查者提出四个建议,包括全面审查美国应对经济危机的措施是否与美国BIT的义务相符、全面审查2004年BIT范本中的谨慎措施例外,从而决定是否在2012年BIT范本中并入更强的谨慎措施例外条款、应对收支平衡和其他经济危机的临时保障条款以及将主权债务排除出投资的定义。[2] 同时,为了避免美国遭遇来自主权财富基金和国有企业在应对过去或未来经济危机的措施而提起的仲裁请求,2012年BIT范本应对此规定必要的预防措施,为东道国政府提供了一定的政策空间。但美国政府认为,美式旧范本的架构已经为美国政府的金融服务政策提供了充分的政策空间,故无须修订。

---

〔1〕 韩冰:《美国对外投资政策法律新进展——基于2012年美国双边投资协定范本的分析》,载《国际经济评论》2013年第5期。

〔2〕 Sarah Anderson, et al., “A Collective Statement”, ACIEPACIEP: Report of the Advisory Committee on International Economic Policy Regarding the Model Bilateral Investment Treaty, September 30, 2009. pp. 10 – 13.

最终,2012 年 BIT 修订委员会以 2008 美国—卢旺达 BIT 为蓝本,对旧范本的金融服务条款进行了修订,主要包括谨慎措施的认定及其例外。首先,2012 年 BIT 范本为第 20.1 条增加了一个脚注 19,用以澄清与支付和清算程序相关的措施同样属于国家由于谨慎原则而采取的与金融服务相关措施的范围,不受新范本调整。其次,2012 年新范本确定由缔约双方主管金融机构共同决定东道国采取的有关金融服务措施是否具有谨慎性,即第 20.3(c)(iii)条的规定,在缔约双方主管金融机构未对东道国采取的有关金融服务措施作出最终认定前,仲裁庭不能对被诉方的抗辩是否有效作出认定。[1] 但第 20.3(e)条规定,被诉方有权要求在仲裁庭成立后,对案件实体内容进行裁决前,解决双方主管金融机构没有解决的问题。[2] 最后,2012 年 BIT 新范本在第 20.8 条进一步明确,缔约双方均有权采取确保法律与规则得到良好遵守且与另一方投资者或投资相关的措施,即便这些措施与条约义务不相一致。其中包括预防欺诈或舞弊的措施以及处理金融合同违约效果的措施(只要这些措施以一种非歧视的方式实施)。[3]

(三)扩大了禁止业绩要求的范围

业绩要求意指外国投资获准进入东道国,或在东道国经营,或取得特定优惠的前提条件,也是东道国政府对投资者采取的具体规制措施。以高度自由化著称的美式 BIT 范本一般主张废除业绩要求,因为其有碍于国际投资的自由化。具体体现为限制东道国对外国投资作出超过 WTO 协议所规定的关于本地成分或类似的业绩要求的实体性义务的规定。

于是,2012 年美式 BIT 新范本体现了反对使用宽泛业绩要求条款的政策,进一步扩大禁止履行要求的范围,新增加第 8.1(h)(i)条,即缔约方

---

〔1〕 2012 U. S. Model Bilateral Investment Treaty, art. 20. 3(c)(iii).

〔2〕 2012 U. S. Model Bilateral Investment Treaty, art. 20. 3(e).

〔3〕 2012 U. S. Model Bilateral Investment Treaty, art. 20. 8.

的采购政策不得与本国技术含量要求挂钩的规定:“缔约方不得为保护本国投资者、投资或技术的优势而要求投资者承诺或保证购买、使用国内技术或给予国内技术优惠;相对的也不得阻止投资者购买、使用特定的国内技术或给予特定的国内技术优惠。”[1]然此条规定的禁止例外,并不适用《与贸易有关的知识产权协定》、政府采购协定以及环境法或竞争法等。[2]且对第8.3(b)条、第8.3(c)条、第8.3(e)条进行了修订。质言之,如果东道国政府接受了美国BIT范本中这一新增规定,在与投资相关的技术方面,就不能再以贸易保护主义行为首选本国技术,但政府采购除外。最后,新范本增加了第11(8)条,规定缔约方应允许另一缔约方投资者在非歧视基础上参与技术以及类似标准的制定。另外,此条还规定东道国应建议非政府性标准化组织的标准制定应对外国投资者开放。但这条规定并不适用于卫生与动植物检验检疫措施、政府采购,且仅受“国家—国家”争端解决程序的调整。由此可见,该条主要目的在于确保这些标准制定的公开、公正与透明。

(四)进一步强化了透明度与公众参与度

在2012年BIT修订过程中,各方均强调了东道国法律、规则以及“投资者—国家”争端解决程序的透明度与公众参与的重要性,故透明度条款是2012年美国BIT范本修订的重要内容之一。为解决NAFTA仲裁程序缺乏透明度的问题,2004年美国BIT范本修订时早已增加了关于透明度的安排。但为了更好地保护海外投资利益,在2012年再次修订时,各利益攸关方仍提出了进一步提升透明度的要求。于是,2012年新范本对第11

---

〔1〕 2012 U. S. Model Bilateral Investment Treaty, art. 8. 1(h)(i)(ii):在与缔约另一方或非缔约方投资者在其境内设立、并购、扩张、管理、运营、转让或其他投资处理等方面,缔约方不得施加或实施任何要求或强加任何义务或承诺。其中包括不得要求使用、购买或优先选择缔约另一方或另一方个人的技术,或不得阻止缔约另一方或其个人购买、使用或优先选择某种特定的技术,从而达到在国籍基础上向本国投资者提供保护,或者向另一方缔约者或其个人的技术提供保护之目的。

〔2〕 2012 U. S. Model Bilateral Investment Treaty, art8. 3(b) and(e).

条进行了大幅修改。首先,2012 年新范本第 11.1 条规定,双方应就关涉投资的法律、决议以及仲裁程序的透明度实践进行定期协商,进而建立一个长期协商机制,即各缔约方应定期就影响投资的法律、法规和其他措施的制定与实施以及投资者与东道国争端解决机制等相关事项的透明度实践进行磋商。其次,2012 年新范本第 11.3 条、第 11.4 条对双方拟发布或已经发布的规则增加了透明度新要求,要求缔约方在公布拟发布的规则时,应该解释拟发布规则的目的和基本原理,并允许对拟发布规则进行公开的评论,且双方在制定拟发布规则的最终版本时,应该考虑这些公开评论,并要求相关法律草案或法律应在全国发行的单一的官方刊物上发布,且不少于 60 日的公示期。再次,2012 年新范本第 11.8(a)条规定了一个新的绝对性透明度义务,要求一缔约方中央政府应该允许缔约另一方的投资者参与标准与技术规则的制定,并对之附加了一个注解,以澄清缔约国满足该项义务的方式。最后,2012 年新范本第 11.8(b)条规定,每一缔约方应建议其境内的非政府标准化机构允许另一缔约方的投资者参与这些机构的标准与合格评定程序的制定。且另一缔约方的投资者参与前述事项时,应享有不低于缔约方给予本国投资者的待遇。但上述规定不适用于《实施动植物卫生检疫措施的协议》附件中规定的动植物卫生检疫措施或者购买政府机构为生产或消费需要而准备的样本。最后,为了协调删除附件 D 的后果,2012 年新范本第 28.10 条规定,缔约双方应确保欲采取的上诉机制应该具备与新范本第 29 条规定的“投资者—国家”仲裁程序相同或类似的透明度要求。

美国 2012 年 BIT 新范本在保留旧范本透明度条款的同时,增设了一些进一步强化透明度的条款,最终构建了新范本中透明度条款的“意见互动机制”。这种机制的构建,使投资者有机会对拟发布的管制规则进行讨论,同时,使东道国在相关管制规则最终发布前,有机会再次评估这些规则修订可能带来的后果,从而可以在争端出现之前进行协商,并预防“投资者—国家”仲裁程序的启动,这必然会使投资者与非政府组织受益匪浅。综上,虽然透明度条款一方面可以提升东道国的透明度和责任,并促进法治;但另一方面可能会增加代理和管制俘获的风险。[1]

(五)进一步强化了环境与劳工保护条款

在环境与劳工规则完善方面,1994 年 BIT 范本仅在序言中作了概述性规定,而 2004 年 BIT 范本除在序言中作一般性陈述外,还分别在第 12 条和第 13 条首次作出明确规定。2012 年 BIT 范本在此基础上进一步细化了相关内容。第一,2012 年新范本第 12.1 条明确规定,缔约双方意识到各自国内环境法规以及双方共同参加的多边环境协定在保护环境方面的重要性,故缔约双方需要承认其各自的环境法律与政策相关多边环境协定对于保护环境具有重要作用。关于投资对劳工的保护,增设了第 13.1 条的专门性规定,重申了缔约双方作为国际劳工组织成员国所应承担的义务,同时还确认了缔约双方在《国际劳工组织关于工作中基本原则和权利宣言》及其后续文件中的承诺义务。[2] 第二,2012 年新范本第 12.2 条将旧范本中的努力(strive to)确保改为应该(shall)确保不得放弃或承诺放弃其环境法规,强化了东道国的环境义务。即每一缔约方应确保不以放弃或损抑国内环境保护或劳工保护法律,或表示愿意放弃或损抑此类法律作为对在其境内设立、取得、扩大或保留投资的鼓励,也不得以未有效履行这些国内环境保护或劳工保护法律的规定作为投资鼓励。[3] 第三,2012 年新范本增加了第 12.4 条来专门定义环境法,同时辅之以一个注解,用于解释法规或条例对环境法与劳工法内涵的限定,即环境法是指为保护环境或防止危害人类、动物或植物的生命或健康而通过的有关预防污染物排放、控制有毒的化学物质以及保护野生动植物的法律或法规,但不包括任何与劳

---

[1] 管制俘获(Regulatory Capture)风险意指参与标准竞争博弈的企业有可能对政府进行收买,使最终形成有利于自身的标准,但却使社会福利在总体水平上受到损害。See Susan Webb Yackee,“Reconsidering Agency Capture during Regulatory Policymaking”, in Daniel Carpenter and David Moss (eds.), *Preventing Regulatory Capture: Special Interest Influence and How to Limit It*, Cambridge University Press, 2013, pp. 292 – 321.

[2] 2012 U. S. Model Bilateral Investment Treaty, art. 12.1, 13.1.

[3] 2012 U. S. Model Bilateral Investment Treaty, art. 12.2, 13.2.

工的安全或健康直接相关的法律或法规。同时,2012 年新范本增加了第 13.2 条重新定义并扩大了劳工法的内涵,使其包括与消除歧视相关的法律,即劳工法是指各缔约方有关结社自由、有效切实承认集体谈判的权利、消除一切形式的强制劳动、有效废除童工和禁止最恶劣形式的童工劳动、消除就业以及职业方面的歧视以及关于最低工资、工作时间和职业安全健康方面可接受的工作条件的法律法规。[1] 第四,进一步细化了有关环境与劳工问题的协商程序规制,突出强调公众参与。第 12.6 条规定,一缔约方可书面请求另一缔约方就本款规定的任何环境事项进行磋商,另一缔约方应在收到此种请求后 30 日内作出回应,且第 13.5 条进一步规定各缔约方确认会就本款规定的劳工相关事项提供公众参与机会。第五,保留缔约方就一些环境事项的自由裁量权。2012 年 BIT 范本第 12.3 条规定每一缔约方保留就监管、守法、调查和起诉等方面事项行使自由裁量权的权利,并有权就其他确定的具有优先性环境问题的执法资源分配作出决定。因此,各缔约方理解一缔约方采取的作为或不作为措施是对这一自由裁量权的合理行使,或是对资源分配的善意的决定。

2012 年美国 BIT 范本的修订由美国国务院和美国贸易代表办公室负责,在这个过程中,吸纳了包括劳工组织和环保组织等广泛的利益攸关方的建议。上述新增的有关环境与劳工规定是因劳工组织与环保组织的游说而新增的规定。但是,依然受到了环保组织与劳工组织的广泛批评。这主要是由于在美国随后签订的一些 BIT 中规定关于环境与劳工事项可以提交国际投资仲裁庭裁处,而 2012 年 BIT 新范本只规定了投资者可以将第 3 条至第 10 条项下的争议提交国际投资仲裁庭,有关环境与劳工条款的争议不能提交给国际投资仲裁庭,[2] 并且依照第 37.5 条的规定,环境与劳工条款也被排除在缔约国间投资争端解决程序之外。因此,新增的关

---

[1] 2012 U. S. Model Bilateral Investment Treaty, art. 12.4, 13.2.

[2] 2012 年美国 BIT 新范本第 3 条至第 10 条规定的东道国义务包括国民待遇、最惠国待遇、最低待遇标准、征收与补偿、转移、业绩要求、高层管理和董事会、有关投资的法律和决定的发布。

于环境与劳工的规定虽然严格并公开接受质疑，但并未被辅之以有约束力的争端解决程序，此类条款内容像“没有牙齿的老虎”并不具有法律约束力。质言之，缔约方就环境与劳工事项的争议仍然仅适用国家间的协商程序。

（六）进一步强化了金融服务监管

由于多数发展中国家金融服务业监管比较落后，在 BIT 中，金融服务大多被列入负面清单，禁止或限制开放。但美国金融服务比较发达、完善，比较优势明显，因此其 BIT 范本强化了对金融服务开放的要求。2004 年美国 BIT 范本首次作出了专门性规定，即金融服务不仅适用协定中旳一般保护规定，而且有许多特殊性处理，第 20 条第 1 款对“金融服务审慎例外”进行了详细规定。2012 年新范本对第 20 条第 1 款通过注释的方式，进一步进行了明确，即采取审慎措施的“审慎原因”包括“为了维护支付和结算系统的财务与经营的安全性和完整性”。另外，第 20 条第 8 款还新增了监管措施例外条款，即“与防止欺骗或欺诈实践相关的措施或者对金融服务合同默认的影响的处理措施”在符合下列两项要求时不得解释为是阻止缔约一方采用或实施与缔约另一方投资者或者合格投资相关的措施：一是为确保金融机构遵守法律或法规而采取的与本协定不一致的必要的措施；二是上述措施不以构成同等条件下国家间任意的或不合理的歧视手段或者变相限制金融机构的投资方式适用。[1]

二、2012 年美国 BIT 新范本新动向

（一）2012 年 BIT 新范本与 FTA 及 BIT 的实践不尽一致

长期以来，美国的 BIT 范本亦是美国谈判 FTA 投资内容的模板，从而使 FTA 的内容与 BIT 保持政策上的统一。但 2012 年新范本有些突破和

---

〔1〕 参见崔凡：《美国 2012 年双边投资协定范本与中美双边投资协定谈判》，载《国际贸易问题》2013 年第 2 期。

例外，主要表现如下：首先，美韩的 FTA 协定中嵌入了一个资金转移附件，规定了缔约双方转移资金的条件与限制，但这一变化并未体现在 2012 年 BIT 新范本中。其次，为了防止“投资者—国家”投资争端的发生，美国与秘鲁、美国与哥伦比亚间的 FTA 协定均涵盖了一个公共债务重组附件，但 2012 年 BIT 新范本中并未涉及此内容。最后，美国国务院及贸易代表均希望把非营利组织的海外投资纳入 BIT 的“投资”范畴中来，遗憾的是 2012 年 BIT 新范本并未写入。

（二）重视国有企业竞争中立政策

所谓国有企业竞争中立（Competitive Neutrality Framework），意指政府的商业行为不应仅凭其公共部门之地位而享有高于私营部门竞争者的竞争优势。强调竞争中立政策旨在破除国有企业的商业行为在资源配置上引发的扭曲与增强市场的竞争性，限制政府不得运用立法与财政权力使其所有的企业优于私营部门，否则将会扭曲市场竞争并降低效率。[1] 进入 21 世纪以来，在美国的大力推动下，OECD 将“竞争中立”正式引入国有企业制度框架，并倡导各成员国建立“国有企业竞争中立政策规则”，并逐渐成为双边和多边贸易协定中的通用规范。在此背景下，2012 年美国 BIT 新范本对此进一步进行了确认，即缔约方的采购政策不得与本国技术含量要求挂钩、缔约方应允许另一方的投资者参与其技术法规与标准的制定以及对“国有企业被授予政府职权”的界定等。这些新规定反映了美国近来对推行竞争中立政策的努力。TPP 第 17 章亦再次重申，强化对国有企业的中立规制，国有企业与指定垄断即为保护美国企业在国际市场乃至中国市场中与中国国企的竞争优势。

---

〔1〕 See Capobianco A. and H. Christiansen, “CompetitiveNeutrality and State-Owned Enterprise: Challenges and policy Options”, OECD Corporate Governance Working Papers No. 1, OECD Publishing, 2011, p. 324.

(三)注重可持续发展

2012 年美国 BIT 新范本不仅扩大了缔约方环境和劳工保护的义务,且对缔约方应当承担的条约义务使用了较为强硬的措词,即“应当确保”,而不是“努力确保”。这表明美国 BIT 新范本对于投资政策旨在寻求在国家和国际层面解决与可持续发展的有关尝试与努力,可持续发展在国际投资领域日趋成为共识,也是国际社会对于片面追求经济增长的单一发展内涵与经济全球化带来的负面影响所作的深刻反思与转变。2012 年美国 BIT 新范本对环境条款的大幅修改、寻求可持续发展,亦是对投资者与东道国利益显失公平格局的调整与平衡。这一内容也反映了国际法的人本化趋势,代表了未来的发展方向。

三、对中美 BIT 谈判的影响

中美 BIT 经过 20 多轮谈判就负面清单的内容双方仍然存在分歧,美国在贸易逆差和经济复苏的压力下希望能进一步打开中国市场,这为中国防控金融风险和产业风险提出了更高要求。为此,近些年中国逐渐设立自贸区,在“法无禁止即自由”的理念下进行负面清单的实践,2017 年出台了《自由贸易试验区外商投资准入特别管理措施(负面清单)》,这对于中美 BIT 负面清单模式的达成具有积极推动作用。中方应当在坚持经济安全底线的前提下进一步开放,在利益权衡与博弈中实现共赢。但在中美经贸摩擦战僵持不下的背景下,重启 BIT 谈判的希望依然渺茫。

虽然 2012 年美国 BIT 新范本中新增条款对中美 BIT 谈判不构成实质性障碍,但是对于美国 BIT 范本中的高标准,即宽泛的投资界定、投资自由化转移、充分补偿标准,中国依然较难接受。中加 BIT 经过 18 年的艰难谈判,才于 2012 年达成,且最后未采用“负面清单 + 准入前国民待遇”模式。2012 年美国新 BIT 范本的目标不仅是一个投资保护协定,更是一个投资开放协定,中美谈判的艰难可想而知。实际上,当前中美外资市场开放程度都比较高。因此,除了国家安全审查之外,中国对美投资的政策壁垒并不多，但美国又不想通过 BIT 而放弃国内法上对外资的安全审查权，故中美 BIT 对中国的直接利益有限。尤其是在中美经贸摩擦的背景下，投资自由化的合作与突破就更为困难了，但亦不代表将来不可能达成中美双边投资协定。因此，我国还是需要对相关的对策进行前瞻性研究。

奥巴马政府期间，历经 8 年中美 BIT 最终未能达成，其中主要分歧的条款集中在以下几个方面：

第一，国有企业条款。如前所述，美国 2012 年 BIT 新范本的第 2 条“适用范围”不但明确了适用于国有企业及相关政府行为，且通过脚注的方式扩大对“国有企业被授予政府职权”的范畴。内涵解释的扩大化使我国国有企业可能因行使政府授权行为而依照 BIT 中的此条款被追究法律责任。“国有企业竞争中立”问题之所以成为中美 BIT 谈判中的重大问题，是因为美国认为：中国政府对国有企业的各种补贴、优惠信贷等构成了对包括外资企业在内的私营企业的“不公平竞争”。于是，美国希望通过 BIT 条款使中国加强对国有企业经营行为的规制，减少对国有企业的扶持，从而削弱我国跨国企业的国际竞争力。[1] 因此，近年来，越来越多的中国国有企业赴美并购时被美国以“国家安全”为由拒之门外。

第二，知识产权保护条款。中美 BIT 中有关知识产权问题的冲突，主要体现在其作为“具有投资特征的资产”及其“投资特征”而适用的征收和补偿、投资者与东道国争端解决机制以及国有企业条款等相关规则上。[2] 把作为投资形式的知识产权纳入 BIT 进行规制，中美双方都没意见，其分

---

〔1〕 2011 年美国副国务卿罗伯特 · D. 霍尔默茨（Robert D. Hormats）指出，美国应当充分利用“竞争中立”政策来改变以中国为代表的国家对国有企业给予特殊优惠从而使美国企业处于不利地位的局面。Robert D. Hormats，“Ensuringa SoundBasis for Global Competition：Competitive Neutrality”. May 6，2011，http//blogs. state. gov/stories/2011/05/06/ensuring-sound-basis-global-competition-competitive-neutrality#sthash. Ex UMznv6. dpuf.

〔2〕 参见冒婷婷、吕苏榆：《美国知识产权保护规则的新一轮变迁——以“双边投资协定”为拓展的保护手段》，载《科技管理研究》2016 年第 8 期。

歧在于:中国同时强调须“依照东道国的法律和法规”,[1]而美国 BIT 未涉及此内容。

第三,劳动与环境保护条款。已如前述,2012 年美国 BIT 新范本第 12 条和第 13 条对劳工与环境保护的内容更为详细具体,相关规定的约束力更强。当前我国的经济发展水平依然难以满足如此高标准的保护。尽管 2012 年 BIT 新范本将“投资与劳工”和“投资与环境”条款都排除在可以提交“解决投资争端国际中心”的规定之外,但仍会受到美国国内法的规制,[2]如果我国全盘接受该条款,依然会大大增加中国被起诉的风险。

毫无疑问,中美 BIT 谈判需要双方共同努力。一方面,不能被美国牵着鼻子走,更不能无原则迎合美国要求。另一方面,建构全面开放新格局是我国既定的开放政策,当前我国利用外资额度有所下降,劳动力低廉的优势渐趋消失,不断明显的外资撤离趋势需要我们重视外商投资,改善外商投资环境,加强知识产权保护,从而走出中美 BIT 负面清单模式的困境,促进谈判进程。因为,知识产权保护已不仅是国家技术水平的象征,而越来越成为国际贸易中的一种保护手段。[3] 为此,如若中美重启 BIT 磋商程序,在后续的谈判中,我国应把握以下几个原则。

第一,坚持以“共同但有区别”原则推动中美 BIT 谈判。中美 BIT 谈判的规则之争,实质上是利益的博弈。基于商业目的的国有企业跨国投资并购活动,理应受到公平公正待遇,美国不应对我国国有企业在美并购采取“所有制歧视”政策。中、美两国处于不同的经济发展阶段,经济模式的完善、风险的防范能力存在差异。在中国市场经济体制尚未成熟、风险管控能力不足的情况下,标准过高的规则可能会导致中国某些产业面临较大

---

〔1〕 韩冰等:《冲突与趋同:中美双边投资协定谈判研究》,中国社会科学出版社 2016 年版,第 6 页。

〔2〕 See Cai Congyan,“China-US BIT Negotiations and The Future of Investment Treaty Regime:A Grand Bilateral Bargain With Multilateral Implications”,*Journal of International Economic Law* 12,2009,p. 125.

〔3〕 参见董海珍:《针对 TPP 中知识产权条款我国知识产权存在的问题及对策研究》,载《产权导刊》2016 年第 9 期。

风险。因此,在设置 BIT 条款时,应该根据两国的实际情况,实现实质性公平。

第二,制造业领域可以让步,但金融服务市场要慎重。党的十九大报告中提出“开放带来进步,封闭必然落后。中国开放的大门不会关闭,只会越开越大。”对于中美 BIT 谈判应结合国情反复斟酌禁止性项目是否可以有限制的开放,限制性项目是否可以再降低限制门槛。对于制造业,除了极少数敏感领域外应当逐步放宽股比、业务范围等限制,而对于争议更大的服务业,由于当前不确定因素的影响,建议不能轻易妥协对于金融服务的开放要求。[1]

第三,妥善协商“国家安全审查”问题。自 1974 年美国国会通过《外国投资安全法》以来,其“外国投资审查委员会”已经从一个“没有牙齿”的跨部门机构转变为“全副武装”的国家安全审查的“看门人”。[2] 就整体而言,中国企业尚不熟悉美国国家安全审查的相关法律规定及程序,无法全面、彻底地预判投资进程中的风险。因此,在中美 BIT 谈判中,应强调美国“国家安全审查”的确定性条件和“外国投资委员会”调查程序的透明化。

第四,文化领域可以适度放开。对于新闻出版、广播、电影等多为禁止投资或者要求中方控股的规定,目的在于防范外部文化因素侵蚀本国意识形态和价值观念,维护国家文化安全。但维护国家文化安全的同时,应着

---

〔1〕 国家发改委、商务部 2018 年 6 月《自由贸易试验区外商投资准入特别管理措施(负面清单)(2018 年版)》(以下简称 2018 年版“负面清单”)第 27 项涉及证券投资基金管理公司的限制,即公司的外资股比不超过 51%,证券投资基金管理公司的外资股比不超过 51%,2021 年取消外资股比限制。第 28 项涉及期货公司外资比例限制,即期货公司的外资股比不超过 51%,2021 年取消外资股比限制。第 29 项涉及保险公司外资比例限制,即寿险公司的外资股比不超过 51%,2021 年取消外资股比限制。由此可知,银行业外资比例限制不在负面清单范围内,已经完全放开,证券、保险行业的彻底开放也给出了具体时间表,我国的金融服务业的开放已经比较彻底,所以应该加强对金融业的监管及风险防范,确保国家金融安全。

〔2〕 项卫星、张赛赛:《中美双边投资协定谈判中的冲突与趋同》,载《东北亚论坛》2017 年第 3 期。

重提高文化产业竞争力,否则不仅不能分享文化服务发展的红利,最终还会被动开放。因此,在文化产业方面可以将更多的禁止投资放宽为有特别要求的投资,减少业务限制,让更多外资进入文化市场,通过加强事中事后监管防范风险,同时为文化产业人才引进培养良好的政策环境,引进先进科学技术和管理经营经验,提高文化产品质量,培养我国文化产品在国际贸易中的比较优势,才能更好地促进文化贸易的发展,提高文化国际影响力。

第五,针对通信业,2018 年版“负面清单”对基础业务和增值业务分别设立了股比限制,笔者认为可以按照《电信业务分类目录》作进一步细分,根据对网络安全的不同影响对子项目做不同程度的开放要求,目前对于国内基础业务三大运营商网络已基本覆盖,且投资成本较高,对外资吸引力有限,对于增值业务,如互联网核心数据业务,可以作较高保留,但是对于一些互联网资源协助服务业务,可以在保障信息网络安全前提下进一步降低准入门槛。[1] 另外,教育、医疗、健康等服务业领域也应当有序有度开放,引入竞争机制,促进其不断创新升级。

然而,开放不能一蹴而就,需要有关部门制定好具体开放的时间表和路线图,做好压力测试,结合实际情况循序渐进。为了更好地规避风险,还应重视兜底条款的制定,2018 年版“负面清单”第 3 条规定了对清单中未列出的与国家安全、公共秩序、公共文化、金融审慎、政府采购、补贴、特殊手续、非营利组织和税收相关的特别管理措施,按照现行规定执行。如此,个案纠纷可以将其作为一个兜底性解释。2012 年美国 BIT 新范本附件二采取“棘轮原则”,保留其对于条款的更新权利,这有利于把握未来主动权,值得我们借鉴。

---

〔1〕 参见国家发改委、商务部 2018 年 6 月 2018 年版“负面清单”第 25 项(电信公司):限于中国入世承诺开放的电信业务,增值电信业务的外资股比不超过 50%(电子商务除外),基础电信业务须由中方控股。第 26 项:禁止投资互联网新闻信息服务、网络出版服务、网络视听节目服务、互联网文化经营(音乐除外)、互联网公众发布信息服务(上述服务中,中国入世承诺中已开放的内容除外)。

第六，完善自身外资法律体系，加强知识产权保护。首先，针对负面清单的各条款具体措施作进一步的解释说明，需要时注明其法律依据，包括国际条约、国际惯例以及国内法律规定等。2019 年 3 月 15 日全国人大已经通过《外商投资法》，正式取代“外资三法”，我国对外资的管理模式从“正面清单 + 审批制 + 超国民待遇”过渡到“负面清单 + 备案制 + 准入前国民待遇”。尽管我国《外商投资法》最终成了一个“简洁、基础”版法律，由原来草案的 170 余条删减至最后的 42 条，但外资的基本管理体制业已确立，关键在于如何将新规定落到实处。各部门应当依法行政，减少政府不必要的干预，落实监管主体的责任，强化信息披露制度，提高外资经营状况的透明度。对于曾经颁布的同国家对外开放大方向和大原则不符的法律法规或条款，要限期废止或修订。外资企业准入后按照公司法依法经营，做到法律上平等、政策上一致，实行国民待遇。[1] 此外要积极完善知识产权保护相关法律法规，加强和美国知识产权局的交流，建立知识产权合作机制，进行高效的知识产权综合管理。对于侵犯商标权、著作权、商业秘密等问题进行分别研究、综合治理，打击网络侵权盗版、商标抢注、窃取商业秘密的不法行为，加大对违反知识产权行为的惩戒力度。

第七，提高谈判技巧，确保谈判质量。BIT 谈判是涉及中、美两国经济交往的重要文件，谈判结果亦是两国综合利益的博弈。首先，应积极出价以实现对等。美国联邦法律对中国国有企业的外国直接投资进行审查，并允许美国单方阻止或拆散涉及中国的投资交易，[2] 近些年审查愈加严格，国家安全概念被泛化，在中美 BIT 谈判中我们可以以缩减负面清单内容为筹码要求美国安全审查体制更加透明。另外，美国负面清单对于政府层级做了要求，除了中央政府，其州政府的例外措施也被纳入其中，这给了州政府对于负面清单很大的自由裁量权，增大了美方负面清单的不确定性，而

---

〔1〕 参见《国务院关于促进外资增长若干措施的通知》，载中国网：http://news.china.com.cn/txt/2017-08/28/content_41542089.htm，最后访问日期：2018 年 11 月 8 日。

〔2〕 See Daniel C. K. Chow, "Why China Wants a Bilateral Investment Treaty with the United States", *Boston University International Law Journal* 6, 2015, pp. 8-11.

我国《外商投资法》第 4 条规定，负面清单由国务院发布或者批准发布，对于政府层级和权限问题我方应与美方再进行磋商。其次，要加强谈判团队建设。美国有由 1400 余名专家组成的固定团队为每次双边谈判提供政策和技术支持，[1]他们的团队有深厚的理论基础和丰富的谈判经验。中方也应当组建优秀的谈判团队，前期对开放后可能出现的情形进行研究分析，对跨境资金流动进行情景分析和压力测试，深入研究美国经济政治发展状况，分析双方的利益需求，做好充分准备，对症下药，谈判中尽量掌握主动权，争取形成一个能让中美双方实现合作共赢的结果。

第三节　我国与“一带一路”沿线国家间 BIT 的问题及完善

理论上，BIT 的签订和实施可以降低投资成本，提供产权保护，防范投资风险，对投资流向“一带一路”沿线国家具有较大的促进和保护作用，但与实证研究的结论仍然存在一定的差异。王丽丽、范志勇的微观实证研究显示：BIT 的签订及实施显著提高了中国企业向“一带一路”沿线国家进行直接投资的可能性，但是，BIT 的市场进入效应具有明显的国家和企业异质性特征。质言之，BIT 的签订和实施对于进入距离较远、风险较大、法制落后的市场的作用更为明显，而国内的、生产率相对较低、规模相对较小的企业则更多地享受了 BIT 所带来的市场进入便利。[2]

截至 2018 年年底，我国与“一带一路”沿线 65 个国家共签订了 54 个

〔1〕 参见冯丽娜等：《论负面清单谈判方式》，载《开放导报》2014 年第 3 期。

〔2〕 参见王丽丽、范志勇：《双边投资协定与“一带一路”沿线国家的市场进入》，载《浙江学刊》2017 年第 6 期。

BIT,还有 11 个国家未与中国签订 BIT,[1]包括政治风险较高的伊拉克、阿富汗等国,多数属于风险较大、法制不完善、规则不透明的国家。对此应加快谈判,争取早日签订包含代位权条款的 BIT,以确保我国海外投资保险制度的域外效力。在与“一带一路”沿线国家已经签订的 54 个 BIT 中,绝大多数约定了代位求偿权,但还有哈萨克斯坦、土库曼斯坦、塔吉克斯坦、吉尔吉斯斯坦和白俄罗斯五国没有规定代位求偿权条款,[2]需要及时更新并完善。已经签订的双边投资协定,以及今后即将签订的双边投资协定,在修订或新签时应注意以下问题。

一、“一带一路”沿线现有 BIT 存在的主要问题

(一)新外资管理模式(负面清单 + 准入前国民待遇)未能及时嵌入现有 BIT

在中美 BIT 谈判僵持不前,BIT 新范本要求中国接受“准入前国民待遇 + 负面清单”管理模式的压力下,我国从 2013 年上海自贸区开始在国内自贸区试水美国的要价。至今,《自由贸易试验区外商投资准入特别管理措施(负面清单)(2019 年版)》已经“瘦身”至 37 项,全国版负面清单已经瘦身至 40 项,外资注册前的国民待遇亦全面实施。由此,我国外资管理模式已经实际转变为“准入前国民待遇 + 负面清单”管理模式,2019 年 3 月我国《外商投资法》的颁布也标志着我国实现了对外资管理模式的根本转变,但是“一带一路”沿线国家间的 BIT 早已签署生效,上述转变反映在其中需要一个过程。当然,沿线尚未与中国签订 BIT 的 11 个国家,在后续签

---

〔1〕 截至 2018 年年底,“一带一路”沿线 65 国中共有 11 个国家未与中国签订 BIT,即伊拉克、巴勒斯坦、阿富汗、尼泊尔、马尔代夫、不丹、约旦、拉脱维亚、波黑、黑山。据商务部条法司“我国对外签订双边投资条约一览表”归纳整理,载商务部条约法律司网:http://tfs.mofcom.gov.cn/article/Nocategory/201111/20111107819474.shtml,最后访问日期:2019 年 1 月 31 日。

〔2〕 据商务部条法司“我国对外签订双边投资条约一览表”归纳整理,载商务部条约法律司网:http://tfs.mofcom.gov.cn/article/Nocategory/201111/20111107819474.shtml,最后访问日期:2019 年 1 月 30 日。

署中可以尝试“准入前国民待遇 + 负面清单”的全新管理模式。因为,这种外资管理模式对资本输出国更有利,更加注重投资者利益的保护,而我国是“一带一路”沿线典型的资本输出国,故可以积极推行这种模式。但是,如果缔约方极力抵制这种外资管理模式,导致 BIT 谈判无法展开,甚或无法签署,我国亦可沿用传统范本。

(二)代位求偿权的规定抽象且易引发争议

海外投资保险的代位权是我国海外投资保险制度的基石,若在 BIT 中没有妥善规定,则会导致“中国信保”赔付投资者后,无法成功向东道国责任主体追偿,或者只能根据其国内法追偿,或然性较大。

首先,与“一带一路”沿线国家签订的 54 个 BIT 中有 6 个没有规定代位求偿权。这会使代位求偿权没有行使的依据,并且依照国内法向东道国主张代位求偿权不符合国际法原理。其次,已经规定代位求偿权的 BIT 中,其代位求偿权行使主体限制在了国家层面。以中国与蒙古签订的 BIT 为例,“如果缔约国一方或其代表机构对其投资者在缔约国另一方领土内的某项投资做了担保,并据此向投资者作了支付,缔约国另一方应承认该投资者的权利或请求权转让给了缔约国一方或其代表机构”。由此看来,行使代位权的主体是缔约国一方或其代表机构而非保险公司,这种规定限制了实际赔付者保险公司的权利,并且降低了代位求偿权行使的效率。最后,BIT 没有明确规定代位求偿权的追索范围。“代位的权利或请求权不得超过该投资者的原有权利或请求权”。54 个 BIT 中绝大多数都是这样规定代位权的权利范围。这一规定相当的抽象,在实践中确定投资者的原有权利和请求权到底有哪些是一个棘手而费时的问题。另外,根据“中国信保”求偿规则的规定,赔偿比例不超过 95%,根据一般商业性保险中代位权的规定,不能因为代位权的行使而获得更多的利益,据此,“中国信保”只能向东道国追索损失的 95%,但剩下的 5% 就引发了争议。根据责任自负原则,东道国造成的损失应由东道国全部赔偿,不应出现剩余 5% 的情况,而根据投资者自负一定风险的惯例,这 5% 的风险理应由投资者自行承担。再从投资者的角度看，投资者还有 5% 的损失是没有得到赔偿的，若在“中国信保”向东道国追索之后，又再次向东道国提出 5% 请求，暂且不说东道国是否会接受因为一项损失造成的两次赔偿请求，单凭投资者的私人力量也很难与东道国抗衡。

（三）对于我国香港、澳门特别行政区能否适用措辞不清

自“一带一路”倡议提出以来，我国香港、澳门特别行政区积极响应。我国香港特别行政区在“一带一路”建设中的作用毋庸置疑，国家发展和改革委员会与香港特别行政区政府（以下简称双方）经协商一致并报国务院审批同意，已签署《国家发展和改革委员会与香港特别行政区政府关于支持香港全面参与和助力“一带一路”建设的安排》（以下简称《安排》），双方为我国香港地区充分发挥独特的经贸、金融和专业优势，参与和助力“一带一路”建设作出适当安排，实现内地与我国香港特别行政区互利共赢、协调发展。我国《澳门特别行政区 2018 年财政年度施政报告》指出，“一带一路”倡议是国家重大举措，特区五年规划把参与“一带一路”建设确定为发展战略，以促进经济适度多元化，增强综合竞争力。

然而，由于除 2006 年中国与俄罗斯的 BIT 中明确排除对我国香港、澳门特别行政区的适用以外，其他所有 BIT 都并未明确规定是否排除适用，我国香港特别行政区“谢业深案”和澳门特别行政区“世能案”的判决理由也不足以成为先例以供后续参考，“一带一路”沿线 BIT 是否能适用于我国香港、澳门特别行政区一直悬而未决。另外，尽管我国香港、澳门特别行政区的基本法都清晰表明，中外的 BIT 并非自动直接适用于我国香港、澳门特别行政区，而是在征询我国香港、澳门特别行政区政府的意见或者经协商后另行安排，但是我国香港、澳门特别行政区基本法的效力不能对抗国际层面 BIT 中的双方合意。据此，要在 BIT 中明确对我国香港、澳门特别行政区适用的措辞才能保护香港、澳门特别行政区在“一带一路”建设中“走出去”的投资者。

二、“一带一路”沿线现有BIT的完善路径

在逆全球化渐趋高涨的背景下，通过BIT调整“一带一路”沿线投资法关系是较为可行的现实选择。如是，可在一定程度上消除域内投资法的差异性和“碎片化”，提高法律确定性，减少东道国投资壁垒，助益我国海外投资保险制度的实施，最终通过“一带一路”倡议的制度化与法治化推动投资的自由化及投资利益的公平保护。借鉴美国OPIC经验，采用BIT的方式让“一带一路”沿线国家承认我国海外投资保险制度，确立“中国信保”的代位求偿权。为此，一方面，需要改革“中国信保”海外投资保险“单边模式”为“双边模式”；另一方面，需要完善我国与“一带一路”沿线国家间BIT中的代位求偿权条款。

（一）约文用语表述不一致，易产生异议

多数BIT对缔约国“代位机构”表述为“缔约国一方或其代表机构”(Contracting State or its Agency)，即实施代位权的机构既可以是投资者母国政府职能部门，也可以是其授权的保险公司，留有选择余地。而有些BIT把代位机构固定为“担保人、保险人”(the insurer)。[1] 如果我国海外投资保险制度采用“申保分离”模式，“审批机构”和“业务机构”都可以成为代位权实施主体，这种在BIT中把代位机构限定为“保险人”的约定直接排除了“审批机构”可能的代位资格，未能为将来的海外投资保险立法留有余地。因此，在今后中国的BIT范本中应统一采用“缔约国一方或其指定的代理机构”(Contracting Party or its Designated Agency)[2]的表述。

---

〔1〕 参见《中国与也门双边投资协定》第7条；《中国与土耳其双边投资协定》第5条。

〔2〕 参见《中国与韩国双边投资协定》《中国与希腊双边投资协定》第7条；《中国与印度尼西亚双边投资协定》《中国与印度双边投资协定》第8条；《中国与以色列双边投资协定》第10条。

(二)代位权机构的追偿范围约定不明

对于代位机构代位追偿的范围,多数 BIT 限定为“不得超过投资者的原有权利”。[1] 此约定表面上比较明确,但海外投资保险机构的赔付一般不超过全部损失的 90%,那么保险机构未赔付的部分,作为代位机构能否向东道国追偿。且绝大多数 BIT 约定在保险机构“支付了赔偿后”,才能取得代位权,[2]如果只赔付了 90%,能否向东道国追偿全部损失?如果保险机构不能足额追偿,投资者针对未赔付的损失部分只能另行向东道国继续索赔,则又会增加投资者负担。因此,应把代位权的追偿范围明确为“投资者的全部损失”。保险机构追偿全部损失后,可把未赔付的部分另行支付给投资者。

(三)将代位权的依据限定在“保险条款”,不甚合理

有些 BIT 把代位权的依据限定在保险合同中的“保险条款”,[3]不甚合理。因为保险机构代位权的获得可能基于保险条款的约定,也可能基于国内法的规定。上述 BIT 无疑排除了保险机构根据国内法上的规定而获得代位权的情况。如果保险合同遗漏“代位权条款”,可能导致代位权无法行使。另外,我国与“一带一路”沿线国家间的 BIT 大多是在 20 世纪八九十年代签订的,有些内容已经严重滞后于海外投资保护的需要,制约了海外投资保险服务“一带一路”倡议的功用。政府应加快谈判,通过重新签订 BIT 或签订附加协议的方式,优化双边投资保护机制。

综上,BIT 中的代位权条款是“中国信保”后续追偿的法律基础,亦是我国海外投资保险制度效力“海外延伸”的保障。如是,可把投资者与东

---

〔1〕 参见《中国和蒙古双边投资协定》第 6 条;《中国和土耳其双边投资协定》第 5 条;《中国和也门双边投资协定》第 7 条。

〔2〕 参见《中国和泰国双边投资协定》《中国和乌克兰双边投资协定》第 7 条;《中国与印度双边投资协定》第 6 条。

〔3〕 参见《中国与土耳其双边投资协定》第 5 条。

道国之间的纠纷上升为“中国信保”与东道国之间的纠纷，便于追偿与索赔。“中国信保”是国家财政资金支持的国有政策性保险公司，如果被担保投资者也是国有企业，就会出现“中国信保”（国有企业）在风险发生后赔付国有企业的情况，此时如“中国信保”的代位求偿权未被东道国认可，或者最后无法追偿，就整个国有资产的角度而言，赔付是没有意义的。

（四）明确“一带一路”沿线 BIT 对我国香港、澳门特别行政区的适用

基于中国“一国两制”的现状，不能采用“一刀切”的方式在所有条约中规定中外 BIT 全部适用于我国香港、澳门特别行政区，笔者认为，有两种方式既能考虑我国香港、澳门特别行政区法律地位的复杂性又可以兼顾我国香港、澳门特别行政区的海外投资者权益的保护。第一，谈判在先，缔约在后。在修改或签订有关于“一带一路”国家的 BIT 之前，先行与我国香港、澳门特别行政区交涉，讨论是否有必要让香港、澳门特别行政区受到该 BIT 的保护，然后在 BIT 中明确交流结果，无论是否适用，都准确记载于 BIT 中。第二，缔约在前，谈判在后。将我国香港、澳门特别行政区基本法的内容上升到 BIT 中，即在 BIT 中规定“中央人民政府可根据香港、澳门特别行政区的情况和需要，在征询香港、澳门特别行政区政府的意见后，决定是否适用于香港、澳门特别行政区”。在争端事项提交到仲裁庭后，由我国香港、澳门特别行政区政府决定是否适用某一中外 BIT。显然第二种方法更具灵活性，但是也具有更大的不确定性，适用此方法，与“一带一路”沿线国家谈判的难度必然会增大，并且也使仲裁效率降低。因此，笔者认为第一种方式更为合理，虽然工作量极其大，但是有实施的必要性。

本章小结

在全球投资自由化发展的进程中，20 世纪 90 年代国际社会（OECD、UN）多次谈判、签署 MAI 的尝试均告失败，把投资议题纳入其中的 WTO

多哈回合谈判最后亦不了了之。当前贸易保护主义抬头、多边停滞、区域兴起，在可预见的未来成功签署 MAI 的希望依然渺茫，因此 MAI 将持续缺位，但国际投资的发展却不会停歇。在多边一再受阻的情况下，主要投资大国纷纷转向双边，于是 BIT 大量涌现，并扛起了规范、推动国际投资关系的重任，大大促进了国际投资的快速发展。

通过 BIT，各资本输出国纷纷把国内法上的海外投资保险制度嵌入 BIT 之中，把国际间私人投资的保护提高到国际法的高度，确保国内海外投资保险制度的域外效力。由此，在国际投资的促进与保护方面，国内法与国际法已经成为不可分割、相互补充、有机统一的一个整体。因此，我国除了需要完善自身的海外投资法律制度之外，还需要通过修订、升级 BIT 相关内容，实现与国内法的无缝对接与有机融合，确保国内投资法对沿线投资的域外保护，建构一个统一、有机的“一带一路”沿线投资保护、风险控制的国内、国际法体系。另外，我国已经签署的 BIT 还有哪些方面需要进一步完善，如何把 BIT 和 FTA 的内容有机糅合在一起，需要更为深入的研究。

综上所述，一方面，需要加快与“一带一路”沿线至今未签署 BIT 的国家之间的协商与谈判，争取 BIT 的早日落地。另一方面，针对已经签署的 BIT 协定，需要及时重签、更新与完善，主要包括：明确双边 BIT 对香港、澳门特别行政区的适用、取消部分 BIT 中对代位机构代位求偿权来源的限制、明确代位权机构的追偿范围规定，尽可能地实现约文表述的一致性和统一性等。

第五章

利用 MIGA 机制缓释“一带一路”沿线投资风险

鉴于国别海外投资保险制度存在对投保人资格要求苛刻、保险能力有限等问题，从 20 世纪 70 年代开始，世界银行探索尝试建构“多边投资保险机制”。囿于当时的国际经济法形势以及发展中国家和发达国家之间的利益博弈，直到 20 世纪 80 年代初，发展中国家债务危机爆发、投资风险剧增，特别是非商业性风险凸显。国际投资发展的实际需求推动“多边投资担保机制”的构想逐步变成现实，在 1985 年的世界银行年会上，通过了《多边投资担保机构公约》（Convention Establishing the Multilateral Investment Guarantee Agency，以下简称《MIGA 公约》）。触发《MIGA 公约》生效的条件是至少需要有 5 个发达成员国和 15 个发展中成员国批准，且批准的国家认购的总股本数额不少于其法定资本的 1/3。1988 年 4 月 30 日《MIGA 公约》满足生效条件生效，随之“多边投资担保机构”在华盛顿正式设立。截至 2018 年年底，《MIGA 公约》成员方总数已达 181 个，其中发达国家 25 个，发展中国家 156 个。[1]

我国于 1988 年 4 月 30 日批准了《MIGA 公约》，是 MIGA 的创始成员

[1] 参见 MIGA 官网：https://www.miga.org/member-countries，最后访问日期：2019 年 1 月 20 日。

国。中国认购的 MIGA 股份为 3138 股,是第六位大股东国。MIGA 的宗旨是,鼓励在成员方之间,尤其是向发展中国家成员的生产性投资的流动,以补充国际复兴开发银行、国际金融公司和其他国际金融机构的活动。[1] 而“一带一路”沿线 65 个国家和地区中,大多是发展中国家,有 61 个为 MIGA 成员。因此,可以充分利用 MIGA 机制弥补我国海外投资保险制度的不足,更好地防范、缓释沿线投资的政治性风险。

第一节　MIGA 多边投资担保机制

多边投资担保机构成立的目标是促进资本的跨国流动,尤其是向发展中成员方流动,切实保护海外投资者的权益,改善国际投资环境。为此目的,MIGA 为外国投资者提供政治性风险担保,以“帮助消除阻止资金流向发展中国家的障碍”。

一、MIGA 担保的条件

(一)适格的投资者

《MIGA 公约》第 13 条规定,成员国符合下列条件的自然人和法人有资格向 MIGA 投保:(1)该自然人是东道国以外的另一缔约国的国民;(2)该法人在一缔约国注册并在该缔约国设有主要业务点,或其多数资本为一个缔约国或几个缔约国或其国民所有,且该缔约国不是东道国;(3)该法人无论是否私人所有,均应在商业基础上经营;(4)如果投资者有一个以上的国籍,就上述第 1 款而言,成员方国籍应先优于非成员方国籍,东道国国籍应优先于任何其他成员方国籍。此外,如果经东道国同意,且资本源于东道国境外,根据东道国和投资者的联合申请,由 MIGA 董事会特别多数票

[1] 参见《多边投资担保机构公约》第 2 条。

通过,也可以把合格投资者范围扩大至东道国本国的自然人或者在东道国境内合法注册的法人,或其多数资本为东道国国民所有的法人。由于MIGA 成员国资格的广泛性,使该机构拥有的潜在合格投资者远远多于任何一个国家的国内海外投资保险机制。

关于法人投资者的国籍,必须是在东道国以外的缔约国境内成立,且其主要营业地位于该国境内,即采用成立地和主营业地相结合的复合标准,若不符合此标准,则采取资本控制标准。但采用资本控制标准时,就产生了确定投资者所有权的问题。《MIGA 公约》业务细则规定,在确定投资者所有权时,承保人应注意受益所有权而非登记所有权。就股份公司而言,如果一个人的股份自然对其产生利益且其具有回收其股份的权利,此人应被认为是股份公司的受益所有权人。但是,当须不适当的耗资费用才能确定投保人的受益所有权人时,MIGA 可以推定受益所有权人具有与登记所有权人相同的国籍。若受益所有权与登记所有权都需要不适当的耗资费用才能确定,则可以推定投保人首先是非东道国的成员国国民,只要这些国民拥有在该投保人最近一次的股东大会上的多数投票权。

此外,各国海外投资保险制度一般不向非私人性质的公司提供保险,而 MIGA 保险的对象没有此限制,可以为:成员国和私人共有的;完全归一成员国政府所有的;归几个成员国政府共有的;归几个成员国和私人共有的。[1] 由此,MIGA 适格投保人的范围比各成员国国内投资保险的范围要宽泛很多。但同时要求无论公司的所有权如何,都必须在商业基础上经营。

(二)适格的东道国

《MIGA 公约》规定合格的东道国条件如下:(1)须是发展中国家,MIGA 宗旨是促进外国资本向发展中国家流动,只有投向发展中国家成员

---

〔1〕 此处的“成员国”包括成员国所有或控制的任何机构或实体。参见余劲松:《国际投资法》,法律出版社 2014 年版,第 239 页。

国的跨国投资才有资格向MIGA申请投保;(2)须是同意MIGA担保与投资相关的政治性风险的国家,在东道国政府同意MIGA承保相关风险前,不得签署保险合同;(3)须是经MIGA查明外国投资在东道国境内可以得到公正、平等待遇以及适当法律保护的国家。[1] 为了尽可能避免遇到的政治性风险,《MIGA公约》要求担保投资在东道国能享有“公平、公正的待遇及法律保护”。故MIGA在作出承保前需要对东道国的投资环境进行审查。实践中,如东道国与母国之间已签署BIT,即可认为已构成充分的法律保护。如果在确实没有适当法律保护的情况下,MIGA承保之前,需要与东道国就拟担保的外国投资的待遇,按照《MIGA公约》第23条第2款的规定签订协议,以确保MIGA所担保的外国投资在东道国至少享有最优惠待遇。此规定一方面是为了减少所承保的投资发生政治性风险的概率,减轻MIGA赔付负担;另一方面是防范一些发展中国家因为MIGA的存在而减少国内法或其他政策对外资的保护。

(三)适格的投资

《MIGA公约》第12条第1~3款对“合格的投资”进行了较为明确的界定,合格的投资必须符合特定的种类、形式和时间上的要求,即以下三项标准。

1. 投资的形式、种类条件

除了传统意义上的资本、实物投资外,《MIGA公约》第12.1条和第12.2条规定,合格的投资还包括股权投资,其中包括股权持有者为有关企业发放或担保的中长期贷款及董事会确定的其他形式的直接投资。且董事会经特别多数票通过,可将合格的投资扩大到其他任何中长期形式的投资。但是,除上述第1款中提及的贷款外,其他贷款只有当它们同机构担保或将担保的具体投资有关时,才算合格。此外,担保限于要求机构给予担保的申请收到之后才开始执行的那些投资,具体包括:为更新、扩大或发

---

[1] 参见《多边投资担保机构公约》第12.3条、第14条、第15条。

展现有投资所汇入的外汇;现有投资产生的、本可汇出东道国的收益。

2. 投资对东道国经济的促进

《MIGA 公约》第 12.3 条规定,投资的经济合理性及其对东道国发展所做的贡献,投资与东道国宣布的发展目标和重点相一致。即投资项目能够促进东道国经济发展,增加东道国经济收益,激发东道国的生产潜力,助益东道国高新技术或知识的输入,提升东道国的基础设施建设和环境保护等。另外,MIGA 特别鼓励向最不发达国家的投资活动,以及向发展中国家的投资流动。反之,诸如军事活动、高度投机性活动、东道国法律禁止的投资活动等 MIGA 不予承保。

3. 投资的合法性

《MIGA 公约》第 12.3 条规定,投资应符合东道国的法律条令,并确保投资在东道国可以获得公平、平等的待遇和法律保护。由此,MIGA 承保的投资必须符合东道国的法律,包括但不限于以下几种情况:东道国有明确的法律依据、东道国声明该投资符合其法律、东道国与外国投资者已签署特许协议。此外,投资的合法性也受资本输出国法律的约束,尽管此约束一般比较宽泛。

MIGA 作为一个促进跨国投资流动的政府间国际组织,没有与其所担保投资的发展性相矛盾的特殊利益。相反,其宗旨的实现、担保业务的发展以及自身赢利的不断增加与所担保投资的发展性是相互促进的。因而 MIGA 有可能也有必要通过具体制度的实施,发展、倡导对适格投资的发展性标准。且在 MIGA 决策过程中,因有发展中国家代表的参与,对发展性标准的解释也不可能完全秉承发达国家的旨意。从实际情况看,MIGA 正式运营以来,通过保险业务的开展,有力地促进了外国投资对东道国经济和社会发展的贡献。[1]

综上,MIGA 拟担保的合格投资,除了内容上必须具有经济上的合理

---

〔1〕 参见徐崇利:《多边投资担保机构的比较优势及新世纪的发展战略》,载《华东政法大学学报》2002 年第 3 期。

性,对东道国发展有所贡献,符合东道国法律,与其发展目标和重点相一致之外,还有形式、时间等方面的要求。在形式上,必须是产权投资,投资期限不少于 3 年;在时间上,必须是担保申请注册之后,才开始执行的新投资。在投资所在的东道国方面,除了必须是发展中成员国外,东道国还必须同意 MIGA 担保其境内特定投资的特定风险,且经 MIGA 查明,MIGA 拟担保的投资在那里可以得到公正、平等的待遇和适当的法律保护。

二、MIGA 承保的保险范围

《MIGA 公约》第 11.1 条规定了以下四种险别。

(一)征收及类似措施险

所谓征收及类似措施险意指东道国政府采取立法或行政措施,或懈怠行为,实际上剥夺了被保险人对其投资的所有权或控制权,或其应从该投资中得到的大量收益。但政府为管理其境内的经济活动而通常采取的普遍适用的非歧视性措施不在此列。《MIGA 公约》将东道国为管理经济活动而采取的,符合一定条件的措施排除在征收范围之外,如税收、环保、公共安全等,在一定程度上反映了对发展中国家管理本国经济活动的主权权力的尊重。

“立法或行政措施”中的立法措施只限于积极行为,意指其执行不需要进一步的立法、法规或行政行为的立法作为。“行政懈怠行为”意指行政机关在“违反其对投保人或项目企业作为的法律义务”,以及“自作为义务第一次产生之日起的 90 日内没有补救”的不作为情况。

MIGA 担保的“征收险”既包括直接征收,也包括间接征收。《MIGA 股权投资通则》对“征收”进行了更为详尽的界定:(1)剥夺项目企业的有形资产。(2)剥夺担保人受担保的权利。(3)阻止投保人处分担保份额或行使依附于担保份额的表决权利。(4)阻止投资企业:实际执行担保申请中所说明的投资项目或其重要部分;行使处分资产、执行求偿等有关担保项目的重要权利;履行其对投保人基于担保投资的金钱义务。(5)对投资项目施加财政或金融义务，导致该项目只有亏损才有可能继续经营，且此项措施实际持续积累至少达到365日。

（二）货币汇兑险

所谓货币汇兑险意指东道国政府采取新的措施，从而限制投资者的货币兑换成可自由使用货币或被保险人可接受的另一种货币，以及汇出东道国境外，还包括东道国政府未能在合理的时间内对该被保险人提出的此类汇兑申请做出行动。

根据《MIGA规则解释》之规定，东道国政府的限制措施是指限制货币转移的一切直接或间接措施，以及法律上规定或事实上存在的措施。同时，东道国此类限制措施既包括积极行为（法律、法令、行政命令等），也包括消极行为，如合理时间内未能对投资者的汇兑、转移申请付诸行动。

（三）战争与内乱险

所谓战争与内乱险意指东道国境内或邻国任何地区有任何军事行动或内乱发生的情况下，东道国政府对外国投资者的损失应当承担一定的责任。以美国为首的一些发达国家对此赔偿要价颇高，提出在因战乱对外国投资造成损失的情况下，东道国应根据国有化赔偿的规定，对外国投资给予及时、充分、有效的补偿。但发展中国家一般不赞同东道国承担绝对的赔偿责任。

另外，战争内乱造成的直接结果需要达到一定的程度，主要包括：投资企业所持有的有形资产被摧毁、消失或严重损害；投资企业的经营存在严重阻碍，不能执行全面财务生存所必需的业务至少持续达365日，且此情况开始后的任何一个财政年度之内，投资企业基于这一原因明显不能在无亏损的情况下经营。

此外，对于发生在东道国境外的军事行动或内乱，若对境内投资企业造成损害或妨碍，也可以视为发生在境内而予以承保。在绝大多数情况下，战争与内乱是东道国所不能控制的，东道国政府对此一般不负责任，故

MIGA 赔付保险金后,一般不能向东道国追偿。

（四）政府违约险

与各国海外投资保险范围相较,MIGA 增加了一种政府违约险。此处的“约”,是指东道国政府与投资者签订的“国家契约”,即东道国政府不履行或违反与被保险人签订的合同,并且(1)被保险人无法求助于司法或仲裁机关对其提出的有关诉讼作出裁决,或(2)该司法或仲裁机关未能在担保合同或根据机构的条例规定的合理期限内作出裁决,或(3)虽有这样的裁决但未能执行。需要注意的是东道国政府有违约行为并不当然立即构成“违约险”,只有当投资者于损失发生后,在东道国境内未能获得有关索赔的司法判决或仲裁裁决,或者有裁决但不能执行时,才构成“违约险”。该规定与发展中国家一贯主张的尊重东道国的管辖权、用尽当地救济原则是一致的。

详言之,违约险要求东道国政府不但违反其与投资者签订的合同,而且存在司法拒绝。主要表现有三种情况:(1)无法求助于司法或仲裁机构对毁约或违约的索赔作出决定,包括东道国政府设立不合理的程序障碍而阻止投保人进入仲裁、司法机构。(2)该仲裁、司法机构未在合理期限内作出裁决,该期限从投保人提起诉讼、递交申请,到仲裁、司法机构作出最后决定之间的期间不应超过 2 年。(3)裁决不能执行。在投保人业已采取所有可能的措施以执行这类裁决之日起的 90 日内,不能执行最终和有拘束力的裁决。

《MIGA 公约》第 18 条规定,MIGA 向被保险人支付或同意支付赔偿,即取得代位求偿权,即可向发生政治性风险的东道国政府进行索赔,且各会员国都应当承认 MIGA 的此项权利。保险人的代位求偿权是保险法的核心,MIGA 的代位求偿权也是《MIGA 公约》机制的关键,对该项权利的承认,使原属国家和外国投资者两个“不平等”主体间的投资争端,转化成国际法主体的国家和国际组织之间的调解机制下的投资争端,这是对广大发展中国家东道国主权豁免的一种限制。当然,这也是发展中国家为适应本国经济发展的需要，经过全面审慎的权衡之后而作出的重大让步。

三、再保与分保机制

MIGA 可以对单个投资项目或联合投资项目进行担保，以促进与成员国国内海外投资保险机构、区域投资保险机构及私人保险人之间的合作，增强保险的能力和效率。《MIGA 公约》附件一第 5 条规定了再保机制，即 MIGA 可按本附件第 1 条所规定的条件，向成员国、成员国的一个机构、本公约第 20 条第 1 款所规定的一个区域性机构或成员国的私营保险机构提供再保。本附件以及本公约第 20 条、第 21 条有关担保的规定，在细节上作必要的修改后，应适用于本款所规定的再保。MIGA 对其按本附件提供担保的投资，可取得再保，其费用应从倡议信托基金支付，董事会可按取得再保的情况决定是否减少本附件第 1 条第 2 款提到的倡议会员国的损失分担义务及减少多少。《MIGA 公约》第 21 条同时约定了同私人担保人和再保人的合作机制，即 MIGA 可同成员国中的私人担保人签订协议，以加强本身的业务，并鼓励私人担保人对发展中国家成员国的非商业性风险按机构所使用的相似条件提供担保。这种合作包括机构根据第 20 条中规定的条件和程序提供再保服务；以合适的再保实体所作的担保，MIGA 可提供部分或全部的再保；MIGA 尤其要设法担保无法按合理条件得到私人担保人或再保人相应担保的投资。

1997 年，MIGA 还创造性地引入了“合作担保计划”机制，即先由 MIGA 与投保人签订总的担保合同，在 MIGA 自留一部分担保份额之后，其余的担保份额由其他国际投资保险机构分摊，类似于间接银团贷款模式。[1] 而在

---

〔1〕“间接银团贷款”意指由牵头行和贷款参与行共同组成银团，并由同时作为代理行的牵头行负责贷款管理的银团贷款，又称参与型的银团贷款。具体操作如下：牵头行单独与借款人签订贷款合同并向借款人发放或承诺发放贷款，然后牵头行再通过将部分已经发放的贷款或承诺发放的贷款，分别转让给其他愿意提供贷款的参与行，安排参与行发放贷款。根据参与行参加银团贷款的方式不同，间接银团贷款可以分为更新型的间接银团贷款、让与型的间接银团贷款和转贷款型的间接银团贷款。

传统的共保形式下,MIGA 作为承保人之一,与其他共保人按约定的比例,各自对投保人承担独立的担保责任,类似于直接银团贷款模式[1]。

通过以上再保、共保及“合作担保”业务,MIGA 与其他各类国际投资保险机构可达到“优势互补”之目的。就 MIGA 而言,将带动更多的其他国际投资保险机构向流入发展中国家的外国投资提供政治性风险担保,尤其将大大促进发展中国家的担保业务。同时,也将增加 MIGA 产品的附加值,有利于担保风险的分散。在分保业务下,还可减少 MIGA 担保容量的使用。

四、MIGA 机制的作用与意义

MIGA 作为一个全球性的政府间国际组织,其主要作用表现在促进了私人资本的自由化流动,尤其是向发展中国家的流动。

(一)弥补了缺乏海外投资保险机构的成员国的短板

已如前述,发达国家基本都具有较为完善的海外投资保险机制,但一些发展中国家至今尚未建立此类机构。例如,早期的石油输出国组织的成员国以及新型工业化国家。MIGA 弥补了这一缺憾,担保这些国家投资者在发展中国家的投资,为消除政治性风险的疑虑,促进资本的自由化流动,起到了重要作用。

(二)使不同国家投资者投资的同一项目的担保成为可能

如前所述,投资者只要具有成员国的国籍,无论源于几个成员国,共同投资的项目均可获得 MIGA 的保险。因为,有些项目,如能源开发、基础设施建设等,投资额度巨大、投资风险较高,只有联合其他投资者,包括其他

---

〔1〕“直接银团贷款”意指在牵头行的统一组织下,由借款人与各参与行组成的银团直接进行谈判,并共同签订同一份贷款合同,各参与行根据贷款合同规定的条件,按照其各自事先承诺的贷款额度向借款人发放贷款,并由代理行统一负责贷款的管理和回收的银团贷款。

国家的投资者，才能顺利完成。但各成员国国内的保险机构往往因财力有限、手续繁杂而拒绝担保，MIGA 解决了这一难题。

（三）MIGA 作为一个政府间的国际组织，提供了一个争议解决新途径

与实现一国对外经济政策工具的国内保险机构相较，MIGA 更有利于消除外国投资者与东道国之间的疑虑，促进二者之间的合作，并为其争端解决提供了一个新途径。而且，由于 MIGA 强调所担保投资对东道国发展的贡献，并且进行严格的条件审查，使该投资在东道国遭遇政治性风险的概率很小，MIGA 赔付的概率也很小，这既有利于东道国利益，也符合 MIGA 的利益。

（四）与内国海外投资保险机制相较，MIGA 机制有自己的突出特点

MIGA 的突出特点，在于它对吸收外资的每一个发展中国家会员国，同时赋以“双重身份”，即该成员国既是外资所在的东道国，同时又是 MIGA 的股东，从而部分地承担了外资风险承保人的责任。此种“双重身份”的法律后果为：一旦在东道国境内发生 MIGA 承保的风险致使外资遭受损失，则作为“侵权行为人”的东道国，不但在 MIGA 行使代位求偿权之后，间接地向外资者提供了赔偿，而且，作为 MIGA 的股东，它又必须在 MIGA 行使代位求偿权之前，即在 MIGA 对投保人理赔之际，就直接向投资者部分地提供赔偿。[1] 此外，它作为“侵权行为人”还要面临 MIGA 其他会员国股东们国际性的责任和集体性的压力。由此，MIGA 机制在实践中加强了对东道国的约束力，对外资在东道国可能遇到的各种政治性风险，起了多重的预防作用。

---

〔1〕 参见陈安：《台商大陆投资保险可行途径初探》，载《中国法学》1995 年第 5 期。

第二节　我国利用 MIGA 机制缓释沿线投资风险的建议

中国对 MIGA 一直持积极态度，主要合作进程如下：首先，中国是 MIGA 创始会员国，并长期担任理事国；其次，1988 年 4 月 28 日签署“公约”，并于两天后批准；再次，中国在 MIGA 中认缴的股份占全部认缴股份的 3.138%（约合 33 953 160 美元），在所有成员国中位居第六，仅次于美国、日本、德国、法国、英国五个发达国家；最后，1991 年 11 月，中国同 MIGA 就投资保护、东道国货币的使用、投保项目的审批程序达成 3 个补充协定。由此，中国与 MIGA 的合作开端良好，且打下了比较坚实的基础。然而，加入 MIGA 具有双重意义：一方面中国必须承认 MIGA 的代位求偿权，接受该机制对我国的制约；另一方面，中国也可以利用 MIGA 机制，在一定程度上实现稳定自身投资环境，吸引外国投资和保护本国海外投资利益的根本目的。

长期以来，西方发达国家比较重视 MIGA 对本国海外投资风险的缓释作用。我国作为其创始成员国，理论上在发展中国家的海外投资，均可向 MIGA 投保。但是，由于我国海外投资保险制度的滞后与不足，严重制约了与 MIGA 的业务合作，导致 MIGA 的优势在中国无法落实。迄今为止，我国申请 MIGA 担保的海外投资项目只有 5 个，[1]其中有两个位于“一带一路”沿线国家境内（缅甸、孟加拉国），且投保人均为国有企业。由此发现，中国对 MIGA 的运用尚在起步阶段。国家层面应大力鼓励我国企业在向“一带一路”沿线国家投资的过程中，积极运用 MIGA 保险分散沿线的

〔1〕在“一带一路”沿线 65 个国家中，只有文莱、巴勒斯坦、希腊、斯洛文尼亚和波黑 5 国不是 MIGA 成员，载 https://www.miga.org/Pages/Projects/searchresults.aspx? srch = s&ictry = 47&iregioncode = 47&dispset = 10，最后访问日期：2018 年 8 月 29 日。

政治性风险。据《MIGA 年度报告(2018)》,[1]2017 年 MIGA 为各种项目提供了创纪录的 43 亿美元政治性风险和信用增级担保,其中 45% 属于 IDA 国家、10% 为受冲突影响的国家和脆弱国家。由此可以看出,贫困国家及受冲突影响的国家是 MIGA 担保业务的重点,此与“一带一路”所覆盖的区域较为契合。包括我国在内的“一带一路”沿线的 61 个国家均为 MIGA 的成员,且绝大多数为发展中国家,符合申请担保的成员资格要求,可以充分利用该机制降解投资风险。

一、MIGA 的独特优势[2]

就 MIGA 而言,应作双重定位:一是 MIGA 系一个自负盈亏的国际投资保险机构;二是 MIGA 系世界银行集团下属的一个国际经济组织。后者决定了 MIGA 具有内国海外投资保险机构和私人国际投资保险机构均没有的经营优势。

(一)更强的代位求偿能力

同与双边国家通过逐一签订 BIT 承认代位求偿权相比较,多边《MIGA 公约》通过第 18 条一蹴而就地解决了所有成员,包括“一带一路”

---

[1] 参见 MIGA 官网:https://www. miga. org/Documents/Annual_Report_2018. pdf,最后访问日期:2018 年 9 月 20 日。

[2] 徐梦非在《论如何利用中国出口信用保险公司和世行多边投资担保机构助力国家开发银行“一带一路”国际业务风险防控》一文中概括了 MIGA 的六大核心优势,具体如下:(1)有力的索赔前风险管理。首先,MIGA 借助世行集团的优势,不仅可以全面地收集各国政治、经济、文化等多方面的信息,而且更为重要的是,对 MIGA 的违约将直接影响该国与世行集团其他机构的合作,所以一般东道国不会对由 MIGA 担保的项目违约。其次,作为最早的国际投资担保机构,MIGA 在成立至今的 20 多年里积累了丰富的经营经验,巴塞尔委员会在资本计量时将其视为零风险权重。最后,MIGA 的股东为全球主要国家的财政部,遵守共同多边条约,在解决争端方面有较高的代位求偿权。(2)评级较高。巴塞尔委员会规定 MIGA 担保风险权重为零,并降低资本储备金要求。(3)财务稳健。经济资本消耗少,风险预评估机制完善,保险资本和总资本比例适中。(4)风险承受能力强。在具有挑战性的市场开展业务,期限更长(最长 15 年)。(5)环境和社会风险得到缓解。(6)承保流程规范,但周期较长。

沿线 61 个国家对其代位求偿权的承认。代位求偿权把投资者与东道国不平等主体间的纠纷，转化为国际组织（MIGA）与东道国（成员国）平等主体之间的纠纷，为投资纠纷的“非政治化”（法律化）解决提供了新途径，确保了 MIGA 追索成功的概率，这是一般海外投资保险机构不能企及的。MIGA 公约又直接赋予了发展中国家成员“双重身份”，既是投资的东道国，又是 MIGA 的股东及成员国，直接分担了投资风险承保人的责任。其后果为：一旦 MIGA 承保的政治性风险在东道国境内发生，作出侵权行为的东道国不但通过 MIGA 的代位求偿权间接地向投资者履行了赔偿，而且作为 MIGA 的股东，在 MIGA 行使代位权之前，直接按照公约约定向投资者提供部分赔偿。因此，MIGA 对东道国的约束要强于国家海外投资保险机构，能在一定程度上抑制东道国的违约与风险发生。东道国任意采取政治性风险措施，或拒绝由 MIGA 调解解决纠纷，或不承认 MIGA 的代位求偿权，都将增加 MIGA 的赔付支出，以致最终影响其他成员国在 MIGA 中的投资利益。因此，该东道国将受到来自这些成员国的集体压力。同时，MIGA 作为世界银行集团的一员，该集团所具有的“合力”，也使东道国在采取不利于 MIGA 的举措之前必须慎重考量。[1]

（二）更宽泛的适格投保者

如前所述，国家海外投资保险机构对投保人的国籍或本国公民资产比例有严格限制，导致不同国家的投资者在合作投资同一个项目时，可能因投保人不合格或资产比例不符合要求而无法获得承保。因此，内国海外投资保险制度对投保人的资格限定不同，可能会带来规则间的积极冲突和消极冲突，MIGA 可在这样的冲突中拓展自己的业务。例如，据国家发改委 2014 年《海外投资保险概述》，由外资控制的我国合资企业如果在“一带一路”沿线国家进行投资，即无资格申请投保。MIGA 合格投保人的范围比

---

〔1〕 See I. Seidl-Hohevedern, “Subrogation under the MIGA Convention”, *ICSID Review—Foreign Investment Law Journal* 2, 1997, p. 111.

任何国内投资保险都要宽泛,尤其是通过其独有的“赞助担保”形式,几乎涵盖了所有的海外投资者。[1]

(三)更强的保险能力

MIGA 作为世界上最大的国际投资保险机构,与各内国海外投资保险机构相较,由于 MIGA 的注册资本及成员数量众多,决定了其更强的保险能力。《MIGA 公约》第 19 条规定应与会员国的海外投资保险机构进行密切合作,通过分保和再保的方式设法补充其业务。由于各国海外投资保险机构承保能力的有限性及基于规避其自身风险的考量,如同 MIGA 一样规定了承保额上限,[2]当投资者投保大型项目,一国海外投资保险机构无力提供足额保险时,MIGA 可提供分保业务或再保业务。

MIGA 设立之初,其资本约为 10 亿美元,随着担保业务的发展,面临着担保容量不足的困难,[3]后来这一问题得到缓解。1999 年 4 月,MIGA 理事会通过决议,再行增资 10 亿美元,其中的 8.5 亿美元来自成员国的认缴,余下的 1.5 亿美元由世界银行捐助。目前,MIGA 已拥有约 20 亿美元的资本金。MIGA 除了以自己的资本金独立地向投资者提供担保外,还可以主办成员国“赞助担保”这一辅助方式。赞助担保较之 MIGA 的自主担保,条件要宽松得多。1997 年,MIGA 已设立了两笔“赞助担保基金”,金额分别达 1000 万美元和 2100 万美元。[4]

(四)更强的风险评估机制

为了减少自身的经营风险,《MIGA 公约》要求 MIGA 对投保项目的风

---

〔1〕 参见王军杰:《“一带一路”沿线投资政治风险的法律应对》,载《现代法学》2018 年第 3 期。

〔2〕 MIGA 对每一投资项目的每一类风险,最高保险额为 5000 万美元。参见《投资者最新动态》,载《中国商务》1990 年 2 月 26 日,第 2 版;MIGA 机构:《世界保险报告书》,1990 年 3 月 18 日。

〔3〕 See R. M. Poats, “MIGA: the Five Years: a Review and Survey of Issues Ahead”, pp. 20 – 22.

〔4〕 参见徐崇利:《多边投资担保机构的比较优势及新世纪的发展战略》,载《华东政法大学学报》2002 年第 3 期。

险，应按照稳妥的商业惯例和审慎的财务管理原则进行评估。在风险评估制度上，MIGA 具有明显的优势。(1) MIGA 具有很强的风险评估能力。因为 MIGA 是作为世界银行集团下属的一个政府间国际组织，可便利地获得有关国际投资的真实数据与信息。尤其是通过自身投资促进业务的开展，能够切实把握成员国政治性风险的情况，进而对投保项目进行全面的风险分析，确保担保投资的政治性风险较小。(2) MIGA 具有独特的风险评估方法。其他国际投资保险机构常常以东道国为风险评估对象，然后根据评估的结果，作出是否予以承保的决定。而 MIGA 的做法不同，在风险评估过程中，更注重各具体投资项目风险的大小。即使某些发展中国家从整体上看政治性风险较高，但只要申请投保的具体项目的风险发生概率在可接受的范围内，MIGA 仍可为此类东道国境内的“飞地项目”提供担保。[1] 这种方式大大提高了对投保项目风险评估的准确性。

二、MIGA 亦有其局限性

(一) MIGA 担保容量有限

MIGA 的担保容量主要是依据各成员国持股比例进行分配的，中国是第六大股东，仅占股 3.138%（相当于 3138 万个特别提款权）。而且，MIGA 对国家和项目的承保额也设定了上限，即各国的承保限额为 7.2 亿美元，各个项目的限额为 2.2 亿美元。[2] 而在未来 10 年内，“一带一路”沿线国家基础设施建设的需求将高达 8 万亿美元。显然，MIGA 远远无法满足我国在沿线投资防控风险的实际需要。我国可申请 MIGA 承保的总量是有限的，因此应重点支持“一带一路”高风险区域的投资申请。

(二) MIGA 对适格投资的要求较高，海外投资仅有少部分能得到担保

“作为多边发展机构，MIGA 仅支持具有良好发展潜力，并符合较高社

[1] 参见《多边投资担保机构公约解说》第 21 条。

[2] 参见多边投资担保机构官网：https://www.miga.org/Pages/Who% 20We% 20Are/Frequently-Asked Questions.asp，最后访问日期：2018 年 9 月 5 日。

会和环境标准的投资。MIGA 对所有项目的全面的社会和环境设定操作标准并提供大量的专家与投资者合作以保证符合这些标准。”[1] 2013 年 10 月 MIGA 颁布了 52 页的《多边投资担保机构环境与社会可持续性执行标准》详尽地从八个方面进行了规范：(1)对环境和社会带来的风险和冲击进行评估和管理；(2)劳动和工作条件；(3)资源效率和污染防治；(4)社区卫生、安全和保障；(5)土地征用和非自愿移民；(6)生态多样性保护和生物资源可持续管理；(7)土著民族；(8)文化传承。[2] 上述标准对于“一带一路”沿线的投资项目来说，大多是很难达到的。此外，为了降低风险与减少索赔的发生，MIGA 在审核投保申请时，不仅要考量项目本身的质量及对东道国经济的贡献，还倾向于选择风险小、盈利大的项目，增加了申请成功的难度。

（三）MIGA 的程序复杂烦琐，保险费用偏高

MIGA 的投保程序分为两部，即初步申请和正式申请。投保申请人首先应向 MIGA 提交初步申请，MIGA 审核后认为具有予以承保的合格性，对初步申请给予登记。投保人在收到登记申请的 3 个月内提交正式申请，MIGA 在接受正式申请后，对投资项目、申请的风险、担保容量和风险多样化的影响进行评估，取得东道国对机构就预定的风险进行担保的批准，在收到正式申请后的 120 日内作出是否予以承保的决定。[3] 2013 年 10 月 1 日开始，更是将环境和社会的可持续发展的 8 项执行标准作为风险管理的

---

〔1〕 参见多边投资担保机构官网：https://www.miga.org/who-we-are，最后访问日期：2018 年 9 月 6 日。

〔2〕 See “Multilateral Investment Guarantee Agency Performance Standards on Environmental and Social Sustainability”, September 5, 2018, https://www.miga.org/documents/performance_standards_env_and_social_sustainability.pdf.

〔3〕 参见余劲松：《国际投资法》，法律出版社 2018 年版，第 246 页。

一部分，并且贯穿了整个项目的始终。[1] 如此复杂的投保程序和烦琐的环境和社会可持续发展的实施标准往往把投保人拒之门外。

MIGA 保险费用按照承保数额的百分比率来计算，单独承保货币汇兑险、征收险、违约险、战争与内乱险以及其他非商性业风险之一的，保险费率在承保额的 3‰～5‰。如果是综合保险可以给予高至各个保险费总额的 50% 的折扣，但由于基础设施建设承保金额之巨大，企业需要支付的保费仍然高昂。

另外，在“一带一路”沿线的 65 个国家中，MIGA 只在新加坡设有分支机构，再加上语言障碍、昂贵的申请费用、运行机制较复杂等因素一定程度上影响了我国投资者，尤其是中小投资者投保的积极性，商务部门应给予一定的鼓励与支持。

综上所述，一方面，MIGA 具有内国海外投资保险机制所不具有的优势和实力；另一方面，MIGA 亦有其先天性的不足与局限。因此，“一带一路”沿线投资风险的防范主要应依靠我国的“中国信保”，而 MIGA 机制是一个很好的替代和补充，但其替代和补充作用的发挥亦依赖于“中国信保”本身机制的完善程度。

三、MIGA 对我国海外投资保险制度具有较大的补充性

MIGA 产生的法律动因即为弥补国家投资保险对投资者保护的不充分，扩大适格投资者及保险范围。且各成员国申请 MIGA 担保的额度受制于该成员在 MIGA 中的持股比例，故我国“一带一路”沿线投资保险应主要依靠“中国信保”。然而，MIGA 又较好地克服了国家海外投资保险的局限，通过再保险和分保险机制对各国海外投资保险形成有益补充。因此，针对一些额度较大、风险较高的投资，可以利用 MIGA 分担风险，尤其是在

---

〔1〕 See“Multilateral Investment Guarantee Agency Performance Standards on Environmental and Social Sustainability”, September 8, 2018, https://www.miga.org/docu-ments/performance_standards_env_and_social_sustainability.pdf.

“一带一路”沿线尚未与我国签订 BIT 的,又是 MIGA 成员国的投资,应成为申请 MIGA 承保的重点。因为,没有签订 BIT,“中国信保”对东道国即没有代位求偿权,赔付投资者损失后很难追偿,如果投资者也是国有企业,承保即没有意义。

国家海外投资保险制度的完善程度严重制约了 MIGA 补充作用的发挥。例如,美国 OPIC 系最早、最完善的国内海外投资保险制度,与 MIGA 形成了如同孪生姊妹的良好合作关系,促使美国成为全球最大的资本输出国,亦成为 MIGA 机制最大的受益国,值得我国借鉴。

由此,在完善我国海外投资保险机制的基础上,充分利用 MIGA 机制分担我国“一带一路”沿线投资的风险,尤其尚未与我国签订双边 BIT 的沿线国家的投资,MIGA 担保更具现实意义。MIGA 机制将为我国的海外投资保险制度起到一种“拾遗补阙”的作用。

从另一个角度来看,成员国国内海外投资保险机构,与 MIGA 之间存在一定的竞争,但它们承保的风险类型不尽相同,赔付比例上也有所差别。因此,各保险人的运营方针和经营活动既有重叠之处,又因目标和背景不同而各异,如保险制度在覆盖范围上存在区别。如果进口行为对于某特定投资具有重大意义,那么该投资就在 MIGA 的承保范围内。[1] 若东道国在充当购买者、供应商、管理人或债权人,OPIC 将拒绝为该项投资办理保险。[2] MIGA 的承保对象仅限于经济基础较好,且已获得东道国批准的投资项目。[3] 但 MIGA 规则并没有就东道国对外商投资的保护设定明确的标准,原因是 MIGA 只向发生在与 MIGA 签订有双边协定的所谓的“MIGA 成员”国家的投资风险开放保险业务。

---

〔1〕 See “Commentary on the Convention Establishing the Multilateral Investment Guarantee Agency”, *ICSID Review-FILJ* 193, 1986, p. 201.

〔2〕 J. Crawford and W. M. Reisman, *Foreign Investment Disputes*, American Academic Press, 2005, pp. 517 – 519.

〔3〕 See “Convention Establishing the Multilateral Investment Guarantee Agency”, Arts 12 (d) and 15.

四、深化与 MIGA 的合作机制，化解“一带一路”沿线的政治性风险

第一，制定实施 MIGA 公约的专门立法，确立与 MIGA 合作的机制、途径及方法，明确申请 MIGA 担保的具体程序与步骤，把条约法上的权利转化为国内法付诸实施。具体而言，一方面，建立我国海外投资保险业务与 MIGA 业务的良好对接，包括险种、最高保险额度和赔付额度，明确可以合作的项目、方式及程序，确立主管部门。另一方面，为我国投资者向 MIGA 申请投保提供便捷的规程指引，建立制度保障。特别建议在对投向“一带一路”沿线不同国别的投资者综合考量的前提下，实行个性化、差别化的灵活保费定价策略，降低客户综合融资成本。

第二，加强“中国信保”与 MIGA 在分保、共保方面的业务合作，尤其是投资数额大、期限长、风险高的基础设施建设项目，提高承保能力、分散投资风险、提升“中国信保”海外投资保险的业务技能。此外，由于资金限制和国别限额，MIGA 对大项目的担保及对某一成员国的担保能力是有限的。MIGA 已经通过分保业务及设立“赞助担保基金”等业务弥补其不足。[1] “中国信保”可以联合几家保险公司和财政性专款建立赞助担保机构，在 MIGA 担保容量不能满足外国投资者的担保要求时，可以设立“赞助担保基金”来满足沿线投资者对投资保险的需求。同时，在投资促进和咨询业务方面，“中国信保”应积极利用 MIGA 的技术资源，推动相关咨询业务的开展。

此外，完善我国海外投资保险制度是“中国信保”与 MIGA 良好合作的前提和基础。已如前述，应全面完善我国海外投资保险机制、转变保险模式、适当增加险种、提高承保方案的灵活性、降低保费、优化保险条款、提高承保实力，等等。而且，MIGA 机制对“一带一路”沿线投资保险的分担

〔1〕《MIGA 公约》第 24 条以及附件 1 第 1 ~ 3 条规定：任何成员国均可单独地或联合地筹集“赞助信托基金”（Sponsorship Trust Fund），单独列账，自负盈亏，在 MIGA 机制的范围内，举办“赞助投资担保”业务（guarantees of sponsored investments），为任何国籍的投资者承保政治性风险。

只是一个补充，“中国信保”依然是我国防范沿线投资风险的主要力量。然而，就具体业务层面而言，“中国信保”还存在以下问题：一是保费偏高。“中国信保”高保费支出将增加客户的资金成本，导致客户的投保意愿不强，且“中国信保”当前尚不能对投向不同国家的客户实行个性化保费定价选择，政策缺乏灵活性。二是风险偏好保守。对于部分高风险国家和地区，“中国信保”的风险额度较低，风险偏好保守，难以满足沿线多样化市场的需求。三是保险条款不够灵活。受一些因素制约，“中国信保”很难根据项目实际情况制定有针对性的、更符合企业需求的个性化保险合同。为了更好地与 MIGA 机制对接合作，以上问题需要尽快解决。

第三，加强宣传与培训，增强沿线投资者利用 MIGA 的意识。一是强化对在“一带一路”沿线投资的企业和金融机构的宣传，通过宣传培训强化投资者对 MIGA 业务和作用的认知，提高申请比例，助益投资者利用好 MIGA 在政治保险方面的功能和优势维护自身海外投资的合法权益。就投资者的角度而言，当前更倾向于传统的抵押、担保等信用方式来缓释投资风险，对 MIGA 的背景、产品种类、保险费用、理赔程序等方面了解不够，在项目设计阶段很难主动将项目结构与 MIGA 可保险的产品有效融合。二是注重培养熟知 MIGA 业务的专业人才，在政府相关部门或律师中，培养一支熟悉 MIGA 业务和程序的专业人才队伍，为沿线投资者和金融机构投保 MIGA 政治险提供便捷、高效、专业的服务与指导。三是给予投资者一定的财政支持。

另外，《MIGA 公约》第 15 条规定，在东道国政府同意就承保风险发放担保之前，MIGA 不得缔结任何担保合同。通过此条约定，东道国可以调控 MIGA 担保介入的程度，同时也意味着 MIGA 对发展中国家经济主权的尊重。且 MIGA 担保合同须经东道国批准，表明其所担保的投资必须是东道国所接受并认可的投资，这有利于防止政治性风险的发生。后续一旦风险发生，也有助于 MIGA 介入调解解决东道国与投资者之间的纠纷，同时也有助于 MIGA 付赔后实现对东道国政府的代位求偿。因此，除了向我国在“一带一路”沿线的投资企业进行宣传之外，我国政府还应会同 MIGA

加强在“一带一路”沿线国家对其业务的宣传和引介，使“一带一路”沿线国家政府充分了解 MIGA 的业务方式，高效、科学地审批 MIGA 担保项目的程序以及向 MIGA 投保的具体手续。

第四，就理论而言，MIGA 是独立于世界银行的一个具有“完全法律人格”的国际组织，但其功能与业务却深深嵌入世界银行机制（世界银行总裁即为 MIGA 总裁，MIGA 成员国资格只向世界银行成员和瑞士开放等），其功能定位即为担保及融资以补充世界银行及其附属机构的活动。因此，准确把握世行集团五大“齿轮”间相互衔接和相互配合的微妙关系，对我国建立与 MIGA 的合作机制甚为重要。

第五，需要指出的是，MIGA 与我国“中国信保”海外投资保险机制的关系应该是相互补足、各有侧重，“一带一路”沿线投资风险的防范应该主要依靠“中国信保”。MIGA 作为国际保险机构是发达国家与发展中国家相互妥协的结果，其优势与劣势并存，旨在促进国际资本更多、更直接地流向发展中国家，进一步平衡南北国家和地区的经济发展。MIGA 一方面弥补了“中国信保”承保范围、担保能力的不足，另一方面促进了包括东道国本国的资本流向或流回发展中国家。中国加入 MIGA 后，国际资本流向增加，中国外资的双流流动大幅度地提升。“中国信保”作为我国经济政策的重要组成部分和促进我国海外投资发展的主要手段，其根本宗旨是确保我国海外投资的发展。MIGA 与“中国信保”相互补充协调，并不矛盾排斥，通过 MIGA 的分保或再保险业务可以使两者在业务上相互补偿，使 MIGA 与我国海外投资保险机构互享信息、业务合作、相互促进，它们从不同方面共同防范“一带一路”沿线投资的风险，促进“一带一路”沿线投资的发展。

第六，促进“国开行”“亚投行”“中国信保”与 MIGA 签署四方合作协议。在“一带一路”沿线投资进程中，“国开行”和“亚投行”扮演着重要的投融资角色，与防范风险的利益密切相连。因此，可以考虑促进四方签署“合作备忘录”，形成稳定的合作框架，既避免“中国信保”与 MIGA 的过度竞争，又可以发挥各自优势，形成利益共同体。这有利于“国开行”和“亚投行”在支持“一带一路”项目建设中发挥长期、可持续、风险可控的投融资作用。

具体到每个投融资项目，可选择“中国信保”和MIGA的合适险种，签署投资者、“国开行”（或“亚投行”）、“中国信保”（或MIGA）三方参与的融资担保协议。追求成本适度、风险覆盖充足、利益共享、风险共担的长期、稳定的合作机制。由于每个项目均存在一定的特殊性，主要的信用风险来源也不尽相同，故无论是银行自身投保，还是要求投资人投保，均应根据项目特点、风险情况、交易模式等各种因素确定选择险种，以尽可能全面覆盖项目所承受之风险。例如，对于大型资本性货物或海外工程承包项目，可以选择中长期出口信用保险中的出口买方信贷或出口卖方信贷保险。对于国别风险、政治性风险较高的项目，可选择MIGA的险种缓释风险。[1]

第七，借鉴MIGA成功经验，依托“亚投行”建构面向“一带一路”沿线投资的风险防范框架。投资担保是海外投资风险分散的重要机制，而MIGA承保“一带一路”沿线投资有一定的局限性，“中国信保”又是我国国内的海外投资保险机制，亦存在一定局限。笔者建议，国家层面研判在“亚投行”框架下，设立新型多边投资担保机构的可行性，即“亚洲基础设施投资保险公司”或类似的新型多边投资担保机构。[2] 以“一带一路”为目标区域，结合“亚投行”的创设历程，建构此类保险机构的关键是积极消除“亚投行”成员国的顾虑，推动“公平导向”作为海外投资保险制度的核心价值理念。同时，无论是投资保险机构的基本法律制度，还是投资保险业务的具体法律规则，都要根据“一带一路”沿线的实际需求及“亚投行”的特色进行展开。

1.《亚洲基础设施投资银行协定》第1条确立了两项宗旨，即通过投资

---

〔1〕 参见徐梦非：《论如何利用中国出口信用保险公司和世行多边投资担保机构助力国家开发银行“一带一路”国际业务风险防控》，载《开放性金融研究》2017年第5期。

〔2〕 参见尹晨等：《“一带一路”海外投资风险及其管理——兼论在上海自贸区设立国家级风险管理中心》，载《复旦学报》（社会科学版）2018年第2期。

促进发展和推动合作应对挑战。[1] 国际投资自由化发展的经验表明完善的投资保险制度是促进投资发展的关键环节。早在 1948 年世界上第一个国内海外投资担保机构成立之前，世界银行就提出了《担保外国私人投资转移险和其他风险建议案》，直到 1988 年 4 月 12 日，世界银行行长才宣布《MIGA 公约》生效，历经整整 40 年。国别投资保险和 MIGA 机制建立以来，国际社会对于这一制度在促进投资和经济发展方面的巨大作用都广泛认同。然而，促使成员国消除顾虑、达成共识仍然是一项长期、艰巨的工作。各成员国利益导向和价值理念的不同导致其立场、观点各异。但在“亚投行”已有广泛共识的基础上，把握时机，积极推进，求同存异，科学论证，有望建构“一带一路”沿线投资风险防范的多元化框架。

2. 从“政治导向”到“规则导向”，再到“公平导向”，是战后国际经贸规则发展的基本经验与趋势。第二次世界大战之前，尽管国际经贸法律规则并非完全不起作用，但是对国家的约束力非常有限，起主导作用的是国家实力。战后，随着经济全球化浪潮的兴起，规则导向逐渐确立，但是国家实力与利益依然是决定着国际法律规则的关键因素，21 世纪以来，规则本身的“公平与公正”越发重要。由此，“亚洲基础设施投资保险公司”在吸取 MIGA 和国外海外投资保险制度经验的基础上，应充分体现共同的“高效、公平、公正”价值理念。[2]

3. 海外投资保险制度有利于“亚投行”职能的落实。《亚洲基础设施

---

〔1〕 参见《亚洲基础设施投资银行协定》第 1 条，银行宗旨在于：(1) 通过在基础设施及其他生产性领域的投资，促进亚洲经济可持续发展、创造财富并改善基础设施互联互通；(2) 与其他多边和双边开发机构紧密合作，推进区域合作和伙伴关系，应对发展挑战。(The purpose of the Bank shall be to: (i) foster sustainable economic development, create wealth and improve infrastructure connectivity in Asia by investing in infrastructure and other productive sectors; and (ii) promote regional cooperation and partnership in addressing development challenges by working in close collaboration with other multilateral and bilateral development institutions)

〔2〕 参见车丕照：《国际经济秩序“导向”分析》，载《政法论丛》2016 年第 1 期。

投资银行协定》第 2 条规定了 4 项职能。[1] 面向“一带一路”沿线投资的海外投资保险制度的建构,对“亚投行”前 3 项职能都具有重大的推动作用。且第 2 条第 4 款规定了“为强化这些职能开展的其他活动和提供的其他服务”,这使“亚投行”的职能具有了开放性,为海外投资保险制度的构建提供了规则上的空间。同时,又对开放的范围进行了限定,即强调了其他的活动和服务是对以上 3 项职能的“强化”。由此,“亚投行”与现有多边发展银行的“关系定位”和自身的“功能定位”共同构成了构建“一带一路”海外投资保险机制的坚实基础。

4. “一带一路”投资保险机构基本法律制度的构建。(1)“一带一路”投资保险机构的地位与组织的法律形式。借鉴 MIGA 及“亚投行”的成功经验,“一带一路”投资担保机构应是政府间的国际组织,具有完全的法律人格,享有国际法主体资格,即在诉讼程序、资产、档案、通信、税收和官员执行公务等方面享有特权和豁免;成员国资格应以“亚投行”成员为先决条件,按照约定规则认购股本并采取加权投票制;采取理事会、董事会和总裁的三级管理架构。[2] (2)该机构宗旨和运行的法律程序。促进亚洲的基础设施投资,对投资的非商业性风险予以担保,强化“亚投行”相关职能。采取包括共保与分保在内的方式对成员国间投资的政治性风险予以担保。采取以投资担保为主,以投资相关活动为辅的方式,促进成员国间的资金流动。与世界银行下的 MIGA 和“亚投行”的其他机构积极寻求合作。

---

〔1〕 参见《亚洲基础设施投资银行协定》第 2 条,为履行其宗旨,银行应具备以下职能:(1)推动区域内发展领域的公共和私营资本投资,尤其是基础设施和其他生产性领域的发展;(2)利用其可支配资金为本区域发展事业提供融资支持,包括能最有效支持本区域整体经济和谐发展的项目和规划,并特别关注本区域欠发达成员的需求;(3)鼓励私营资本参与有利于区域经济发展的投资,尤其是基础设施和其他生产性领域发展的项目、企业和活动,并在无法以合理条件获取私营资本融资时,对私营投资进行补充;(4)为强化这些职能开展的其他活动和提供的其他服务。

〔2〕 参见《中国信保与丝路基金签署关于服务“一带一路”战略和支持企业“走出去”的合作框架协议》,载“中国信保”官网:http://www.sinosure.com.cn/sinosure/xwzx/xbdt/169841.html,最后访问日期:2018 年 9 月 6 日。

5. 该机构投资保险业务制度规范的构建。投资保险实质性条件的要求，MIGA 规定的过于严格和苛刻，无法满足“一带一路”沿线的实际需求。由此，该机构的保险制度规范应当在适格投资、适格投资者、适格东道国、保险的险种等方面尽可能作出较为宽泛的规定，尽可能扩大适格投资的范围，以弥补 MIGA 的不足。例如，该机构投资保险规则可以规定各成员国及单个项目的承保限额，但此类规定应当有弹性空间。对适格投资的判定标准可以进行原则性规定，以该投资能否促进“一带一路”沿线国家发展作为基本原则，将环境、文化、安全等作为一般原则，由理事会酌情判定。

在投资保险的程序规则方面，MIGA 的规定过于烦琐和低效，大大增加了投资保险的时间成本。因此，该机构投资保险的程序规范应当重服务、轻审批，在投保手续、保费缴付、代位求偿权的行使、理赔流程等方面尽可能简化程序、降低费用，灵活地满足投保人的需求。例如，对申请投保的审核周期可以压缩到 30 日以内，采取事前预审核的方式，提高审核效率。对投资项目进行全程管理，适当降低沿线发展中国家投资保险的费率。

综上所述，为满足“一带一路”沿线投资风险防范的实际需求，构建新的投资保险制度机制，无意冲击、取代现有的投资保险体制。其目的是与其他投资担保机构在“一带一路”沿线进行全面有机地合作，并补充现有投资担保机构业务之不足。[1] 这一定位决定了中国在引领、构建具体规则的过程中，应在价值理念和具体规则层面，勇于对现有体制进行扬弃。一方面，强化、推动成员国的协商和沟通，促进“公平、公正、高效”投资保险价值理念的形成，实现从“规则导向”向“公平导向”的转变；另一方面，对现有投资保险制度、规则进行全面科学的研判，结合“一带一路”沿线风险的特点，全面优化组织架构和业务运营等具体规则。

〔1〕 参见彭岳：《亚洲基础设施投资银行贷款协议法律适用问题前瞻》，载《法商研究》2016 年第 1 期。

本章小结

MIGA 是国际社会成立的第一个专业性的多边政府间投资保险机构，是主要发达国家海外投资保险制度的国际化和多边化，该机构是世界银行的五大成员之一，业务上受世界银行指引。尽管我国是 MIGA 的创始成员国和第六大股东国，但长期以来我国海外投资成功申请 MIGA 承保的比较鲜见，未能充分发挥该机制的风险防范作用。一是因为在“一带一路”倡议启动前，我国海外投资的目的地集中在欧美、东南亚等发达国家，政治性风险威胁不大，申请 MIGA 承保的动力不足。二是因为我国国内的“投资保险制度”起步较晚，相对滞后，无法与 MIGA 形成有效对接，“中国信保”与 MIGA 的有效合作机制尚未形成，一定程度上制约了我国投资企业向 MIGA 的保险申请。三是 MIGA 承保条件严苛、程序复杂烦琐，英语是其主要工作语言等，也在一定程度上制约了我国企业的投保申请。

“一带一路”沿线投资的高风险为我国企业积极向 MIGA 申请投保，提供了较强动力。具体业务的办理亦可委托给专业的涉外投资律师和专家，一定程度上可以解决语言和程序上的困惑。但国内投资保险立法的完善以及保险制度的提升，如前所述，需要国家层面的顶层设计，才能切实建立“中国信保”与 MIGA 的高效、常态化的交流与合作机制，有效缓释沿线投资的政治性风险。当然，由于每一个缔约国在 MIGA 可能获得的承保受制于其持股额度，且国际投资项目额度比较庞大，远超过了 MIGA 可能承保的范围。因此，海外投资保险的落实主要应依靠“中国信保”的海外投资保险制度。另外，如何才能更好地利用 MIGA 机制缓释沿线的投资风险，是否需要建构面向“一带一路”沿线的区域性投资保险机构，以及如何建立，需要更为深入的研判。

第六章

“一带一路”多元化投资纠纷解决机制的建构

联合国贸发会国际投资争端数据显示,1997 ~ 2017 年,“一带一路”沿线国家作为被申请人的案件共计 395 件,占全球 726 件案件的 54.4%。[1]由于“一带一路”沿线投资政治性风险普遍高于世界其他区域,民族、宗教、地缘政治、恐怖主义等问题引发的传统安全风险和非传统安全风险层出不穷,投资安全和风险问题越发突出,投资纠纷趋向频发。事前预防(尽职调查、投资保险等)和事后救济(外交保护、诉讼、仲裁等)是防范“一带一路”投资风险的两大阶段性途径,纠纷解决机制又是防范、化解投资风险的最后救济途径。然而,解决投资纠纷的传统途径——外交保护业已不合时宜;缘于沿线多数国家法制不透明、不完善的制约,属地管辖亦难以确保客观、公正;有些投资争端类型,如“投资者与东道国”之间的投资纠纷,东道国政府又不愿意诉诸现有的商事仲裁机构(如 ICC、CIETAC、SCC)管辖;ICSID 的投资仲裁机制又饱受质疑,正在改革完善中。现有投资纠纷解决机制是否能够承担公平、公正裁处沿线投资纠纷的重任？有无必要建立面向“一带一路”投资纠纷的专门性解决机构？

---

〔1〕 参见联合国贸发会网:http://unctadstat.unctad.org/wds/ReportFolders/reportFolders.aspx,最后访问日期:2018 年 9 月 28 日。

本章将对此深入探讨。

第一节　国际投资争议的解决方式

鉴于“一带一路”沿线投资涉及不同国家投资者之间的投资关系，存在特许权协议的情况下，还涉及东道国政府，存在BIT的情况下，还涉及政府间的投资争议关系。因此，解决不同主体之间的投资争议，往往采取的途径与方法亦不尽相同。国家之间关于跨境投资纠纷，在双边、多边投资条约和协定中多有约定，故本节重点探讨涉及私人投资者的纠纷解决方式。

一、国际私人投资者之间的纠纷解决方式

不同国家的私人投资者在法律地位上是平等的，即我国投资者和“一带一路”沿线国家的投资者之间的法律地位，原则上是平等的，在多数东道国境内可享有国民待遇。投资者之间的投资争议大多涉及契约和股权纠纷。此类争议的解决方式主要有外交保护、东道国诉讼、调解和仲裁。也有学者概括为法院诉讼方式和非诉讼方式，即法院诉讼之外的ADR。[1]

（一）外交保护与东道国法院诉讼

投资争议发生后，符合一定条件的投资者亦可通过母国政府行使外交保护，与东道国政府协调，促进纠纷的解决。但无论是从政治上，还是法律上，外交保护都存在不少问题，历史经验表明容易导致片面追求本国投资者利益，无视东道国的主权和法律，激化国家矛盾。因此，作为投资争端的传统解决方式，外交保护已不合时宜。而且，外交保护是投资者母国的一

---

〔1〕 See UNCTAD，“Dispute Settlement：Investor-State”，2003，pp. 2 – 13.

项权利而非义务,应满足以下三个条件:首先,东道国对外资的行动构成国际不法行为,投资者国籍持续及用尽东道国当地救济。投资者在东道国遭遇司法不公时,其母国是否启动外交保护,大多基于外交关系及国家利益而非投资者利益的考量。其次,外交保护最大的弊端在于把投资争端政治化,而非规则化、法律化,甚或升级为武力威胁或炮舰外交,激化国家矛盾,引发武装冲突,代价高昂,[1]如1956年苏伊士运河事件。[2] 现代国际法语境下,外交保护也与由“权力导向”向“规则导向”演进的国际法治大趋势相背离。最后,使用不当可能涉嫌干涉东道国内政,侵犯东道国主权,与我国长期奉行的“相互尊重主权和不干涉内政”的外交原则相违背,有损“一带一路”倡议者或主导者的地位和信誉。因此,诉诸外交保护来维护我国在“一带一路”沿线国家投资者的利益,不但有违现代国际法精神,且代价过高,可能得不偿失。

基于国际公认的国际法原则,即属地管辖(国内救济)原则,私人投资者之间的纠纷首先应该考虑的是东道国法院诉讼,投资者向东道国法院提起诉讼救济,这也是外交保护的前提条件。然而,沿线东道国属地管辖存有以下问题:属地管辖难以克服“属地保护”之倾向。国际法规范早已肯定了东道国对外国投资活动的主权及管辖权,即此类投资争端应受制于东道国的当地救济,由东道国境内的行政、司法或仲裁机构根据其国内法予以裁断,除非东道国放弃属地管辖权。但“一带一路”沿线国家大多为发

---

〔1〕 See William S. Dodge, “Investor-State Dispute Settlement between Developed Countries: Reflections on the Australia-United States Free Trade Agreement”, *Vanderbilt Journal of Transnational Law* 39,2016,,pp. 9-15.

〔2〕 1801年法军占领埃及,取得苏伊士运河的开凿权,并于1869年开通运河。1875年英国购买“苏伊士运河公司”44%的股份,与法国一起控制运河,并掌控了埃及的财政命脉。经过长期斗争,埃及于1953年实现独立,1956年7月宣布“苏伊士运河公司”国有化,同年10月,英法纠合以色列向埃及发起军事行动,企图用武力迫使埃及放弃国有化措施。英法两国采用外交保护维护其在“苏伊士运河公司”投资者利益的做法,引发国际社会一片谴责。最后在联合国的调停下,英法以被迫于同年12月从埃及撤军。1958年7月双方达成协议,由埃及适当向“苏伊士运河公司”支付国有化补偿金2830万英镑,分六年付清。

展中或转型中的国家，司法不独立、不透明，甚或司法腐败，再加上利益团体、民族主义及属地保护主义的影响，导致外国投资者利益难获公平保护。即使在沿线发达的法治国家，投资者也可能无法获得公平的司法救济，尤其是在社会立法的实施方面，对外国投资者的敌意也是明显的。实际上，在某些国家，有关投资条约甚至不属于国内法渊源，国内法院反而可能成为侵蚀投资者权益的“帮凶”，投资者权益保护岌岌可危。故可能的路径是适时启动与“一带一路”沿线国家关于投资争端解决机制的谈判，使其通过其国内法、条约或投资合同自愿限制或放弃其属地管辖权，让渡给协商建立的第三方独立的仲裁、司法机构，如“‘一带一路’国际投资争端解决机构”。

由此，外交保护和东道国诉讼是私人之间投资争议的传统解决途径，前者过于政治化容易上升为两个国家层面之间的矛盾，已经过时；后者又因为“一带一路”沿线国家法院的独立性、公正性难以保证，投资者抵制态度明显。故传统的解决方式的局限性推动了投资者寻求国际仲裁与调解的转变。

（二）调解

调解意指争端当事方在第三方的主持下，自愿达成协议，友好解决争端的一种方法。[1] 此种争议解决方法特点有四：(1)调解的前提是当事人的共同同意，在调解的启动阶段或其他任何阶段，任何一方均可随时终止调解。(2)调解人的任务是听取或评审各方当事人的主张，提出解决纠纷的建议。(3)在不违反法律禁止性规定的情况下，调解人的建议不必阐释其法律理由，可以只根据其内心确信的公平合理原则提出。(4)对于调解人建议的方案，双方当事人可以接受，也可以不接受，一般在签署和解协议

〔1〕《联合国国际贸易法委员会国际商事调解示范法》（以下简称《国际商事调解示范法》）第1条第3款对调解定义如下：当事人请求一名或多名第三人协助设法友好解决由于合同引起的或与合同的或其他的法律关系有关的争端的过程，而无论其称为调解、调停或类似含义的措辞，调解人无权将解决争端的办法强加于当事人。

后,具有拘束力。[1]

投资争端的调解可以分为常设机构调解和临时机构调解。常设机构调解是指在一个负有处理投资或各种经济贸易争端的常设性机构进行调解,该机构一般可以提供调解员名单、调解规则、场地和服务。临时机构调解是纠纷发生后当事人共同选择调解员,临时组成调解组,选择调解规则和仲裁地点,调解结束后,调解组自行解散。为了指导国际商事和投资调解,联合国国际贸易法委员会在1980年制定了第一个调解规则,2002年第57届联合国贸发会起草了《国际商事调解示范法》,供当事人选用。当然,调解亦可是仲裁的前置程序,当事人在仲裁前或仲裁过程中,可以在仲裁机构主持下进行调解。

2015年12月,在中国贸促会和北京市法学会的支持下,“一带一路”国际商事调解中心在北京正式成立,其主管单位是北京融商“一带一路”法律与商事服务中心。[2] 该服务中心是经北京市法学会批准,并在北京市民政局依法注册成立的社会服务机构。2016年10月该调解中心颁布了自己的《“一带一路”国际商事调解中心调解规则》和《“一带一路”国际商事调解中心调解员行为规范》。“一带一路”国际商事调解中心的成立为

---

〔1〕 参见《国际商事示范法》第14条。

〔2〕 “一带一路”国际商事调解中心职责是协助涉及争议的相关方,通过调解方式解决“一带一路”国际商事争议和纠纷。调解中心的职能为:(1)选任具备资质的调解员;(2)组织培训,使调解员获得履职资质和能力;(3)为“一带一路”服务机制成员及其相关方及“一带一路”相关国家的政府、企业及其他商业组织与个人提供调解服务;(4)在“一带一路”国际商事主体中,通过在线与线下调解等方式推广和谐、互利、平等的调解文化,促进“一带一路”形成良好的经济秩序;(5)与“一带一路”相关国家政府、司法机关以及调解、仲裁组织合作推动国际商事调解事业的发展及其与司法程序的衔接,包括诉调对接、调解协议的司法确认以及执行等。该“调解中心”本着公益性、中立性和专业性的原则,在《“一带一路”国际商事调解中心调解规则》下开展调解工作。最高人民法院司法改革办公室于2016年10月14日将该“调解中心”确定为多元化纠纷解决机制改革项目子课题单位。北京多元调解发展促进会于2016年12月9日向“调解中心”授会员匾牌。2016年12月27日,北京市第四中级人民法院与“调解中心”签署诉调对接合作协议。参见“一带一路”国际商事调解中心网:http://www.bnrmediation.com/Home/Center/index/aid/150.html,最后访问日期:2018年10月20日。

沿线投资纠纷的多元化解决,尤其是平等主体之间的投资纠纷,提供了重要支撑。

(三)国际商事仲裁

1985年的《联合国国际贸易法委员会国际商事仲裁示范法》(2006年修订)对“国际”和“商事”均采用了广义解释,[1]即国际投资关系是国际商事关系的一种,投资仲裁亦包含在国际商事仲裁的范畴之内。由于国际商事仲裁优势明显,所以从20世纪50年代开始,越来越多的投资纠纷倾向于诉诸仲裁解决。

商事仲裁与调解相较,其优势有:商事仲裁裁决具有终局性。调解方案需要纠纷当事人同意才能达成,调解不成可能要再行仲裁,调解书往往没有强制执行的效力。而仲裁裁决是由仲裁庭作出,具有终局性,过程高效,结果确定。仲裁的庭前调解和过程中的调解,已经是仲裁的一部分了,不再是单独的调解程序,不在此限。

商事仲裁与诉讼相较,其优势有:(1)诉讼一般周期较长,程序较复杂、严谨,而仲裁一般一裁终局,简便、灵活、高效。(2)诉讼程序“公开为原则,不公开为例外”,仲裁程序一般相反,保密性较强。(3)投资纠纷不但涉及法律责任问题,还涉及专业性较强的技术问题,利用仲裁可以选择专业性较强的仲裁员,而诉讼程序无法选择法官。(4)根据1958年签署的

---

〔1〕参见《联合国国际贸易法委员会国际商事仲裁示范法》第1条:有下列情形之一的,仲裁为国际仲裁:(1)仲裁协议的各方当事人在缔结协议时,其营业地点位于不同的国家;(2)下列地点之一位于各方当事人营业地点所在国以外:①仲裁协议中确定的或根据仲裁协议而确定的仲裁地点;②履行商事关系的大部分义务的任何地点或与争议事项关系最密切的地点;③各方当事人明确同意,仲裁协议的标的与一个以上的国家有关。“商事”是指包括但不限于下列交易:供应或交换货物或服务的任何贸易交易;销售协议;商事代表或代理;保理;租赁;建造工厂;工程;使用许可;投资;筹资;银行;保险;开发协议或特许;合营和其他形式的工业或商业合作;空中、海上、铁路或公路的客货载运。

《承认及执行外国仲裁裁决公约》,[1]仲裁裁决在域外的执行性较强,而诉讼判决必须要依靠两国之间的“相互承认民事裁决的公约或协定”,如果没有协定,则执行难度较大。

国际商事仲裁从组织形式上看,可分为临时仲裁(ad hoc arbitration)和机构仲裁(institutional arbitration)[2]两种。临时仲裁庭是根据双方当事人的仲裁协议,在纠纷发生后,由双方临时推举仲裁人自行组成的仲裁庭。其特点是无固定的组织、地点和规则,案件审理完毕后即自行解散,灵活方便,当事人自主性较大,行政费用可控制。常设机构仲裁是指委托给具有固定组织、固定地点、固定仲裁规则的常设性机构,一般具有仲裁员名册和仲裁规则供当事人选择。机构仲裁的优势在于其拥有一套保证仲裁条款效力并确保其执行的高度发达的规则。[3]

无论是临时仲裁机构,还是机构仲裁庭作出的仲裁裁决,仲裁机构本身并不具有强制执行的权力。为了解决仲裁裁决在外国承认执行的问题,国际社会在1958年签署了《纽约公约》,截至2018年年底,公约成员已达158个,“一带一路”沿线包括中国在内的63个国家和地区加入了该公约,只有4个国家(马尔代夫、土库曼斯坦、伊拉克和也门)尚未加入。然而,与

---

[1] 1958年6月10日在纽约召开的联合国国际商业仲裁会议上签署了《承认及执行外国仲裁裁决公约》(the New York Convention on the Recognition and Enforcement of Foreign Arbitral Awards),又称《纽约公约》。《纽约公约》处理的是外国仲裁裁决的承认和仲裁条款的执行问题。《纽约公约》宗旨是,外国和非国内仲裁裁决不会受到区别对待,并要求各缔约国确保这类裁决在其法域内同国内裁决一样得到承认并普遍能够强制执行。《纽约公约》的一个附带宗旨是,要求各缔约国法院为充分执行仲裁协定而拒绝当事人在违反其将有关事项提交仲裁庭处理的约定的情况下诉诸法院。截至2018年年底,《纽约公约》成员国已有158个。

[2] 国际上影响比较大的仲裁机构有:1932年国际商会设在巴黎的国际商会仲裁院;1917年设立的瑞典斯德哥尔摩商会仲裁院;1926年设立的、总部位于纽约的美国仲裁协定;1892年设立的伦敦仲裁院;1911年设立的瑞士苏黎世商会仲裁院;1991年设立的新加坡国际仲裁中心;1985年设立的香港国际仲裁中心;1954年设立的中国国际经济贸易仲裁委员会等。

[3] 参见黄进、宋连彬、许前权:《仲裁法学》,中国政法大学出版社2002年版,第45页。

中国签署“民商事司法互助条约”的却只有24个国家和地区。[1] 由此，“一带一路”沿线国家的法院诉讼程序及法院判决的执行在绝大多数国家是无法获得执行的。因此，如果仲裁裁决符合《纽约公约》的规定，在“一带一路”沿线绝大多数国家和地区是可以获得承认和执行的。故从执行的角度考量，我国在“一带一路”沿线的投资纠纷诉诸国际商事仲裁比东道国法院诉讼，更有利于保护我国投资者的利益。

二、投资者与东道国之间的争端解决方式

与平等投资者主体之间的投资纠纷相较，投资者与东道国之间的争议，有以下特点：双方法律地位不平等，一个是私人，一个是国家政府；争议大多由征收、国有化等行政措施引发；争议处理不当，可能上升为国家层面的争端。因此，此类争端需要兼顾对投资者利益的保护和东道国管制权的尊重。此类争端的解决方式主要有三种，即外交保护、东道国救济和国际仲裁。

（一）外交保护

依据现有国际法原则，外国投资者在东道国领域内，原则上应服从该国的管辖。当遭遇不法或不当侵害时，应该以东道国国内法的规定，寻求司法或行政救济，只有穷尽国内救济依然无法维护自身权益时，才能寻求母国的外交保护。故而，外交保护的启动有一定的条件限制：（1）国籍持续原则。意指只有投资者母国才能行使外交保护，且在争议解决的整个过程中，应始终具有母国国籍，中间一旦丧失母国国籍，外交保护的国籍联系基础随即丧失。[2] 无国籍人，任何国家均不得对其启动外交保护权。具

---

〔1〕 截至2018年年底，“一带一路”沿线65个国家中与中国签署“民商事司法互助条约”的有24个国家：新加坡、泰国、老挝、越南、土耳其、阿联酋、科威特、埃及、希腊、塞浦路斯、波兰、立陶宛、匈牙利、波黑、罗马尼亚、保加利亚、哈萨克斯坦、吉尔吉斯斯坦、乌兹别克斯坦、塔吉克斯坦、俄罗斯、乌克兰、白俄罗斯和蒙古。

〔2〕 常设国际法院在“帕涅韦日斯－塞欧帝提斯克斯铁路案”（Panevezys Saldustiskis Railway Case）判决中指出：在无特别合意的情况下，国家对个人赋予外交保护的唯一根据是个人同国家间的国籍这一纽带。See P. C. I. J. Series A/B No. 76.

有双重国籍的投资者,一方国籍国为投资者的所在国,他方国籍国不得对该所在国行使外交保护。双重国籍的本国的任何一国同所在国不同的,则该所在国在第三国对该具有双重国籍的投资者作为仅有一国国籍的投资者看待,只承认其“常住的主要住所国或事实上同该个人关系最深的国家”为其国籍国,可以行使外交保护。[1] (2)用尽当地救济原则。如前所述,除非投资者已经用尽当地的司法、行政救济,否则不能向母国提出外交保护。主要原因是出于对国家公共利益和管制权的尊重,如果有其他方法可以解决争议,应尽可能地避免不必要的国际冲突。何为“用尽”当地救济?各国规定不尽一致,一般而言,是指用尽一切可利用的方法,包括司法、行政,甚或立法的救济方法。不过联合国国际法委员会在外交保护条文的编纂过程中倾向于把当地救济限于法律救济,即可以通过普通或特别的司法或行政法院获得法律救济。另外,关于用尽当地救济是启动外交保护的程序性条件还是实质性条件,以及用尽当地救济原则有没有例外,国际社会尚存有争议。[2]

符合上述两个条件后,投资者可以寻求母国的外交保护,但外交保护权的国家性质,使私人投资争议上升为国家之间的争议,易导致两国矛盾激化,甚或关系恶化,代价高昂。如果东道国在投资惯例上,未违反条约义务及其他国际义务,如拒绝司法、给予歧视等,根据国际法院以往判例,通常是不作为国际诉讼来受理的,即又回到了东道国的国内法程序。因此,从国际实践来看,有效、正常的投资争议解决方法,不是外交保护,而是法律途径。

尽管外交保护已不合时宜,但特定情况下亦有必要。例如,《ICSID 公约》第 27 条规定,缔约国对于他本国的一个国民和另一缔约国根据本公约已同意交付或已交付仲裁的争端,不得给予外交保护或提出国际请求,除非该另一缔约国未能遵守或履行此项争端所作出的裁决。由此,在另一缔

---

〔1〕 参见 1937 年生效的《关于国籍冲突中某些问题的条约》第 4 条、第 5 条。

〔2〕 See John R. Dugard (Special Rapporteur), "Second Report on Diplomatic Protection", *International Law Commission* 4, 2001, p. 19.

约国不遵守或不履行 ICSID 裁决的情况下，缔约国（投资者母国）可以行使外交保护。

（二）东道国属地救济

根据属地管辖原则，国家对其领域内的人、事、物和行为都有管辖权。联合国大会 20 世纪六七十年代通过的《各国经济权利和义务宪章》等系列决议表示，主权国家对其境内的经济活动享有充分主权，国家不仅有权对外国投资财产实行国有化，而且国有化产生的问题应“由实行国有化国家的法院依照其国内法加以解决，除非有关各国自由和相互同意根据各国主权平等并依照自由选择方法的原则寻求其他和平解决方法”，[1] 即通过自愿仲裁协议或 BIT 放弃东道国管辖，诉诸国际仲裁等途径。

阿根廷的外交家和国际法学家卡尔沃的“卡尔沃主义”重申了发展中国家的经济主权及管辖权，也代表了广大发展中国家早期的重要立场。“卡尔沃主义”的基本主张如下：外国人受所在国法律的管辖，如在所在国受到损害或发生争端，必须在当地法院寻求救济或解决争端，不允许任何外国干涉；外国人无权要求比本国国民更优惠的待遇（超国民待遇）。一些拉美国家把卡尔沃主义写入了宪法，如 1917 年《墨西哥宪法》第 27 条、1903 年《委内瑞拉宪法》第 11 条、1973 年《阿根廷宪法》第 6 条等，成为与发达国家对抗、博弈的重要理据。由此可见，卡尔沃主义的核心和基础是“属地管辖原则”，旨在对抗帝国主义、殖民主义国家的粗暴干涉，并且与用尽当地救济的精神相一致，可以防止投资者母国外交保护的滥用。但是，20 世纪 80 年代以来，随着经济全球化浪潮的兴起，包括

---

〔1〕 参见《各国经济权利和义务宪章》第 2 条第 1 款规定，每个国家对本国的全部财富、自然资源以及全部经济活动，都享有并且可以自由行使完整的、永久的主权，其中包括占有、使用及处置的权利；第 2 条第 2 款第 3 项规定：把外国资产收归国有、征用或转移其所有权。在这种场合，采取上述措施的国家，应当考虑本国的有关法律、条例以及本国认为有关的一切情况，给予适当的赔偿。在赔偿问题引起争执时，应当根据采取国有化措施国家的国内法，由该国法院进行审理。但各有关国家经过自由协商，一致同意在各国主权平等的基础上，按照自由选择解决途径的原则，采用其他和平解决办法的，不在此限。

拉美在内的广大发展中国家纷纷放弃卡尔沃主义的立场，通过 BIT、FTA，甚或国内法把属地管辖权让渡给国际仲裁庭，严格坚守卡尔沃主义的国家已经很少了。

在资本输入国的属地管辖和资本输出国国际仲裁的博弈过程中，发达国家为了保护本国海外投资者的利益，通过各种措施迫使东道国自愿放弃属地管辖，而发展中国家为了维护本国的经济主权及对外资的管理权，极力强调属地管辖原则。在这一博弈过程中，有些发展中国家为了吸引外资，复苏、发展经济，让渡了属地管辖权。当然，让渡的结果导致有些发展中国家政府频频被诉至国际仲裁机构，成为被告。[1] 于是，有些国家政府开始重新反思这一问题，例如，在 BIT 或仲裁协议中限制提交 ICSID 的争议范围等。尽管如此，东道国国内救济和国际仲裁依然是投资纠纷的两大主要途径。

（三）国际仲裁

根据属地管辖原则，东道国既可以以属地管辖作为基础严格实施卡尔沃主义，要求外资服从本国法院的审理。但也可以自愿放弃卡尔沃主义或自由选择将投资争议提交给国际仲裁庭，进而改善投资环境，增强外国投资者对本国的信任及安全感，吸引外资促进本国经济发展，如是还可以避

---

〔1〕 1990 年总统梅内姆开始实行新自由主义经济政策，大力引进外商投资。在其任期内，阿根廷签署了 55 个 BIT，并全面接受 ICSID 仲裁。2001 年阿根廷经济崩溃、社会失序，新政府颁布了《公共紧急状态法》及系列紧急经济救助政策。许多外国投资者以紧急政策侵犯了自己的利益为由，通过各类途径对阿根廷政府提起诉讼，其中通过 ICSID 的仲裁案件就达到 43 个，使阿根廷成为在 ICSID 被诉数量最多的国家，涉及赔偿总额 800 多亿美元，而 2002 年阿根廷全年 GDP 仅为 1020 亿美元。截至 2017 年 4 月底，阿根廷被诉至 ICSID 的案件共计 53 件，依然高居榜首。阿根廷国际投资仲裁危机的出现，主要原因在于阿根廷与发达资本主义输出国签订的 BIT 过于自由化，仅强调对投资者利益的保护，无视东道国管理经济、社会的主权权力及司法管辖权。实际上，发展中国家针对 ICSID 的“反向运动”已经开始，南非已经提出撤销包含 ICSID 条款的协定；印度拒绝接受《ICSID 公约》；印度尼西亚已宣布含有 ICSID 条款的协定到期续约时，将删除 ICSID 仲裁条款；2007 年玻利维亚退出《ICSID 公约》；2009 年厄瓜多尔退出《ICSID 公约》；2012 年委内瑞拉退出《ICSID 公约》；2016 年欧盟亦宣布，“多边投资法庭机制”建立后，将考量替换双边及区域条约中包含 ICSID 的仲裁条款。

免投资者母国外交保护可能带来的国家间关系的不和谐。

由于投资者与东道国之间的投资争议,东道国政府可能是被诉方,传统的国际商事仲裁机构能否客观、公正地保护政府权益,东道国往往持怀疑态度,因此一般不倾向于把此类争端提交国际商事仲裁机构,[1]而更倾向于提交给 ICSID 来管辖。ICC 裁断的纠纷绝大多数为一般商事争议,国际投资争端寥寥无几,有学者分析,国际投资争端当事人担心 ICC 处理此类案件不够“专业”,所以不愿意把案件交付 ICC 裁决。[2] “投资者与东道国”类型的投资争议,由于东道国国家豁免的障碍,一般商事仲裁机构难以获得管辖权。[3] 因为,商事仲裁机构取得管辖权的前提是当事人的自

---

〔1〕 根据漆彤的统计,截至 2017 年 6 月,在“一带一路”沿线 65 个国家中,国际商事仲裁案件共有 464 件,其中解决投资争端国际中心受理 237 件,斯德哥尔摩商会仲裁院受理 37 件,国际商会仲裁院受理 9 件,海牙常设仲裁法院受理 59 件,开罗地区国际商事仲裁中心受理 1 件,伦敦国际仲裁院受理 3 件,东南亚国家联盟争端解决机构受理 1 件,欧洲人权法院受理 1 件,莫斯科工商会受理 3 件,临时仲裁等途径解决 113 件。其中,沿线不少国家屡遭起诉,被诉 20 次以上的国家有捷克、埃及、乌克兰、波兰、俄罗斯、哈萨克斯坦和印度,这表明其国内法为投资者提供的救济不充分或不被投资者所信赖,以及这些国家对国际商事仲裁机构的接受度较高。参见漆彤:《“一带一路”国际经贸法律问题研究》,高等教育出版社 2017 年版,第 85 ~ 88 页。

〔2〕 Stephen J. Tope, “Mixed International Arbitration”, *Grotius Publications Limited* 215, 1998, p. 167.

〔3〕 中国深圳仲裁院 2016 年 10 月 26 日发布的《深圳国际仲裁院仲裁规则》是我国国内商事仲裁机构首次把案件受理范围扩大到“国际投资争议案件”,包括“投资者与东道国”投资争端案件,是一次有意义的尝试。但面临以下问题:(1)法律障碍。我国《仲裁法》第 2 条规定可以仲裁的事项范围包括平等主体之间的合同和其他财产权益纠纷;第 3 条也排除了应由行政机关处理的有关争议;第 17 条规定超出法律规定仲裁范围的仲裁协议是无效的。因此,上述规定很大程度上限制了以仲裁方式解决“投资者与东道国”类型的投资争端。另外,虽然我国在 1986 年加入《纽约公约》,但作出了“商事”和“缔约国境内”两项保留,客观上使此类争端的解决无法可依。(2)执行障碍。《ICSID 条约》自我赋予的各成员法院强制执行其裁决的法定义务。但《深圳国际仲裁院仲裁规则》无法实现强制执行的目的,如果东道国不履行深圳仲裁院的仲裁裁决,则裁决很难确保执行,《纽约公约》亦不适用此类裁决的执行。(3)当事人同意是仲裁机构获得管辖权的先决条件,东道国难以接受一般的商业仲裁机构管辖其案件。故鉴于“投资者与东道国”投资争端的特殊性,我国商业仲裁机构管辖此类争端仍有很长的路要走。

愿接受，而多数国家，尤其是坚持绝对豁免原则的国家，对所谓的“国际司法机构”（如ICJ）的管辖权大多予以抵制，对一般商事仲裁机构更是持不信任态度，不愿意把自身的命运交付给一个“民间仲裁机构”处断。因此，涉及国家豁免和司法主权让渡时，多数国家比较审慎，除了WTO争端解决机制外，成功付诸实践的较少。

鉴于投资者与东道国之间投资争议的特殊性及复杂性，以往国内、国际的仲裁机构，在法律适用、专业性等方面，各有不足，难以被东道国政府接受，而具有公法形式的国际仲裁院和常设仲裁院又不向私人投资者开放。因而，建立一个专门处理投资者与东道国之间投资争议的国际机构即成为必要。于是，1966年在世界银行的倡导下通过了《ICSID公约》，成立了ICSID，并制定了详细的仲裁规则。这是国际投资法上第一个专门性投资争端解决机制，尽管其受案范围比较狭窄，但依然受到了国际社会的欢迎。

第二节 ICSID

截至2018年年底，共有161个国家签署了《ICSID公约》，其中153个国家提交了批准书。中国于1990年签署该公约，1993年1月7日提交批准书，同年2月6日对我国生效。ICSID成立至今已经登记案件近600起，为国际投资争端解决提供了较大的便利，明显地促进了私人投资的保护及国际投资的自由化流动。但ICSID暴露的问题越来越多，要求改革的呼声也越来越大。

一、ICSID的法律地位及其管辖

（一）ICSID具有独立的国际法律人格

《ICSID公约》第1条规定了该“中心”的宗旨，即为缔约国和其他缔约

国国民之间的投资争议,提供调停和仲裁的便利。第 18 条规定了其法律地位,即 ICSID 具有完全的国际法律人格,具有缔结契约的能力、取得和处理动产和不动产的能力及起诉的能力。第 19 条规定,ICSID 在完成任务时,在各缔约国境内应享有公约所规定的豁免和特权,犹如“中心”及其财产享有的豁免一切法律诉讼的权利一样。第 23 条规定,“中心”的档案,无论在何处,不受侵犯,关于官员的通信,各缔约国给予“中心”的待遇不得低于其他国际组织的待遇。第 24 条规定了“中心”的税收豁免权,即“中心”的资产、财务和收入以及公约许可的业务活动和交易,应免除一切捐税和关税。除了当地国民外,“中心”付给其工作人员的津贴、薪金,或其他报酬,均不得征税。

(二)ICSID 的管辖权

《ICSID 公约》第 25 条第 1 款规定:“中心”的管辖适用缔约国(或缔约国指派到“中心”的该国任何组成部分或机构)和另一缔约国国民之间因投资而产生的任何法律争端,而该项争端经双方书面同意提交给“中心”。当双方表示同意后,任何一方不得单方面撤销其同意。由此,当事人主体、争端的性质和主观要件都符合公约规定的情况下,才能提交中心仲裁。

1. 当事人主体资格

作为一方当事人的缔约国,包括该国政府和该国的“组成部分或机构”。其组成部分或机构应符合两个条件:由缔约国指派(通知)给 ICSID;被指派的“组成部分或机构”所作的接受“中心”管辖的同意,还须经该缔约国批准,除非该缔约国通知“中心”不需要这种批准。投资争议的另一方当事人必须是另一缔约国的国民,包括另一缔约国的自然人和法人。根据《ICSID 公约》第 25 条的规定,法人作为另一缔约国的国民必须是“在争端双方同意提交仲裁、调解之日,具有作为争端一方的国家以外的某一缔约国国籍的任何法人,以及在上述日期具有作为争端一方的缔约国国籍的任何法人,而该法人因受外国控制,双方同意为了本公约的目的,应看作另一缔约国国民”。由此,具有东道国国籍但被外国人控制的法人,也可能成为合法的争端当事人而获得仲裁资格。

2. 争端的性质

根据《ICSID 公约》第 25 条第 1 款的规定,提交“中心”仲裁的争议必须是直接产生于投资的法律争端。《ICSID 公约》没有对“投资”和“法律争端”两词下定义,是不是“投资争议”主要由当事人自行判定,仲裁员和调解员也可以对投资的概念采取比较宽泛自由的定义。至今 ICSID 尚未因为“不是投资争议”而拒绝管辖的先例。为了帮助当事人和“中心”在实践中如何确定法律争端,世界银行行政理事会的《执行董事会报告》明确规定:争端必须事关法律权利或义务的存在与否及其范围,或者因违反法律义务而引起的赔偿的性质和范围。由此,“中心”管辖的争议应属于权利冲突,至于单纯的利益冲突则不属法律争议的范围。

3. 主观条件是当事人同意

ICSID 的管辖是自愿的而非强制性的,一国批准公约不等于同意所有具体争端都接受“中心”管辖,只是同意接受“中心”管辖的一个前提条件,缔约国是否同意“中心”管辖,每一个缔约国有绝对的自由决定权。因此,当事人各方同意是“中心”管辖的基石。《ICSID 公约》第 25 条规定,同意“中心”管辖的决定必须书面为之,双方提交同意管辖的书面决定后,任何一方不得单方面撤销。

二、ICSID 机制存在的主要问题

ICSID 投资仲裁机制沿袭了一般国际商事仲裁制度高效、保密的优点而备受认同。然而,晚近随着国际投资案件激增,仲裁裁决错误无法纠正的情况凸显,引发国际社会对 ICSID 仲裁“正当性”(legitimacy crisis)的信任危机。尤其是不一致的裁决、仲裁员公正独立性遭受质疑、上诉纠错机制缺失等问题,越来越突出。“私人投资者与东道国投资仲裁上诉机制”的建构可能是解决 ICSID 正当性危机的关键,亦是对传统国际商事仲裁的创新与发展。

(一)对投资者利益的偏袒,对东道国管理权的损抑

晚近,ICSID 仲裁庭对其管辖权以及投资条约的实体义务存在扩大解释,进而人为地拓展了管辖范围和投资者保护范围。这种做法表明仲裁庭存在偏袒投资者、忽视东道国管理权的偏见。例如,在很多案件中对“公平、公正待遇”扩大解释为:要求东道国提供稳定、可预期的法律商业环境,不需要传统国际法标准所要求的专断和恶意,违反公平、公正待遇条款必须给予赔偿。[1] 甚或有些仲裁庭把“法律和商业环境的稳定认定为公平、公正待遇的基本要素,进而认为这种解释正是国际法中公平、公正待遇正在形成中的标准”,[2]并且东道国违反公平、公正待遇不以“恶意”为条件,[3]均应承担赔偿责任。又如,“LG&E 集团公司诉阿根廷案”和“Enron 诉阿根廷案”,[4]前案中全体仲裁员一致同意阿根廷经济危机构成国家紧急情况,经济危机期间阿根廷对外国投资者所应承担的赔偿责任可以免除,但在后案中,全体仲裁员一致作出了完全相反的处断。在两案所涉项目相同(阿根廷天然气投资),适用条约相同(《1991 年美国—阿根廷双边投资条约》),争议问题(经济危机期间阿根廷经济管理措施是否违反美阿

---

〔1〕 主要有:Tecmed v. Mexico(2003);MTD v. Chile(2004);CMS v. Argentine(2009);Azurix v. Argentine(2006);LG&E v. Argentine(2006);PSEG Global v. Turkey(2007)等。

〔2〕 See LG&E Energy Corp. LG&E Capital Corp. LG&E International Inc. v. Argentine, ICSID Case No. ARB/02/1, paras. 122 - 126, Decision Liability, October 3, 2006; CMS Gas Transmission Company v. The Argentine, ICSID Case No. ARB/01/8 paras. 274 - 278, Award May 12, 2005; MTD Equity Sdn. And MTD Chile S. A. v. Republic of Chile, ICSID Case No. ARB/01/7, Award May 25, 2004.

〔3〕 See Azurix Corp. v. The Argentine Republic, ICSID Case No. ARB/01/12, paras. 369, 372, Award, July 14, 2006; LG&E Energy Corp. LG&E Capital Corp. LG&E International Inc. v. Argentine Republic, ICSID Case No. ARB/02/1, para. 129, Decision Liability, October 3, 2006; CMS Gas Transmission Company v. The Argentine Republic, ICSID Case No. ARB/01/8, para. 280, Award May 12, 2005.

〔4〕 See LG&E Energy Corp. LG&E Capital Corp. and LG&E International Inc. v. Argentine Republic (ICSID Case No. ARB/02/1); Enron Creditors Recovery Corporation (formerly Enron Corporation) and Ponderosa Assets, L. P. v. Argentine Republic (ICSID Case No. ARB/01/3).

BIT)的情况下,完全矛盾的裁决结果动摇了人们对 ICSID 裁决公正性的信心。ICSID 对东道国管理措施的限制及对投资者权益的偏袒,产生了消极影响。一方面,政府可能担心被诉而放弃本应采取的维护公共利益的措施;另一方面,国际仲裁也使东道国背负了沉重的经济负担。

ICSID 机制对投资者的天然偏好,严重侵犯了东道国利益,导致“反向运动”也已显现。如 2007 年玻利维亚退出《ICSID 公约》;2008 年国际金融危机后,厄瓜多尔退出了该机制;2012 年委内瑞拉也宣布退出;南非已宣布撤销含有“ICSID 仲裁条款”的投资条约;2011 年澳大利亚宣布将不在双边或区域贸易协定中使用 ICSID 机制;2015 年意大利退出《能源宪章》,抵制 ICSID 的管辖,等等。

(二)不一致、矛盾裁决不断涌现

晚近,随着案件的增多,ICSID 产生了同一个问题在不同案件中的认定不一致,甚或相互矛盾的情形,即不同仲裁庭对同一条约中的同一规定得出不同的结论;不同仲裁庭对涉及相同事实、相似投资权利的认定得出不同的结论。这些不一致的裁决增加了仲裁的不确定性和不可预期性,既不利于对投资者的保护,也无法使投资争端得到妥善解决。在缺乏上诉机制监督的情况下,无法克服个案之间的矛盾与不一致,由不同仲裁员组成的仲裁庭作出的裁决是相互独立的,前案对后案没有拘束力,仲裁员的自由裁量权限及裁决的连贯性难以保障,机制内部的统一与自洽难以实现,亦影响了当事人对案件的可预期性。在有些 ICSID 案件的裁决中,对相同或类似条款的解释、对相同或类似法律事实的认定,竟作出了不同的、甚或完全矛盾的评判。其中,“CME 公司诉捷克案”(CME v. Czech Republic)和“Lauder 公司诉捷克案”(Lauder v. Czech Republic)是裁决不一致的典型案例,相同的法律事实和条约依据,却得出了截然相反的裁决结果。

(三)仲裁员的公正性与独立性问题

在投资仲裁中,当事人经常会对仲裁员的公正性和独立性提出质疑,最常见的是涉及潜在的利益冲突问题。例如,在“Caratube 国际石油公司诉哈萨克斯坦案”中,仲裁申请人对其中一位仲裁员伯施(Boesch)先生提出质疑,因为他作为仲裁员参加了之前的申请人诉哈萨克斯坦的案件,接触到另案的事实证据,从而对本案的仲裁管辖权和裁决认定可能存在预判风险。在“Burlington 公司诉厄瓜多尔案”中,厄瓜多尔对仲裁申请人指定的仲裁员弗朗西斯科·奥雷戈·维克马(Francisco Orrego Vicuma)教授提出了取消其仲裁员资格的建议,理由如下:此仲裁员曾被代理 Burlington 公司案件的律师事务所多次指定为仲裁员,该仲裁员没有履行披露义务,该仲裁员在仲裁程序中的行为表明其明显缺乏公正性和独立性。仲裁员的偏见或其与案件存在利益冲突,必然会影响其独立性和公正性,其作出的裁决对当事人一方也会产生不利影响,尤其是就东道国而言,都存在这个问题。

仲裁庭对自身的权限、当事人协议的解释、法律适用等有完全的裁断权。尤其是在当事人约定不明的情况下,仲裁员的“释法裁量权”往往起着决定性作用。然而,在缺乏统一国际投资实体规则时,兼职仲裁员因来自不同的法系国家、不同的文化背景,受其经历、信仰导致的专业性和个体主观性的影响,同一个仲裁员在不同的案件中也可能立场迥异,进而引发矛盾性裁决。其次,ICSID 对仲裁员只是原则性的管理,仲裁员不受干扰,中立裁量的权限较大,保证裁决一致性比法院遵循先例更加困难。由此,不同时期由不同仲裁员组成的不同仲裁庭,难以形成稳定、成熟的投资法适用与解释规则,跨机构的投资法适用与解释规则的整合或趋同变得愈加困难。[1]

---

〔1〕 参见刘笋:《国际投资仲裁裁决的不一致性问题及其解决》,载《法商研究》2009 年第 6 期。

三、ICSID 上诉机制的建构

美国 2004 年《双边投资协定范本》中最早植入了“投资者与东道国投资仲裁上诉制度”，并延续扩展至随后的 BIT 及 MAI 中。美国 2012 年《双边投资协定范本》不但保留了上诉机制的规定，且增加了透明度要求。然而，该 BIT 协定范本并未拟定独立的上诉规则，只是明确其实施是基于“其他制度安排”或“多边条约”所形成的上诉机制，即更多的是一种建议性的，而非强制性的制度建构。

在美国投资仲裁改革的推动下，ICSID 秘书处亦曾在 2004 年提出“设立上诉机构”的建议，但最终以“考量到技术和政策上的难题，时机尚未成熟，需要继续研究”为由，将该计划无限期地搁置。在投资争端上诉机制被越来越多的双边投资条约付诸实践的背景下，ICSID 信任危机引发的改革呼声再次高涨，2016 年年底新一轮改革终于启动，目前正处于收集、确立改革议题的阶段，建立 ICSID 的上诉机制将再次成为争论的焦点问题。故本书集中讨论 ICSID 上诉机制的法理基础及其具体制度设计。另外，除了中美之间正在谈判的 BIT 外，我国生效的所有 BIT 至今均未涉及“上诉制度”，中国是否应当接受美国 2012 年《双边投资协定范本》中的“仲裁上诉制度”？中国应如何参与 ICSID 上诉制度的建构？

四、ICSID 上诉机制的法理基础

从波斯纳法经济学视角来看，ICSID 上诉机制建构的法理基础有二：一是降低法律错误成本，二是使统一的法律规则得以创制和维护。[1] ICSID 引入上诉机制亦同此理，即克服 ICSID 裁决监督机制的僵化与缺陷，避免错误裁决，维持裁决的一致性，除去投资争端解决法律体系的“碎片化”。

---

〔1〕 参见［美］理查德·A. 波斯纳：《法律的经济分析》，蒋兆康译，中国大百科全书出版社 1997 年版，第 760 页。

（一）克服ICSID裁决监督机制的缺陷，维持裁决的一致性及公正性

与一般国际商事仲裁裁决由相关法院予以撤销的外部监督机制不同，ICSID对错误裁决只提供了唯一的内部撤销机制，且可以撤销的裁决只限于“重大程序违法性”，不涉及实体问题，即只维护了“最低限度的程序性公正”，对诸如东道国公共利益的维护等实体性问题未加考量。故ICSID第52条的撤销机制无法回应当事方对初裁裁决寻求实体监督的客观需要。首先，“错误裁决”只能向ICSID秘书处提出撤销申请，且撤销理由只限于“五种程序性违法”情形，法律适用错误和实体裁决错误没有任何救济途径，存在监督空白。易言之，由于《ICSID公约》第54条要求在所有缔约国境内仲裁裁决必须被赋予“国内终审法院判决的效力”，即当事人亦无法向国内有管辖权法院提出异议之诉。其次，根据《ICSID公约》第52条第3款之规定，整个撤销机制亦是不完全、不彻底的。因为，依据仲裁员名单专门成立的“特别撤销委员”对裁决只能作出撤销或维持的决定，不能自行对裁决作出有效更正。故如果“错误裁决”被裁定维持，则再无任何可以纠错的机会；如果裁决被撤销，则又回到初始状态，争端不但没有解决，反而增加了时间、金钱成本。再次，ICSID裁决撤销程序运行效率低下。据统计，仲裁撤销程序从登记到结案平均需要5年，有些案件甚或被拖延10年之久，导致仲裁高效的特质丧失殆尽。最后，ICSID裁决撤销机制存在滥用问题，进一步加剧了监督机制的危机。《ICSID公约》第52条第6款规定，如果裁决被废除或者取消，经任一当事方的请求，应将争端提交给依照本章第二节组织的新仲裁庭，且没有设定次数限制，即当事人可以不同的理由多次启动裁决撤销程序，甚或把仲裁无限拖延下去。[1] 因此，不少学者指出，仲裁委员会撤销制度被过分滥用，严重影响了ICSID裁决的终局性、高效性及权威性，亦造成案件的拖延与低效，冲销了ICSID原

〔1〕 See Thomas W. Walsh, “Substantive Review of ICSID Awards: Is the Desire for Accuracy Sufficient to Compromise Finality”, *Berkeley Journal of International Law* 2, 2016, p. 326.

本的价值优势。[1]

而且，涉及非成员国或非成员国投资者的投资争端可以根据《ICSID附加便利规则》提交仲裁，但此种情况下的裁决错误，不能启动《ICSID公约》第52条的内部独立监督程序，只能在仲裁地或者被申请承认与执行的内国法院，依据内国法或相关条约规定申请撤销、拒绝承认与执行该仲裁裁决。如此，又引发内国法院对ICSID仲裁裁决监督的诸多弊端。首先，仲裁机构与其所在地的内国法院多少存在某种隐然的关系，中立性受到质疑。其次，不同国家的仲裁法关于裁决撤销的标准不尽相同，监督结果的一致性难以保证。最后，如果内国法院对仲裁裁决的监督权力过大，抑或损害仲裁的高效、中立性价值；反之，如果监督权限有限，则又难以达到客观、公正的目标。因此，如果允许国内法院对ICSID裁决进行司法审查，就违背了ICSID设立初衷，即避免东道国当地司法救济可能导致的不公正，亦与当前减少司法干预仲裁的发展趋势相悖逆，故建立投资仲裁上诉机制是较为可行的现实选择。

综上，仅对裁决程序性错误进行有限监督的ICSID内部裁决撤销机制，对事实认定、法律适用等实体性错误存在“有意”忽视，再加上裁决撤销机制的先天漏洞及烦琐冗长的程序，导致错误裁决难获纠正。故设立仲裁上诉机制不仅可以满足当事人对裁决进行全面审查，寻求实体公正的需求，而且通过上诉机构的权威判定，可以更加有效地维护国际投资仲裁裁决的内在一致性。

(二)促使裁决的一致性及公平性，重塑ICSID公信力

导致ICSID裁决不一致的原因概而有二：首先，ICSID仲裁员多为兼职，受其经历、信仰导致的专业性和个体主观性的影响，同一个仲裁员在不同案件中也可能立场迥异，进而引发矛盾性裁决。其次，ICSID对仲裁员

---

[1] See Karl P. Sauvant, *Appeals Mechanism in Investment Disputes*, Oxford University Press, 2013, p. 237.

只是原则性的管理，仲裁员不受干扰，中立裁量的权限较大，保证裁决一致性比法院遵循先例将更加困难。由此，不同时期由不同仲裁员组成的不同仲裁庭，难以形成稳定、成熟的投资法适用与解释规则，跨机构投资法适用与解释规则的整合或趋同变得愈加困难。[1]

因此，建立 ICSID 投资上诉机制对仲裁庭初审裁决进行合法性审查与监督，能最大限度地整合初审裁决中不同仲裁庭对同一个问题的分歧，形成较为统一的法律适用与判例解释规则，为此后同类争端的裁决确立先例，进而形成投资争端解决的国际习惯法，最大限度地实现投资法的去“碎片化”。

尽管 ICSID 上诉机构不能违背第 53 条的规定，仲裁庭的裁决只对双方有拘束力，对非本案当事人无法律约束力，但正如 WTO 上诉机构判例一样，一个稳定权威的投资争端上诉机构形成的判例，对今后裁判事实上的影响与拘束是不容忽视的。易言之，类似争端已有先例的情况下，仲裁员的自由裁量将趋于更为客观合理，如果其裁决与先例完全违背，则面临被上诉机构审查的风险，进而督促仲裁员对每一个案件的审慎与客观。

如果效仿 NAFTA 仲裁机制，由仲裁地国内法院保留对投资仲裁裁决进行终审的权利，则不符合晚近减少司法干预仲裁的发展趋势，且法院司法审查范围一般仅限于仲裁裁决程序不当或管辖权效力瑕疵，案件的实体性错误得不到纠正，此与 ICSID 内设立上诉机制进行实体审查有本质区别，不能同日而语。

因此，在“渐趋减少法院司法参与仲裁”之背景下，引入国内法院监督 ICSID 裁决的建议，不但会破坏 ICSID 仲裁机制的独立性与自洽性特质，也将动摇仲裁赖以存在的基础，进而丧失仲裁固有的价值优势。此外，如果法院过度介入仲裁，使仲裁演变成另一套诉讼，仲裁再无存在之理由，故“过多的监督如同没有监督一样百弊丛生”。[2]

---

〔1〕 参见刘笋：《国际投资仲裁裁决的不一致性问题及其解决》，载《法商研究》2012 年第 6 期。

〔2〕 赵健：《国际商事仲裁的司法监督》，法律出版社 2000 年版，第 162 页。

综上，诚如 WTO 争端解决机制，独立、自洽的上诉机构可以纠正法律适用错误及实体裁决失误，特别是那些在 ICSID 机制外作出的裁决，即据 UNCITRAL 和《ICSID 附加便利规则》作出的裁决，将极大强化 ICSID 主导下的国际投资法适用规则与判例解释规则的统一性与确定性，增强仲裁裁决的可预期性，重塑人们对 ICSID 中心的信心。

五、ICSID 上诉机制涉及的两个主要问题

投资仲裁上诉机制是 ICSID 的重大改革之一，其秘书处在 2004 年的讨论稿中指出，在国际投资法日趋碎片化的今天，上诉机制的建构将增进 ICSID 的可接受性，同时基于效力、经济及裁决一致性的考量，倡议建立单独的多边上诉机构。

（一）上诉审的模式抑或路径选择

对 ICSID 裁决上诉机构的建构模式，主要有以下四种观点。

一是建构一个专门性的国际投资上诉法院，[1] 其上诉管辖权囊括了 ICSID 以及双边、区域性的仲裁庭作出的所有投资仲裁裁决。此种模式将极大地推动国际投资仲裁裁决的一致性及国际投资法的一体化发展，系最为理想化的模式，但也是难度最大的。在 ICSID 内部增设一个上诉制机构都难以达成一致的情况下，由 150 多个成员国另行达成一个新的条约，其难度是显而易见的。

二是改革 WTO 的上诉机制，增设专门的投资仲裁上诉庭，ICSID 仲裁裁决可以直接诉至 WTO。[2] 此途径可以充分利用 WTO 成熟的纠纷解决机制，并促进投资仲裁的统一性与一致性，但缺陷亦是明显的。首先 WTO “贸易纠纷解决规则”与投资规则的契合性较差，必须签订独立的“投资争

---

〔1〕 See Susan D. Franck, “The Legitimacy Crisis In Investment Treaty Arbitration: Privatizing Public International Law Through Inconsistent Decisions”, *Fordham Law Revies* 7, 2015, p. 126.

〔2〕 See David A. Gantz, “An Appellate Mechanism for Arbitral Decisions in Investor-State Disputes: Prospects and Challenges”, *Vanderbilt Journal of Transnational Law* 10, 2015, p. 208.

端上诉机制规则协定”。迄今为止在WTO框架下缔结一项MAI的谈判均遭到失败,达成投资争端上诉协定的希望亦是渺茫的,尤其是在当前WTO改革遇阻,逆全球化兴起的背景之下。其次,WTO争端解决机制的当事方均是国家,没有赋予个人投资者作为争端当事人的资格。因此,投资议题的负担可能使得WTO进一步不堪重负,举步维艰。

三是在BIT、区域贸易安排(Regional Trade Agreement,RTA)或FTA中分别设立投资仲裁临时上诉机构。此方案的优势是便于在小范围的两个或几个国家内快速达成相关协议,可行性较强。缺陷是各个临时仲裁庭严重分散化,仲裁裁决不一致的问题依然难解,反而会进一步加剧投资仲裁的碎片化。另外,临时仲裁庭的仲裁员多为兼职,专业素养参差不齐,流动性较大,很难形成统一的法律适用规则,可能导致仲裁的混乱与无序。再加上每一个案件都要组成一个临时仲裁上诉机构,成本较大。

四是在ICSID内部设立专门的上诉仲裁庭,提供统一的投资仲裁上诉服务。[1] ICSID秘书处亦建议建立专门性统一的投资仲裁上诉机制,如此不但可以提高仲裁裁决的一致性,且可以避免BIT和FTA临时仲裁上诉机构可能性的混乱。然而,此方案最大的障碍是《ICSID公约》第53条第1款规定的“除公约另有规定,不得进行上诉或采取任何其他补救办法”,即如果在ICSID内部设立专门性上诉机构,必须修约,而修约是困难的。据《ICSID公约》第66条第1款的规定,需要2/3以上的成员国同意修约,且要求所有缔约国都批准、接受或认可建议修改的文本。由此,要想所有成员国达成设立上诉机制的一致意见来修改公约几乎是不能的。因此,ICSID秘书处提议在《ICSID公约》之后拟增一个《上诉便利规则》(Rules on Appeal Panel),让缔约国在双边投资条约中可以自由选择是否援引适用。此举实际上亦是修约,但《维也纳条约法公约》第41条第1款规定:多

---

[1] See William H. Knull, III and Noah D. Rubins, “Betting the Farm on International Arbitration: Is it Time to Offer an Appeal Option?”, *The American Review of International Arbitration* 3, 2000, p. 82.

边条约两个以上成员国在特定情况下，可以仅在彼此间达成对条约修改的协定。《ICSID 公约》并未禁止对条约的修改，且增设上诉机制的目的是提高仲裁裁决的一致性和准确性，以减少投资壁垒，促进投资自由化发展。基于此，建构上诉机制是契合《ICSID 公约》宗旨的，也未损抑其他缔约国基于公约获得的权利。因此，拟增《上诉便利规则》供缔约国之间选择适用，即构成上诉机制得以建立的法理基础。

综上，在多边贸易、投资谈判长期停滞，贸易保护主义渐趋抬头的背景下，成立专门性的投资上诉法院，抑或在 WTO 内部增设专门性的投资上诉仲裁庭，实难实现规则的突破。在双边或区域协定中，增加“临时上诉机制”，可能事与愿违，加剧投资法“碎片化”而无益于问题的解决。因此，在 ICSID 有共识的成员国之间先行达成《上诉便利规则》，供所有国家在双边、区域或多边协定中选择适应，是当前较为可行的路径选择。[1]

（二）上诉审的审查范围

国际法沿袭了大陆法系的成文法传统，理论上未对“事实与法律”进行严格区分。国际投资仲裁法实践亦表明，诸如“公平公正待遇标准”“充分补偿之标准”“国家安全例外”等争议事项，常常难以区分是“事实问题”或“法律问题”，亦无必要区分。诚如理查德 · B. 比尔德（Richard B. Bilder）所言：当今一些最引人关注的和最有影响的国际投资法问题所牵涉的不只是事实问题，也不只是法律问题，而是事实和法律问题的混合物。[2] 因此，鉴于事实与法律问题通常难以区分，故没有必要强行分割，应同时赋予 ICSID 仲裁上诉机构事实和法律的审定权，赋予其对初审裁决全面审核的监督权。

---

〔1〕 参见王军杰：《论 ICSID 上诉机制建构的法理基础与路径选择》，载《社会科学辑刊》2018 年第 5 期。

〔2〕 See Richard B. Lillich, “Fact-Finding Before International Tribunal”, *Transnational Publisher Incorporation*, 1991, p. 273.

上诉审仅限于“法律审”的做法源于英美法系传统，即由初审陪审团负责认定所谓的“一般人的、不会偏离真实正义的”事实问题，没有必要再列入上诉审的范围。而ICSID仲裁是由3名仲裁员组成的仲裁庭对事实问题进行初审，即沿袭了大陆法系一审法官事实审和法律审的传统。因此，ICSID上诉机构应继续沿用大陆法系的做法，把事实问题纳入上诉审的范畴，而不是照搬英美法系“上诉审即法律审”的制度设计，排除对事实的审查。

另外，WTO上诉机构把其审查范围限定在“法律适用错误”，进而导致了“法律错误”和“事实错误”人为分割的困境，备受争议与批评，应引以为戒。只有赋予ICSID上诉机构全面审查权才能真正发挥对初审裁决的纠错功能，促进裁决的一致性与客观性。然而，如果对上诉机构事实审查权不加限制的话，可能沦为被诉方恶意拖延执行的工具，降低仲裁的效率价值。因此，建议引入“禁止反言”的国际习惯法原则，将上诉事实审查的范围限定在初审未涉及或有争议的事实上，当事人初审中认可的或无争议的事实不得要求上诉机构重新审理。如此，既可保证上诉事实错误的纠错机会，又可以提高上诉监督效力。

六、中国应对ICSID上诉机制改革的对策建议

2008年世界金融危机后，中国把促进对外投资作为国家倡议全力推行，极大提升了我国对外投资的速度与规模。2015年中国成为仅次于美国的第二大资本输出国及最大的资本输入国，在国际经贸关系中的“双向投资大国身份”越发凸显。且晚近中国在BIT中有全面接受ICSID的趋势，并把可提交仲裁的事项扩大为“与投资有关的所有争议”。故ICSID上诉机构的改革与我国利益攸关。此外，作为“一带一路”域内资本输出大国，ICSID机制对投资者利益的天然偏好，无疑有利于维护我国沿线投资者利益。然而，“一带一路”沿线国家对ICSID接受度并不高，我国投资者难以单方诉诸ICSID管辖。即使通过《ICSID附加便利规则》实现仲裁目标，中国能否驾驭其复杂的程序，规避ICSID内生性缺陷，实现公平、公

正的裁决,最大限度维护我国投资者权益,依然是个疑问。因为,对于“双向资本大国”的中国而言,ICSID 裁决对“投资者”或“东道国”任何一方的偏好,都是一把“双刃剑”,只有切实实现仲裁机制的公平、公正,才符合我国既要维护海外投资者利益,又要捍卫东道国的外资管理权的双重需求。[1] 由此,在 ICSID 秘书处启动新一轮改革的背景下,中国应积极参与 ICSID 上诉机制的建构,以期最大限度维护我国权益。

(一)中国应积极推动 ICSID 争端上诉机构的建立

针对晚近出现的 ICSID 裁决不一致而引发的“正当性”危机,有些西方学者主张完全废弃 ICSID,重新回归到东道国法院救济,或由东道国法院进行复审。[2] 如此,将不利于维系投资者对东道国投资环境的信心,也与投资自由化发展方向悖逆,并将损害投资仲裁的独立性及国际投资法的一致性,因而是不可取的。晚近,我国在 130 多个 BIT 中越来越多地接受 ICSID 管辖,随着“一带一路”倡议的推进,中国对外投资将进入一个新高潮。如此,ICSID 所涉中国及中国投资者的潜在案件将日趋增多,为了平衡维护我国作为东道国的公共利益和保护海外投资利益的双重需求,应积极参与 ICSID 上诉机制的建构。

美国主导下成立的 ICSID 的仲裁员绝大多数来自发达国家,导致 ICSID 裁决对早期发达国家海外投资者利益的维护形成了一种天然的“偏好”。另外,由于国际投资争端的专业性及复杂性,能够胜任的仲裁员也主要集中在欧美国家,且人数较少。仲裁员作出的裁决对投资者越有利,就会有越多的投资者选择其担任仲裁员,如此会造成仲裁裁决愈发偏袒外国投资者,进而形成“同业竞争”,严重损害仲裁结果的公正性。因此,某些仲裁员被反复指定,可能缘于其较高的专业素养,也可能缘于其长期偏袒

---

〔1〕 参见王军杰:《论 ICSID 上诉机制建构的法理基础与路径选择》,载《社会科学辑刊》2018 年第 5 期。

〔2〕 参见刘笋:《国际投资仲裁裁决的不一致性问题及其解决》,载《法商研究》2012 年第 6 期。

外国投资者的仲裁倾向。与此相较,对于长期被动应诉的东道国来说,即使裁决对其有利,也很难进一步扩大 ICSID 投资争端的案件数量,这就意味着很难有更多选择仲裁员的机会。[1] 如此,对于同时亦是吸引大量外国投资东道国的中国来说,当面临外国投资者大量仲裁诉请时,ICSID 裁决“倾向投资者”的天然偏好,对我国来说又是不利的。因此,中国有必要推动上诉机构的建立,提供一个对初裁裁决进行纠错及监督的有效途径,在保护我国海外投资者利益的同时,兼顾我国作为东道国的公共利益保护需求。

另外,ICSID 上诉机构的增设,可充分发挥其“造法”之功能,推动国际投资法规则的统一与完善,助益国际投资争端解决步入“规则导向”的发展轨道,消除政治化解决的倾向,进而维护投资法的严肃性和一致性,抑制仲裁员“倾向投资者”的天然偏好,兼顾东道国公共利益的保护,促进 ICSID 机制的良性发展。

(二)积极联合美国共同推动 ICSID 上诉机构的建立

21 世纪以来,美国在 ICSID 作为被诉方的投资仲裁案有 10 余起,多起被诉的事实致使美国开始转变立场,从曾经最大限度维护投资者利益开始转向同时兼顾东道国利益的维护。基于维护自身公共利益的考量,美国成为资本输出国中“第一个与投资者利益分手的国家”[2]。美国最早倡导 ICSID 设立投资仲裁上诉机构,其初衷无疑是继续主导 ICSID 以维护美国利益,限制投资者滥诉行为,促进投资仲裁裁决的一致性及公正性。2015 年中国成为最大的吸引外国投资的东道国,再加上晚近在双边投资协定中有全面接受 ICSID 管辖的倾向,中美共同推动 ICSID 上诉机制建构的现实利益诉求趋向一致。因此,中国可考虑联合美国共同探讨应对 ICSID 投资

---

〔1〕 参见徐崇利:《公平与公正待遇——真意之解》,载《法商研究》2010 年第 3 期。

〔2〕 Thomas W. Walsh, “Substantive Review of ICSID Awards: Is the Desire for Accuracy Sufficient to Compromise Finality”, 2016 *Berkeley Journal of International Law* 2, 2016, p. 236.

仲裁合法性危机的方法及上诉机构建构的具体规则。另外,ICSID 增设上诉机构,涉及公约重大修改,任何一方都难以独自完成。中美两国合作推动的情况下,可以说服各自的“盟友”,争取 ICSID 更多成员国的支持,再借助最惠国待遇规则的“扩展效应”,将大大提高 ICSID 上诉机构成功设立的可能性。

在 ICSID 多边上诉机构建立之前,中美可以在当前正在谈判的 BIT 中,先行尝试“双边投资争端上诉机制”模式,并在此同意的基础上,为共同推动 ICSID 上诉机制的建立积累最大合作意愿。或在中美“双边投资协定”中不直接涉及双边上诉机制的制度性内容,而是直接接受“将来的 ICSID 上诉机制”,为今后共同推动 ICSID 上诉机制埋下伏笔。毕竟,多边上诉机制比双边机制更能促进投资裁决的一致性和公平性,符合包括中美双方在内的多数成员国的利益。[1]

(三)充分发挥世界银行对 ICSID 改革的推动作用

就理论而言,ICSID 是一个独立于世界银行的、具有“完全法律人格”的自治性国际组织,但其功能与业务却深深嵌入世界银行机制。例如,1965 年《ICSID 公约》由世界银行主持制定,世界银行行长即为 ICSID 最高权力机构(理事会)主席,ICSID 成员国资格只向世界银行成员和被邀请的成员开放等。因此,准确把握世界银行集团五大“齿轮”间相互衔接和相互配合的微妙关系,发挥世界银行对 ICSID 机构改革的影响力,对于 ICSID 上诉机构的成功设立至关重要。我国是世界银行的六大股东之一,可直接委派执行董事,有一定的发言权及影响力。因此,在 ICSID 上诉机构改革的关键节点,我国可以助推世界银行对 ICSID 上诉机制的建构发挥更大的作用,尤其是在涉及《ICSID 公约》文本修改、上诉范围与条件、上诉仲裁员遴选等重要问题上,世界银行的功用不可或缺。

---

〔1〕 参见王军杰:《论 ICSID 上诉机制建构的法理基础与路径选择》,载《社会科学辑刊》2018 年第 5 期。

综上,ICSID上诉机构的建立对中国来说整体上利大于弊,中国应积极联合主导ICSID的主要成员国,共同推动上诉机制的建构。正如加入《ICSID公约》并不意味着必然接受其管辖一样,积极推动上诉机制建立,并不意味着必须立即全盘接受,起初可以采取审慎的态度,以有步骤、有区别的方式逐步接受。即可先行与ICSID缔约国中的目标国家通过互惠适用的方式来接受上诉机制,等条件成熟后,再全面接受亦为时不晚。

第三节　构建“一带一路”投资争端解决机制的必要性与可行性

如前所述,“一带一路”沿线平等投资者主体之间的纠纷争议可以提交现有的国际、国内仲裁机构予以仲裁解决,但不平等主体之间(投资者与东道国间)的投资争议,传统的国际商事仲裁机构难以胜任,世界银行成立的ICSID机制又存在诸多缺陷,难以满足“一带一路”沿线投资争端的多元化需求,需要探讨成立“一带一路”专门性投资争端解决机构的必要性和可行性。

一、构建“一带一路”投资争端解决机制的必要性

(一)更好地维护我国沿线投资者利益

如前所述,“一带一路”沿线安全问题多发,传统安全与非传统安全威胁层出不穷,我国在沿线投资存量却不断攀升,而东道国国内属地保护不足。沿线各国法律制度差异较大,政局不稳,法制不健全,民族主义排外势力强烈,执法和司法程序烦琐。因此,如果通过属地诉讼解决投资纠纷,风险较大。

如果诉诸东道国法院起诉,各国之间的民商事司法协助条约尤其是对判决承认与执行的条约十分关键。根据外交部网站显示的数据,截至

2018 年 2 月,我国仅与沿线 65 个国家中的 6 个国家缔结了双边民商事司法协助条约,与 14 个国家缔结了双边民商事和刑事司法协助条约。[1] 由此,“一带一路”尚有 2/3 的国家未与我国签署相关的民商事司法协助条约,如若投资争议诉诸东道国法院管辖,多数国家尚存在证据收集、判决承认与执行的难题。通过构建“一带一路”争端解决机制,用条约或公约赋予裁决执行的效力,可一蹴而就地解决问题。

(二)ICSID 仲裁机制的缺陷

1. 仲裁透明度问题

根据《ICSID 仲裁规则》第 32 条和《ICSID 公约》第 48 条的规定,只有在当事人同意的情况下,才可以确定第三方参与仲裁程序,才可以公布仲裁裁决的内容。如此可以严守仲裁的秘密性和对私人利益的保护。然而,投资者诉东道国的投资争议不仅涉及私人,还往往涉及公共利益,使晚近 ICSID 的透明度问题备受诟病。虽然 ICSID 中心作出了一些调整,对《ICSID 仲裁规则》第 32.37 条进行了完善,但裁决未经争议当事人同意,依然不能公开,透明度问题依旧存在。

2. 裁决不一致的问题

裁决不一致的案件概而有三:一是争端当事人相同、案件事实相同、投资权利相同,但裁决不一致。二是争端当事人不同、案件事实相似、投资权利相似,但裁决不一致。三是争端当事人不同、案件事实不同、投资权利相似,但裁决不一致。[2] 国际投资法承袭了国际法的成文法传统,判例不能

---

〔1〕 与我国缔结双边民商事司法协助条约的 6 个国家为:泰国、保加利亚、新加坡、阿联酋、科威特、匈牙利;缔结双边民商事和刑事司法协助条约的 14 个国家为:俄罗斯、白俄罗斯、哈萨克斯坦、吉尔吉斯斯坦、塔吉克斯坦、乌兹别克斯坦、埃及、越南、老挝、立陶宛、土耳其、波兰、罗马尼亚和蒙古。参见《我国对外缔结司法协助及引渡条约情况》,载外交部网:http://www.fmprc.gov.cn/web/ziliao_674904/tytj_674911/wgdwdjdsfhzty_674917/t1215630.shtml,最后访问日期:2018 年 8 月 13 日。

〔2〕 See Suan D. Franck, “The Legitimacy Crisis in Investment Treaty Arbitration: Privatizing Public International Law Through Inconsistent Decisions”, *Fordhan Law Review* 73, 2005, p. 1521.

单独作为定案依据，国际上多边的投资公约至今缺失，致使国际投资法严重碎片化和产生“意大利面”效应，每个仲裁庭对双边投资条约及国内法的适用和解释不尽相同，ICSID 又缺乏上诉审的监督机制，导致矛盾裁决无法纠正。上述众多因素催生了 ICSID 不一致裁决的频发。ICSID 前官员安东尼奥 · R. 帕拉（Antonio R. Parra）曾言：由于种种原因，就实质相同的争端作出不一致裁决的机会是显而易见的。[1]

3. 东道国公共利益被忽视

已如前述，ICSID 的诸多案例显示，仲裁庭更倾向于保护投资者利益，压制东道国为了维护公共利益而对外资采取的管理权。这对于“一带一路”沿线国家对 ICSID 的接受构成了一定的障碍。

4. “一带一路”沿线国家参与《ICSID 公约》的情况

在“一带一路”沿线的 65 个[2]国家与地区中，有 10 个至今未加入 ICSID 公约，还有 3 个国家已签字但至今未按其国内宪法程序批准，[3]按照《ICSID 公约》第 68 条、第 73 条的规定，只是“签字”而未批准的国家不

---

〔1〕 See Antonio R. Parra, “Provisions on the settlement of Investment Dispute in Modern Investment Laws, Bilateral Investment Treaties and Multilateral Instruments on Investments ICSID Review”, *Foreign Investment Law Journal* 12, 1997, p. 352.

〔2〕 目前，国内学术界主流观点认为，“一带一路”共涉及 65 个国家和地区，包括：东亚 1 国，即蒙古；东盟 10 国，即新加坡、马来西亚、印度尼西亚、缅甸、泰国、老挝、柬埔寨、越南、文莱和菲律宾；西亚 18 国，包括伊朗、伊拉克、土耳其、叙利亚、约旦、黎巴嫩、以色列、巴勒斯坦、沙特阿拉伯、也门、阿曼、阿联酋、卡塔尔、科威特、巴林、希腊、塞浦路斯和埃及的西奈半岛；南亚 8 国，包括印度、巴基斯坦，孟加拉，阿富汗、斯里兰卡、马尔代夫、尼泊尔和不丹；中亚 5 国，包括哈萨克斯坦、乌兹别克斯坦、土库曼斯坦、塔吉克斯坦和吉尔吉斯斯坦；独联体 7 国，包括俄罗斯、乌克兰、白俄罗斯、格鲁吉亚、阿塞拜疆、亚美尼亚和摩尔多瓦；中东欧 16 国，包括波兰、立陶宛、爱沙尼亚、拉脱维亚、捷克、斯洛伐克、匈牙利、斯洛文尼亚、克罗地亚、波黑、黑山、塞尔维亚、阿尔巴尼亚、罗马尼亚、保加利亚和马其顿。为了研究需要，按照上述国家，分析 65 国与 ICSID 的关系及与中国签订的 BIT 实况。

〔3〕 截至 2018 年年底，缅甸、老挝、越南、伊朗、巴勒斯坦、印度、马尔代夫、不丹、塔吉克斯坦和波兰 10 国未加入公约，俄罗斯、泰国和吉尔吉斯斯坦 3 国未提交批准书，即共 13 个国家未接受 ICSID 管辖。资料来源：https://icsid.worldbank.org/en/Pages/about/Database-of-Member-States.aspx，最后访问日期：2018 年 12 月 30 日。

受《ICSID 公约》的约束,《ICSID 公约》也未对其生效,故签字国不是《ICSID 公约》意义上的缔约国,不能适用《ICSID 公约》第 25 条规定的仲裁机制。因此,“一带一路”沿线共有 13 个国家未接受 ICSID 的管辖权,包括俄罗斯、印度、波兰等大国,外国投资者与非公约国政府的投资争端原则上无法提交给 ICSID 仲裁。尽管 ICSID《附加便利规则》把 ICSID 管辖权已经扩充至非缔约国政府或源于非缔约国的投资者之间的投资争端,[1] 但《ICSID 公约》的宗旨是通过解决“东道缔约国与其他缔约国国民”之间的投资争端,促进私人国际投资的发展。此外,不加入或不批准《ICSID 公约》,即表明了该国对 ICSID 持抵制态度,不愿接受 ICSID 的管辖,故实践中,争端发生后同意提交 ICSID 仲裁的非缔约东道国较鲜见。在“一带一路”沿线的 65 个国家中,有 54 个国家与中国签订了双边投资协定,但只有 14 个 BIT 通过“岔路口条款”[2] 的形式明确约定了可以诉诸 ICSID 管辖,[3] 且多数附加了限制条件。例如,约定争端双方另行书面同意才可以提交 ICSID 仲裁,投资者单方不能提请仲裁;约定只有“征收补偿争议”投资者可以单方提请仲裁,其他争议需要双方书面同意,否则只能诉诸东道国法院或国际临时仲裁;约定缔约双方都是 ICSID 成员的,可以根据双方加入《ICSID 公约》时所附条件提交仲裁;约定用尽当地救济的前提下,双方都是 ICSID 成员且书面同意的情况下,方可申请 ICSID 裁断,如果一方

---

〔1〕 See *ICSID Additional Facility Rules*, Second Paragraph of Introduction, The Administrative Council of the Centre has adopted Additional Facility Rules authorizing the Secretariat of ICSID to administer certain categories of proceedings between States and nationals of other States that fall outside the scope of the ICSID Convention.

〔2〕 “岔路口条款”是指 BIT 约定“东道国国内救济或国际仲裁”两种路径,投资者有权利选择一种争端解决路径,而一旦选中即为终局,无论结果如何都不得再寻求另一种路径。

〔3〕 截至 2018 年年底,“一带一路”沿线的 65 个国家中共有 11 个国家未与中国签订 BIT,即伊拉克、巴勒斯坦、阿富汗、尼泊尔、马尔代夫、不丹、约旦、拉脱维亚、波黑、黑山。与中国签订 BIT 的 54 个国家中,只有 14 个 BIT 附条件地约定了投资者可以提交 ICSID 仲裁。据商务部条法司“双边投资条约一览表”归纳整理,资料来源:http://tfs. mofcom. gov. cn/article/Nocategory/201111/20111107819474. shtml,最后访问日期:2018 年 12 月 30 日。

不是ICSID成员，双方书面同意的，也可以根据其《附加便利规则》提交仲裁。[1]

（三）投资争端解决多元化的现实需求

晚近，国际投资正在发生深刻的变化，由以往的单向流动向双向对流的演变以及随之而来的各种政策焦点和利益诉求的趋同。[2] 换言之，国际投资由多年前的发达国家向发展中国家的单向流动，逐步发展成为在发达国家和发展中国家之间的双向流动。这样催生了发展中国家在国际投资中越来越多的利益诉求，并产生了更多保护本国海外投资的政策需求。发达国家作为东道国，亦感受到国际仲裁对东道国公共管理政策的冲击，其价值目标从过往保护投资者的单一趋向，开始越来越多地转向兼顾对东道国主权的重视。国际投资流动的多元化趋势与身份的混同，推动着国际投资争端解决多元化变革的到来。

随着中国企业“走出去”和“一带一路”倡议的推进，中国投资者与外国东道国政府之间投资争议仲裁案件将越来越多。顺应市场的需求，深圳国际仲裁院已于2016年在中国首开投资仲裁受理渠道，其仲裁规则规定可以受理投资仲裁案件，由此开启中国仲裁机构处理投资仲裁案件的探索。2018年6月26日，深圳国际仲裁院和ICSID在世界银行签署了合作协议，根据合作协议，[3] ICSID在世界银行的庭审设施同时作为深圳国际

---

〔1〕 参见《中国和罗马尼亚关于鼓励和相互保护投资的协定》第9条、《中国和也门关于鼓励和相互保护投资的协定》第10条、《中国和立陶宛关于鼓励和相互保护投资协定》第8条、《中国和马其顿关于鼓励和相互保护投资的协定》第6条、《中国和沙特阿拉伯关于鼓励和保护投资的协定》第8条、《中国和巴林关于鼓励和相互保护投资的协定》第9条、《中国和土耳其相互促进和保护投资协定》第7条、《中国和印度关于促进和保护投资协定》第9条。

〔2〕 See Karl P. Sauvant, “The Evolving International Investment Law and Policy Regime: Ways Forward”, August 26, 2018, http://e15initiative.org/wp-content/uploads/2015/09/E15_no14_Investment_final_REV_xl.pdf.

〔3〕 参见ICSID官网：https://icsid.worldbank.org/en/Pages/News.aspx?CID=284，最后访问日期：2018年11月27日。

仲裁院商事仲裁案件在美国东部地区的庭审设施,而且双方互相提供庭审服务,这将有利于中国企业在美国就近解决相关商事纠纷。

随着我国从贸易大国向贸易强国转变和“一带一路”倡议实施,中国企业“走出去”的步伐加快,对外经贸投资活动日趋频繁。多数“一带一路”沿线国家投资法制并不完善,法律风险较高,发生国际投资争端的可能性大,迫切需要专业化、国际化、便利化的投资争端仲裁服务,更好地维护企业的合法权益。为了适应我国投资争端解决的需要,提升机构自身国际影响力,中国国际经济贸易仲裁委员会于2017年9月颁布了《中国国际经济贸易仲裁委员会国际投资争端仲裁规则(试行)》(以下简称《贸仲投资仲裁规则》),为中国投资者在境外投资、外国投资者在中国投资提供国际投资争端解决服务成为现实。《贸仲投资仲裁规则》在借鉴现有投资仲裁机构的经验基础上,又赋予了一些制度创新内容,主要特点如下:[1]

一是适用范围的特殊性与专业性。《贸仲投资仲裁规则》明确规定了解决基于合同、条约、法律法规或其他文件提起的,涉及投资者与国家或政府间组织等产生的国际投资争端的规则。《贸仲投资仲裁规则》的适用应不妨碍所适用的强制性法律规范。

二是仲裁员的名册制与高门槛。为确保仲裁员的高水准,《贸仲投资仲裁规则》设定了专门解决国际投资争端的“仲裁员名册”,要求仲裁员必须道德高尚,在法律、投资等专业领域具备公认的能力,保证独立裁判。允许当事人可以共同约定在该名册之外选定仲裁员,但需符合上述资格条件,并得到仲裁委员会主任的确认。

三是仲裁案件的公开审理。为回应公众对于仲裁程序私密性的质疑,不少投资条约都规定了仲裁案件的公开审理。《贸仲投资仲裁规则》对此作了充分考虑,规定除非当事人另有约定或仲裁庭另有决定,开庭审理应

〔1〕 参见2017年《中国国际经济贸易仲裁委员会国际投资争端仲裁规则》和《中国国际商事仲裁年度报告(2016)》新闻发布会(2017年9月19日),资料来源:http://www.ccpit.org/Contents/Channel_3715/2017/0921/882225/content_882225.htm,最后访问日期:2018年10月23日。

公开进行。此外,通过引入非争议方和非争议缔约方提交书面意见、允许对外公开仲裁资料的规定,增强了仲裁程序的透明度,有利于《贸仲投资仲裁规则》被国际社会广泛接受。

四是规定了第三方资助。在国际投资仲裁实践中,"第三方资助"是指当事人以外的自然人或实体协议承担参与争议的一方当事人在仲裁程序中的全部或部分费用的情形。鉴于在第三方资助的情况下,第三方将不可避免地与仲裁结果具有利益关系,从而对仲裁程序产生影响,《贸仲投资仲裁规则》规定了受资助方的信息披露义务、披露内容和对象、披露时间等,仲裁庭在确定仲裁费用及其他相关费用时可以考虑是否存在第三方资助的情形及当事人遵守相关义务的情况。

综上,我国仲裁机构把投资仲裁纳入其管辖范围的改革,为"一带一路"沿线投资争端,尤其是涉及我国投资者投资纠纷的解决提供了多元化途径。然而,由于仲裁管辖的前提是当事人一致同意,尤其是"东道国与投资者"之间的投资纠纷,东道国对国别仲裁机构通常抵制态度明显,因此,我国贸仲委和深圳国际仲裁院在解决"一带一路"沿线投资纠纷时发挥的作用与功能,尚需观察。当然,签订或修订与"一带一路"沿线国家之间的BIT时,可以嵌入我国仲裁机构管辖的仲裁条款,通过条约仲裁的方式,争取仲裁管辖权。

二、构建"一带一路"投资争端解决机制的可行性

(一)现有投资仲裁机制问题凸显,多元化需求迫切

首先,2017年5月,ICSID开始了新一轮的规则修订计划,旨在回应改革的期待。这是继1984年、2003年、2006年之后的第四次大修改。经过一年多的评估与协商,2018年8月公布了"投资争议解决规则更新建议"等相关文件,修订计划正在积极推进中。[1] 其次,2016年11月(ICC)在

〔1〕参见ICSID官网:https://icsid.worldbank.org/en/Pages/AllNewsItems.aspx,最后访问日期:2018年10月21日。

其官网上发布公告,其已对现有规则进行了重要修订,提升了透明度与效率,新规则已于2017年3月1日开始实施。[1] 当然,新规则没有溯及力,新规则生效前已经受理的案件,适用旧规则。再次,SCC 2016年11月发布了最新的《仲裁规则》和《快速仲裁规则》,新规则已于2017年1月1日生效。通过修改仲裁规则,SCC回应了投资仲裁的现实需要,引入了简易程序,进一步提升了透明度和仲裁效力。最后,2015年5月5日,欧盟开创性地提出了要建立一个永久的多边法庭和上诉机构,即“投资法院系统”,以弥补国际投资争端现有机制的不足。2016年欧盟和越南的FTA,以及与加拿大的综合性经济贸易协议(Comprehensive Economic and Trade Agreement,CETA)文本显示,投资争端解决采用了2015年的“投资法院系统”机制。2017年欧盟进一步提出了“多边投资法庭系统”的概念,并正在稳步推进。

(二)中国有动力,有实力搭建多元化争端解决机制

如前所述,国际主要仲裁争端解决机构都在进行深入的改革,为了维护“一带一路”沿线我国投资者的利益,中国不应继续做规则的跟随者,而应充分利用国际投资秩序变革的契机,建立一套符合沿线区域特色的投资争端解决机制。我国当前有动力,也有实力来推动该机构的建立。首先,在“一带一路”沿线,我国是典型的资本输出大国,既有的投资争端解决机构难以担当维护我国投资企业利益的重任。其次,中国已经积累了较为丰富的国际经贸争端解决的经验。加入WTO后将近18年的贸易争端解决实践,中国顺利完成了从初学者到熟练运用规则维护我国权益的转变。最后,在缔结双边BIT的数量中,我国高居全球第二。随着我国高标准、高水平的第三代BIT的形成,BIT在内容、措辞等方面,兼顾了东道国和投资者的利益。

---

〔1〕 参见ICC官网:https://iccwbo.org/dispute-resolution-services/arbitration/rules-of-arbitration/,最后访问日期:2018年11月22日。

第四节 构建“一带一路”投资争端解决机制的路径与方案

如前所述,国际实践经验表明通过东道国或母国的法院来解决沿线投资争议难以获得广泛的接受;现有的国际商事仲裁机制以普通法的诉讼程序、技巧为主导,与绝大多数“一带一路”沿线国家的法律制度、诉讼习惯不一致。ICSID 囿于其时间长、费用高、倾向于投资者、上诉机制缺失等缺陷,与沿线投资争端管辖的契合度较低。且现有的多边机制(如 WTO)又无法管辖有私人参与的、非成员国之间的、纯粹的投资争议。故构建一个适合“一带一路”沿线投资实际并由相关国家参与设立的争端解决机制是不二选择。创建“一带一路”投资争端解决机构的法律理据有二:一是依据国内法建立的属于国家性质的投资争端解决机构,二是依据国际法创建的属于国际性的投资争端解决机构。[1] 投资争端的管辖涉及主权国家对管辖豁免权的放弃,故除了极少数声誉极高的国别仲裁机构(如 SCC)可以获得其他国家放弃豁免权的普遍信任,绝大多数现存的国别仲裁机构并未取得他国的信赖,尤其是在“一带一路”沿线区域内尚不存在此类投资争端解决机构。由此,建构“一带一路国际投资争端解决机构”需要通过谈判、签署相关的国际条约来实现,即《“一带一路”国际投资争端解决机构公约》。借鉴 ICSID 的成功经验,世界银行对其成立、运营发挥了巨大作用,依托既有平台搭建“一带一路投资争端解决机构”,属于更优选择,而 2015 年 12 月成立的“亚投行”无疑是既有平台中的不二之选。

创建“一带一路国际投资争端解决机构”的关键在于谈判、缔结《“一带一路”国际投资争端解决机构公约》,而 ICSID 的经验值得借鉴,其缺陷

---

〔1〕 参见石静霞:《国际贸易投资规则的再构建及中国的因应》,载《中国社会科学》2015 年第 9 期。

亦应鉴戒。

一、“一带一路国际投资争端解决机构”所涉基本问题

（一）宗旨和目标

“一带一路国际投资争端解决机构”的宗旨和目标应契合“一带一路”倡议，公平、高效地解决“一带一路”沿线投资纠纷，促进“一带一路”沿线国家国际投资自由化流动，助益区域经济发展与合作共赢，实现国际投资法多元化发展。

（二）法律性质与地位

借鉴 ICSID 与世界银行的关系，尽管 ICSID 是世界银行集团的成员之一，且受到世界银行的诸多影响，但就国际法的角度而言，ICSID 并非世界银行的一部分，而是一个独立的国际组织，具有独立的法律人格。故《“一带一路”国际投资争端解决机构公约》应明确“一带一路国际投资争端解决机构”具有完全的法律人格，即具有签订合同、拥有和处置动产和不动产、提起诉讼等能力。当然，由于“亚投行”已经积累了广泛的共识，形成了较高的声誉，故“一带一路国际投资争端解决机构”可以考虑以“亚投行”为运行平台，建立二者之间密切的合作关系，共同促进“一带一路”的完善与发展。

（三）组织机构

为了确保“一带一路国际投资争端解决机构”的良好管理和运行，应设有权力机构、执行机构及管理机构；设董事会，由全体成员组成；设理事会，由董事会选举产生；设立秘书处，秘书长由董事会任命。

（四）成员资格

基于“一带一路”倡议本身是一个开放的概念，故“一带一路国际投

资争端解决机构”成员资格不应局限于“一带一路”沿线国家,域外国家亦可自愿加入。除了主权国家外,相关的国际组织和一些独立的关税区亦可成为成员方。“一带一路国际投资争端解决机构”应服务于“一带一路”倡议的目标,对成员的加入和退出采取开放的态度,并设定相应的加入和退出程序。

二、《“一带一路”国际投资争端解决机构公约》的制定

鉴于“一带一路”域内投资争端数量的增加以及大量选择 ICSID 等域外投资争端解决机构所带来的负面影响,创建“一带一路投资争端解决机构”以促进域内投资纠纷的公平解决及投资自由化的发展,是沿线多数国家的期待。“亚投行”的设立亦为此机构的搭建奠定了一定的平台基础。因此,“亚投行”可以作为“一带一路投资争端解决机构”诞生的母体,可由“亚投行”行长发出倡议,供董事会深入讨论,若得到董事会的支持,即可依据“亚投行”工作章程规定的程序,进一步推进公约的起草、审议、修改、定稿等工作。

鉴戒《ICSID 公约》及其机构的成功经验和缺陷教训,《“一带一路”国际投资争端解决机构公约》需要注意结构安排和制度创新两大方面。[1]

(一)结构安排

《ICSID 公约》主体结构安排有三:(1)机构创建与组织权限,此部分主要约定了创建 ICSID 的法律依据以及该机构的组织结构和管理权限。(2)调解程序,此部分主要约定了 ICSID 进行国际投资争端调解的程序。(3)仲裁程序,此部分主要约定了 ICSID 进行国际投资争端仲裁的程序。机构创建和组织权限的有关条款是“一带一路国际投资争端解决机构”设立的法律依据和基础,亦是其《公约》的“宪法性”条款,不可或缺。调解和

[1] 参见鲁洋:《论“一带一路”国际投资争端解决机构的创建》,载《国际法研究》2017 年第 4 期。

仲裁恰恰是机构的两大争端解决功能和途径,也需要制定专门性规则。此外,为了完善机构的程序性制度,满足投资争端事实多样性与解纷多元化的现实需要,建议把《ICSID附加便利规则》中的事实调查、纯粹案件登记管理、纯粹争端解决人员指定等程序作为整体结构安排的一部分,即增加“其他争端解决方式”的程序部分。

(二)制度完善与创新

如前所述,ICSID由于其既有的制度性缺陷而备受诟病,《“一带一路”国际投资争端解决机构公约》在继承《ICSID公约》内容时,应进一步改革完善,除了前文提到的新设上诉程序机制外,在管辖权、透明度方面亦应进一步完善,且引入强制磋商、自愿调解机制。如是,一方面可确保沿线投资纠纷公平、高效的化解;另一方面也兼顾了发展中国家为主的地缘特征和利益诉求。

1. 赋予“一带一路国际投资争端解决机构”强制管辖权

根据《ICSID公约》第25条第1款之规定,即使东道国与投资者母国均为缔约国,但若东道国与投资者间未能书面同意将争端提交ICSID解决,其仍不具有管辖权。质言之,加入公约并不代表该机构有必然的管辖权,如是尚需要当事方的另行同意。《ICSID公约》之所以如此规定,有其特定的历史原因,即在第三方机构提供的主权国家与私人投资者间的争端解决未被普遍接受的当时,避免因未赋予国家另行同意之权利而导致公约难产或夭折。[1] 然而,当前国际社会已经广泛接受了第三方机构解决国

---

〔1〕 ICSID公约非常谨慎地省略了有关东道国和投资者实质义务的任何条文,也不明确规定实体裁决依据的具体法律。有学者认为,世界银行这么做是为了避免任何讨论会议成为“外交会议甚至全球范围的预备会议”,“他们不希望这些努力重蹈联合国关于投资争端解决机制的覆辙”。其言外之意是如果态度激进,公约将难以获得通过。See Andreas F. Lowenfeld, “The ICSID Convention: Origins and Transformation”, 38 *Georgia Journal of International and Comparative Law* 47, 2009, pp. 51 - 52.

际投资争端机制，且诸多多边条约，如WTO争端解决机制、《能源宪章条约》、[1]《美加墨协定》强制管辖机制已获得普遍认同，故《“一带一路”国际投资争端解决机构公约》的管辖权可考虑无须东道国与投资者另行书面同意，加入公约即意味着接受该机构的强制管辖。如是，不但可以免去缔约国之间另行签订BIT或书面同意的烦琐，还可以简化化解纠纷的手续，而且也未当然地增加对公约持保守意见的国家之义务，因为这些国家既可以行使公约赋予的保留权利，亦可以按程序退出公约以排除该管辖。另外，借鉴《ICSID附件便利规则》的成功经验，[2]《“一带一路”国际投资争端解决机构公约》需要考虑将东道国与投资者母国中至少有一方为非缔约国，但东道国和投资者书面同意将投资争端提交该机构处理的情形纳入管辖范围。扩大该机构管辖权的理论基础是当事人意思自治，只要是书面接受该机构管辖的当事人，该机构均可决定是否纳入其管辖权范畴，提供包括仲裁、调解及附属程序服务。

针对当事人双方为非成员政府和非缔约国国民之间的投资纠纷的管辖，宜采当事人双方书面同意的方式。质言之，同意的方式可以是“合作协议中的仲裁条款”、所属国双边投资条约的仲裁条款、争议发生后双方同意管辖的申请书等。针对缔约国国民之间的平等主体之间的投资纠纷，可以提交给传统的国际商事仲裁机构进行管辖，为了减轻“一带一路国际投资争端解决机构”的负担，可以不予以管辖。

---

〔1〕《国际能源宪章条约》(Energy Charter Treaty，ECT)于1991年12月17日在荷兰海牙签订，包括了一系列国际能源贸易、投资的原则。1998年4月，该条约正式生效。ECT争端解决机制对能源投资争端采取了不同于其他争端的解决办法。其强制管辖机制值得借鉴，ECT规定的投资仲裁机制具有强制性特点，是某种意义上的“硬法”程序。该争端解决机制规定了两种不同的投资争端解决程序分别适用于投资者与缔约国之间的能源投资争端和缔约国之间的能源投资争端。由于能源投资资金需求巨大，风险较高，故ECT争端解决机制规定了投资者与东道国之间的强制仲裁程序，为投资者提供了较高程度的保护。截至2018年年底，该条约成员国共有54个。目前中国不是该条约的缔约国，但2001年成为ECT的观察国。

〔2〕参见《ICSID附加便利规则》第2条。

2. 引入强制磋商程序

磋商以解决问题为宗旨，不必拘泥于程序性要求，只要当事人双方认可接受即可，故在提高解纷效率、节约成本、达成可接受方案方面具有明显的优势，[1]且有利于维系投资者和东道国的良好投资关系和后续合作。为此，WTO《关于争端解决规则和程序的谅解》(Understanding on Rules and Procedures Governing the Settlement of Disputes, DSU)第4条把磋商规定为提交专家组的前置性必经程序。2017年8月签署的CETA投资章节继承了WTO的磋商规定，并对磋商的地点、时限、视频磋商等细节做了进一步完善。[2] 磋商机制的设计应注重以下内容：首先，明确磋商时限。主要包括被诉方答复磋商请求时限、程序启动时限和磋商持续时限。CETA投资章节中对磋商的时限安排长于DSU，[3]因为投资争端多数情况下更为复杂。当然，时限设置并非要求双方必须在规定时限内达成一致，只是赋予一方当事人在另一方不遵守时限时启动后续程序的权利，争端双方也可以根据争端解决的需求协商延长时限。[4] 其次，明确请求磋商的内容。明确的磋商请求有助于争端双方快速知悉争端焦点并进行有效协商，为此可借鉴CETA磋商条款经验，要求磋商请求必须包括投资者基本信息、所援引的投资协定的具体条款、法律和事实依据、预计损失以及投资者所希望的救济，CETA还要求磋商请求应足够详细。[5] 最后，明确磋商议题的全面性。为了确保磋商的充分性及磋商程序的严肃性，须进一步明确磋商

---

[1] 参见曾文革、党庶枫：《“一带一路”战略下的国际经济规则创新》，载《国际商务研究》2016年第3期。

[2] See CETA Chapter Eight (Investment), Article 8.19.

[3] 根据DSU第4.3条、第4.7条，被诉方应在收到磋商请求后10日内答复，并在30日内启动磋商，如果60日内争端未解决，可申请成立专家组；根据CETA第8.19条、第8.22条，提交磋商请求后60日内须启动磋商，若180日内争端未解决，可提交仲裁。

[4] 例如，在WTO争端解决机制中，大多数通过磋商解决的争端均未在60日磋商时限内完成。See Olin L. Wethington, “Commentary on the Consultation Mechanism under the WTO Dispute Settlement Understanding during Its First Five Years”, *Law & Policy in International Business* 31, 2000, p. 585.

[5] CETA Chapter Eight (Investment), Articles 8.19.4, 8.19.5.

阶段未涉及的事项,后续的调解、仲裁程序中亦不得提出,如果投资者将未经磋商的事项提交后续程序,另一方可以提出抗辩。

3. 引入自愿调解程序

调解和磋商的不同之处在于,调解加入了第三方调解员的协助,经验丰富且被争端双方所信任的调解员可以通过协助安排程序,促进双方的有效沟通甚至提出可行的建议方案,解决单纯磋商未能解决的争端。[1] 鉴于 ICSID 和 UNCITRAL 的调解机制在时间和费用上的投入与仲裁相差无几,却没有仲裁的强制约束力,导致适用较少。[2] 故《"一带一路"国际投资争端解决机构公约》的调解程序和形式则应更为灵活,调解员在充分理解双方利益诉求的基础上,更多考虑如何达成既能化解纠纷又能维护投资者和东道国合作关系的方案。[3] 目前,我国与"一带一路"沿线国家签署的 BIT 中涉及调解程序的为数不多,且大多指向了 ICSID 调解或 UNCITRAL 调解。[4] 有些学者认为,BIT 中规定的争端方"友好协商"并不排除引入第三方协助的情况,[5]然而,这种模棱两可的规定对争端方的引导作用有限。为此,笔者建议,《"一带一路"国际投资争端解决机构公约》建立自主、灵活的调解制度,包括是否启动调解程序、调解的启动阶段、调解员的选聘等内容。首先,是否启动调解由当事人自愿决定。当事人在

[1] 参见石静霞、董暖:《"一带一路"倡议下投资争端解决机制的构建》,载《武大国际法评论》2018 年第 2 期。

[2] 在提交 ICSID 的 667 起案件中,适用 ICSID 调解规则及其附加便利规则的案件只有 10 起。See ICSID, Case Database, March 7, 2018, https://icsid.worldbank.org/en/Pages/cases/Advanced-Search.aspx.

[3] See Susan D. Franck, *Challenges Facing Investment Disputes: Reconsidering Dispute Resolution in International Investment Agreements*, *OxfordUniversity Press*, 2008, p. 126.

[4] 例如,我国与希腊、以色列、印度等国家签署的 BIT。See UNCTAD, International Investment Agreements Navigator, January 15, 2018, http://investmentpolicyhub.unctad.org/IIA/CountryBits/42#iiaInnerMenu.

[5] See UNCTAD, Investor-State Disputes: Prevention and Alternatives to Arbitration, UNCTAD Series on International Investment Policies for Development 46(2010), February 1, 2018, http://unctad.org/en/Docs/diaeia200911_en.pdf.

磋商中已充分接触,是否有必要引入第三方协助可由双方自主协商,调解的启动应以当事人一致同意为前提。自愿调解机制的设计可确保:只有双方有调解意愿,且有很大可能达成一致的纠纷才会触发调解程序,否则可以直接进入后续的仲裁程序。其次,当事人可以随时退出调解程序。双方自愿启动调解程序后,任何一方希望终止程序或调解员认为确无调解必要时,可随时终止调解程序,即畅通调解的退出机制可以减少无谓的时间消耗。最后,确保调解与磋商、仲裁的有效对接。如果当事人磋商陷入僵局,但仍有意愿和平解决时,可随时启动调解程序。就调解与仲裁的对接而言,2017 年《贸仲投资仲裁规则》中调解与仲裁的对接反映了我国的传统解纷模式,即除非当事人另有约定,原则上调解和仲裁在程序和人员(调解员、仲裁员)上不分离。[1] 该模式的确可提高化解纠纷的效率,但当事人在调解程序中可能作出一定妥协,如果此种妥协将对后续的仲裁程序产生不利影响,当事人会有所保留,如是则不利于发挥调解在争端解决中的作用。因此,笔者建议,《“一带一路”国际投资争端解决机构公约》实现调解和仲裁在程序和人员上的分离。[2] 基于化解纠纷的效力之考量,若双方一致同意不分离,也应尊重当事人的意愿。而且,若当事人未能就所有争议达成协议,也可允许就部分争议事项先行达成和解协议,其他未解决事项留待仲裁程序解决。另外,若在仲裁进行过程中启动调解,可借鉴新加坡“仲裁—调解—仲裁”模式的经验,即提交调解后中止仲裁程序,如调解成功,则结束仲裁程序,如果调解失败或未能完全解决争端,则恢复仲裁程序。

4. 发挥《“一带一路”国际投资争端解决机构公约》的后发优势,借鉴并完善《ICSID 公约》相关制度

例如,目前备受关注的投资争端仲裁程序的透明度问题,《ICSID 公

---

〔1〕 参见《CIETAC 投资仲裁规则》第 43 条,仲裁程序中当事人有调解意愿的,直接由仲裁庭进行调解,调解不成,则继续进行仲裁程序。

〔2〕 参见王贵国:《“一带一路”战略争端解决机制》,载《中国法律评论》2016 年第 2 期。

约》第48条继承了传统商事仲裁的“不公开审理”为原则,“公开审理”为例外,有利于保护商业秘密和案件内容。然而,投资仲裁往往牵涉东道国公共利益,相对于保密性而言,其透明度更应受到关注与呼吁。[1] 因为,投资仲裁涉及政府责任,公众有权了解到底发生了什么事,即要求仲裁的过程和结果都公开、透明,进而可向政府问责。[2] 为此,国际社会也就此采取了完善措施,联合国2014年通过了《投资人与国家间基于条约仲裁透明度公约》(《毛里求斯透明度公约》)和《贸易法委员会投资人与国家间基于条约仲裁透明度规则》。[3] 在此背景之下,ICSID仲裁程序的透明度问题越发受到成员国的质疑,[4]投资法学者呼吁提高其透明度,公开裁决及诉辩资料,通过法庭之友授予非当事方一定的程序参与权。由此,《“一带一路”国际投资争端解决机构公约》应注重提高仲裁程序的透明度,即以公开为原则,以当事方明确反对而不公开为例外,规定“除非任何一方书面反对,裁决应当公开”,拓宽监督途径,更利于实现公平、合理。

---

[1] See William Kenny, “Transparency in Investor State Arbitration”, 33 *Journal of International Arbitration* 471, 2016, p. 489.

[2] 有人建议,鉴于现在的投资仲裁与内国法上个人诉政府的诉讼极为相似,故应考虑适用内国法的程序解决投资争议。See Richard C. Chen, “A Contractual Approach to Investor-State Regulatory Disputes”, *Yale Journal of International Law* 40, 2015, p. 295.

[3] 《联合国投资人与国家间基于条约仲裁透明度公约》于2014年12月10日在联合国大会通过,并于2015年3月17日开放签字,2017年10月18日生效。联合国《贸易法委员会投资人与国家间基于条约仲裁透明度规则》于2014年4月1日生效,适用于之后签订的条约,资料来源:https://treaties. un. org/pages/ViewDetails. aspx? src = IND&mtdsgno = XXII - 3&chapter = 22&lang = en,最后访问日期:2018年11月1日。

[4] 虽然《ICSID公约》第48条第5项要求ICSID未得到当事方同意不得公布裁决,但是ICSID总是积极寻求且常获允许公布裁决。如果ICSID未能获准公布裁决,往往一方当事方会单方通过其他渠道公布裁决。如果ICSID未能获准公布全部裁决且亦未有其他渠道使裁决得以公布,ICSID则依据仲裁规则第48条第4款将裁决法律说理进行摘要并予以公布。可见,就裁决公布而言,ICSID在积极提高仲裁透明度。See ICSID Secretariat, “Possible Improvements of the Framework for ICSID Arbitration”, June 12, 2017, https://icsid. worldbank. org/en/Documents/resources/Possible% 20Improvements% 20of% 20the% 20Framework% 20of% 20ICSID% 20Arbitration. pdf.

三、《“一带一路”国际投资争端解决机构公约》之缔结

缔结一部公约,从倡议到谈判、协商,再到签署生效,将是一个漫长的妥协与博弈过程,不能一蹴而就。但启动《“一带一路”国际投资争端解决机构公约》谈判的时机渐趋成熟。首先,“一带一路”沿线65个国家,完全拒绝将投资争端解决提交给第三方机构的国家较少。[1] 其次,目前“一带一路”沿线国家广泛选择的ICSID机制存在难以克服的弊端,备受诟病,甚至出现了委内瑞拉、厄瓜多尔等发展中国家为此而退出公约的情况。而新设的“一带一路国际投资争端解决机构”为“一带一路”沿线国家提供了多元化选择,并具有位于“一带一路”沿线区域的地理优势及使用“一带一路”沿线国家语言的交流优势。最后,中国作为“一带一路”区域的倡议国,具有较大的影响力。这为中国引领公约缔结奠定了基础。然而,妥善处理上述问题并非轻而易举之事,需要“一带一路”沿线国家多轮磋商以及对公约制度的全面研判。任何一项条约的制定都需要高超的智慧和持久的耐心,过程艰辛亦属正常。先从立场相同或相近的国家着手推动,优先获取公约生效的缔约国数量,再动员其他国家逐步加入,方可减少阻力,增加成功概率。

---

〔1〕 根据鲁洋的统计,在沿线65个国家中,对外签订的BIT选择过ICSID作为第三方机构的国家达63个,占比为95.45%,说明多数国家对第三方机构管辖投资争端持开放态度。且在ICSID注册的案件中,以被诉的东道国所在地理区域为标准,案件所占比例为:东欧及中亚地区占25%,南美地区占24%,撒哈拉以南非洲地区占15%,中东及北非地区占10%,东南亚及太平洋地区占8%,中美和加勒比地区占6%,西欧地区占7%,北美(加拿大、美国和墨西哥)地区占5%。以被委任为仲裁员、调解员及临时委员会成员的人员国籍国所在地理区域为标准,案件所占比例为:西欧地区占47%,北美(加拿大、美国和墨西哥)地区占21%,东南亚及太平洋地区占11%,南美地区占11%,中东及北非地区占4%,中美及加勒比地区占2%,东欧及中亚地区占2%,撒哈拉以南非洲地区占2%。按照《ICSID案件数量统计》的地域划分标准,“一带一路”覆盖及辐射区域主要包括东南亚及太平洋地区、中东及北非地区、东欧及中亚地区。这部分地区国家被诉的案件量占总量的43%,而其国民被委任为仲裁员、调解员和临时委员会成员的比例仅占总数的17%。参见鲁洋:《论“一带一路”国际投资争端解决机构的创建》,载《国际法研究》2017年第4期。

本章小结

公平、高效的投资争议解决机制是保护我国沿线投资者利益的最后凭借。赴“一带一路”沿线国家投资的企业,如果把争议诉诸东道国法院管辖,很难避免因属地保护而导致的判决不平。如果是发生在平等投资合作伙伴之间的投资争议,为了避免属地保护,双方可以协商一致提交国际商事仲裁,可以大大提升获得公平裁决的概率。但如果争议发生在我国投资者与东道国政府之间,即ISD类型的争议,很可能无法诉诸传统的商事仲裁,因为东道国政府大多不愿意把自己的命运交给一个“民间仲裁机构”裁处,因此双方可能无法达成同意仲裁的书面协议。再加上一般的商事仲裁庭对复杂的投资争议,由于专业所限,可能难以胜任。因此,ISD类型的投资争议往往难以诉诸传统的商事仲裁机制进行公平裁处。为此国际社会成立了一个专门解决此类争议的争端解决机构,即ICSID。

但ICSID与“一带一路”沿线ISD类型争议的管辖契合性较差。一方面,“一带一路”沿线尚有13个国家还不是《ICSID公约》缔约国,ICSID对我国投资者与这13个东道国政府之间的投资争议没有管辖权;另一方面,ICSID仲裁机制的天然缺陷导致裁决的公平与公正大打折扣,尤其是矛盾裁决不时出现,引发国际社会对ICSID的信任危机。晚近,尽管ICSID在持续改革中,但上诉机构监督机制能否建立、透明度原则能否有效落地、仲裁员中立性能否确保等问题依然未知。因此,我国投资者与其他沿线已经加入《ICSID公约》的东道国之间的ISD类型的争议诉诸ICSID后,能否获得公平裁决尚存疑问。

为此,一方面,我国需要积极参与ICSID仲裁机制的改革进程,推动ICSID仲裁机制的不断完善与进步,促进其裁决的公平与公正;另一方面,积极探索通过谈判、签署条约的方式,建立面向“一带一路”沿线的独立的专门性投资争议解决机制,作为ICSID中心的有效补充。“一带一路”国际投资争端解决机构应充分发挥“后发优势”,即鉴戒 ICSID 机制的教训,吸取 ICSID 机制的经验,建构机制完善、程序合理、公平高效的投资争议解决机制,实现投资者个人利益与东道国公共利益的平衡保护。为此,需要着重考量开放的管辖权、强制协商与自愿调解、上诉监督机制、透明度原则、裁决执行效力等制度性问题。

无论是积极推动 ICSID 改革,还是建构“一带一路”国际投资争端解决机构,其最终目标是形成一个以“一带一路”国际投资争端解决机构管辖为主,以 ICSID 管辖为辅,以传统商事仲裁机构为补充的多元化投资纠纷解决框架,为我国赴沿线投资的企业保驾护航。2016 年和 2017 年,深圳国际仲裁院和中国国际经济贸易仲裁委员会先后颁布各自的投资仲裁规则,这意味着我国两大仲裁机构亦可以受理投资争议仲裁,包括投资者与东道国间争议(Investor-State Disputes,ISD)类型的投资争议。因此,如何充分发挥我国两大仲裁机构在解决“一带一路”沿线投资争议的地位和作用,尤其是平等主体之间的投资争议,如何借鉴香港国际仲裁中心和新加坡国际仲裁院的成功经验,如何与 ICSID 及拟设的“一带一路”国际投资争端解决机构进行合作,需要另行深入研究。

第七章

“一带一路”沿线税收风险的防范

伴随“一带一路”建设的持续推进,我国企业的沿线投资进入了“快车道”。但多数投资企业缺乏国际税收方面的国际、国内法经验,加大了我国企业沿线投资可能面临的风险,同时也给我国政府与“一带一路”沿线国家的国际税收合作带来了严峻挑战。由于沿线各国税制、税收优惠以及与我国签订的双边税收协定[1]等方面存在较大差异,沿线投资企业面临的涉税风险问题越发凸显,而税收又直接关系沿线投资企业最终的回报率。

如前所述,有效防范税务风险同样是一个系统性工程,“国家层面、投资企业和税务部门”应三管齐下,协同发力。首先,投资须积极应对,充分了解东道国税收风险,做好税收筹划。在国家顶层设计的保障下,主动作为,全面谋划。其次,国家应完善国内和国际税收制度,做好顶层设计。一

---

〔1〕 所谓双边税收协定,亦称双重征税协定,是两国政府对所得避免双重征税和防止逃避税协定的简称,是协调处理跨国税收问题的国际条约。此类协定通常包括多个税种,即所得税、遗产税、增值税及其他税种。通常协定的标准范本差别很大,很少有税收协定内容是完全相同的。但多数协定都有以下内容:(1)税收协定确定包括了哪些税种,以及谁拥有企业居民身份并有资格享受税收优惠。(2)减少一国居民向另一国居民支付的利息、股息和特许权使用费所扣缴的税款。(3)将一国对另一国居民的企业所得税税额限制在前者国家常设机构所得税。(4)确定一国居民个人收入在另一国征税的情况,包括工资、自谋职业、养老金和其他收入。(5)为某些类型的组织或个人提供免税。(6)为执法和纠纷解决提供法律程序框架。See Vicki Stylianou,“Summaries of Various International Tax Treaties”,*Australian Public Accountants*,2017,p. 10.

方面,我国涉外税收制度亟待完善。例如,当前“分国不分项限额抵免”的制度会导致“高税率国家抵免不尽、低税率国家抵免结余但不能调剂的重复征税问题更加突出”。[1] 另一方面,陈旧、过时的税收协定需要尽快修订。最后,发挥税务部门力量,国际协调托底。企业在对外投资中因对制度、政策、协定理解的分歧或税收歧视,几乎不可避免发生税务争议事件,仅凭企业自身可能难以保障其权益,应发挥我国税务部门的力量,通过国际税收协调来解决问题。

第一节　“一带一路”涉税风险概述

涉税风险进一步加大了在“一带一路”沿线国家投资的风险程度,不仅影响我国投资者沿线投资的价值创造,而且不利于“一带一路”沿线国家与我国的经济合作与发展。通过数据模型进行定量分析可以了解到,在政治法律环境、经济发展状况、税制差异、税收管理风险程度等因素的影响下,我国投资者在“一带一路”沿线国家投资的涉税风险总体较高。[2] 根据“‘会计基础设施’助推‘一带一路’”课题组研究报告,我国投资者在“一带一路”沿线国家进行投资通常会遇到如下风险。[3]

---

〔1〕 李扣庆等:《会计基础设施助推“一带一路”——“一带一路”沿线国家税制与税负差异(一)》,载《中国注册会计师》2018 年第 6 期。

〔2〕 参见李香菊、王雄飞:《“一带一路”战略下企业境外投资税收风险评估——基于 Fuzzy-AHP 模型》,载《税务研究》2017 年第 2 期。

〔3〕 赴沿线投资企业的税收风险主要包括五个方面:(1)重复征税的风险。(2)未充分享受税收协定待遇的风险。(3)因转让定价和反避税问题导致的风险,83% 的受访企业将转让定价问题视为防止税基侵蚀和利润转移行动计划中对企业最大的挑战。(4)海外并购标的企业的历史税收问题的风险。(5)税收歧视风险。参见李扣庆等:《会计基础设施助推“一带一路”——“一带一路”沿线国家税制与税负差异(一)》,载《中国注册会计师》2018 年第 6 期。

一、国际重复征税的风险

国际重复征税亦称“国际双重征税”,意指两个或两个以上的国家或地区,对同一纳税人或不同纳税人的同一种征税对象或税源,在相同时期内课征相同或类似性质的税收。[1] 造成国际双重征税的根本原因在于国家与国家之间的税收管辖权重叠而引起的税收冲突。一国政府的税收管辖权实为税收主权,主要包括居民税收管辖权和收入来源地税收管辖权两种形式。在遵守国际条约和国际法的情况下,一国政府可以根据实际需要对税收管辖作出具体安排。实践中,发达国家倾向于居民税收管辖权,发展中国家倾向于税收来源地管辖权,为了最大限度维护自身税收权益,绝大多数国家和地区都实施了“双重标准”,即“双重税收管辖权”。再加之对居民和来源地的认定标准的不同,导致跨国公司在不同国家的收入可能面临被“重复征税”的风险。由此,只要国家间存在税收管辖权的交叉和冲突,国际双重征税就不可避免。

我国与“一带一路”沿线国家大多都坚持了“居民税收管辖权与来源地税收管辖权”双重税收征管的标准。[2] 所以,我国投资者在“一带一路”沿线国家的投资常常会面临双重征税的风险。缘于“一带一路”沿线国家的“税收来源地”管辖权,我国投资者在“一带一路”沿线国家的分支机构往往涉及是否构成“常设机构”的认定问题。然而,根据我国与“一带一路”沿线国家签订的双边税收协定来看,关于“常设机构”认定的时间标准不尽相同。[3] 一旦被“一带一路”沿线国家根据协定认定为“常设机构”,即意味着需要在该国依据其税法进行纳税申报。毫无疑问,国际重复征税将增加我国沿线投资者的税收负担,影响投资者在东道国市场的竞争力,

---

〔1〕 参见陈业宏等主编:《国际经济法新论》,华中科技大学出版社2010年版,第409页。

〔2〕 “一带一路”沿线实行单一税收管辖权的国家和地区比较鲜见,主要包括马来西亚、文莱、科威特、卡塔尔、黎巴嫩、巴林、叙利亚和巴勒斯坦。

〔3〕 根据我国与“一带一路”沿线国家签订的107个“双边税收协定”之约定,常设机构的时间认定标准最短为183日,最长为24个月,大多数协定的常设机构的时间认定标准为12个月。

降低投资者利润汇回国内的积极性,甚至使投资者直接进行避税操作。此外,“一带一路”沿线国家的税制与我国也存有较大差别,且税收政策因经济和政治原因并不稳定,我国投资者很难针对本身复杂的税收问题掌握充分有效的税收征管信息,况且我国与“一带一路”沿线国家税收协定的诸多内容已经无法满足当前国家间经济发展合作的需求,因此很容易陷入重复征税的风险之中而不自知,也很容易增加我国投资者应对国际双重征税的成本。[1]

二、未充分享受税收协定待遇的风险

“一带一路”沿线多数发展中国家为了吸引外资,积极与投资者母国签订双边、多边税收优惠协定,这为我国投资者对外投资提供了较为有利的条件。截至 2018 年 12 月 31 日,我国共签署了 107 个双边税收协定,其中涉及“一带一路”沿线国家的有 54 个,大多数协定给予我国沿线投资企业在利息、股息和特许权使用费等预提所得税方面的优惠税率待遇。[2]税收饶让制度是国际税收中最常见的税收优惠政策。考察我国与“一带一路”沿线国家签订的 54 个双边税收协定,其中包含税收饶让条款的只有 22 个,占比约为 41%,如果剔除已到期的税收饶让条款,[3]则为 19 个国家,占比约为 35%,比例更低了。由此可知,税收饶让条款在与“一带一路”沿线国家的双边税收协定中覆盖有限,我国投资者在众多未与我国签订税收饶让条款的“一带一路”沿线国家投资,即无法实际有效地享受东道国给予的各项税收优惠,因为在东道国减免的税额回国后仍然要补缴。

另外,我国很多投资企业在“一带一路”沿线国家投资时,未能深入研

---

〔1〕 参见陈业宏、舒喜平:《“一带一路”倡议下我国海外投资涉税风险的法律防控》,载《法治现代化研究》2018 年第 4 期。

〔2〕 参见《我国签订的避免双重征税协定一览表》,载国家税务总局网:http://www.chinatax.gov.cn/n810341/n810770/index.html,最后访问日期:2019 年 1 月 6 日。

〔3〕 我国与沙特阿拉伯、文莱签订的税收协定饶让条款执行期从 2007 年 1 月 1 日起至 2016 年 12 月 31 日止,与斯里兰卡签订的税收协定饶让条款执行期从 2006 年 1 月 1 日起至 2015 年 12 月 31 日止。

究我国同该国的双边税收协定，尤其是对其中的税收饶让条款知之甚少，未能及时申请税收抵免，导致重复交税，增加税赋负担。2016 年年底，国家税务总局统计数据显示，我国已经与世界范围内 102 个国家和地区签订了税收协定，我国对外投资企业 90% 的境外所得也源于这些国家和地区，但是却只有 10% 的企业享受过税收协定带来的优惠待遇。[1]

当然，在 OECD 的《税基侵蚀和利润转移行动计划》(Action Plan on Base Erosion and Profit Shifting，AP-BEPS)[2]背景下，也不能滥用税收优惠协定。有些国家为争夺税源与税基，竞相出台税收优惠政策，容易扭曲“一带一路”沿线国家的投资经营活动，甚至纳税人的税收法治意识，因此要限制税收饶让制度的适用，注重发挥该制度的正向外溢效应。[3]

三、转让定价的风险

“由于联属企业之间存在共同的股权和控制关系，彼此在进行交易时就可能不按照一般市场价格标准，而是根据逃避有关国家税收的目的需要来确定有关交易的价格。这种基于逃避税收目的而确定价格的做法，称为

---

〔1〕 参见陈业宏、舒喜平：《“一带一路”倡议下我国海外投资涉税风险的法律防控》，载《法治现代化研究》2018 年第 4 期。

〔2〕 2013 年 6 月 OECD 发布 AP-BEPS，获得 G20 圣彼得堡峰会上各国领导人的背书。2015 年 10 月 OECD 发布 AP-BEPS 产出成果的报告，这在重塑国际税收规则体系、完善各国税制、增加纳税的可预期性与确定性等方面具有积极意义。然而，我们必须认识到：反避税是一项系统工程，虽然 AP-BEPS 在反避税领域作出了较大调整、创制出了较为统一的国际税收规则，但在实践中也未必能够显著降低国际反避税的难度，加上各国税制及经济发展水平的不同，反避税的实现仍然有很长的路要走，需要全球税收政策的互助协调。目前，共有 61 个国家参与 AP-BEPS，包括 34 个 OECD 成员国以及 10 个非 OECD 成员国的 G20 成员国，还有 17 个发展中国家。其中，“一带一路”沿线国家有 21 个签署加入了《BEPS 多边公约》，分别是保加利亚、克罗地亚、捷克、埃及、格鲁吉亚、匈牙利、印度、印度尼西亚、以色列、科威特、拉脱维亚、立陶宛、巴基斯坦、波兰、罗马尼亚、俄罗斯、塞尔维亚、新加坡、斯洛伐克、斯洛文尼亚、土耳其，这些国家向 OECD 提交的立场中包括与我国签订的税收协定，因而我国与上述国家(印度除外)签订的税收协定均在《BEPS 多边公约》的涵盖范围之内。

〔3〕 参见张泽平：《全球治理背景下国际税收秩序的挑战与变革》，载《中国法学》2017 年第 3 期。

‘转移定价’”,[1]亦称“转让定价”。基于各国不同税制的差异性,跨国公司通过关联交易操作选择交易价格,促进企业利润从高税收国家向低税收国家转移,以实现企业利润的最大化。因此,转移定价已经成为跨国公司企业进行国际避税的主要手段。我国企业在“一带一路”沿线国家的投资为了实现其收益的最大化,也必须进行税收筹划,其中转让定价也是常用方式之一。

尽管转移定价是跨国公司全球战略布局的综合考量,但由于其客观上存在减少跨国企业全球税负的效果,极易引起税务机关调查。2013 年 OECD 发布的 AP-BEPS 在反避税领域对转让定价进行了完善,即要求税务机关以同期报送的资料作为分析与评估转让定价的基础,同时强制披露恶意和滥用税收筹划方案的信息,进一步强化对转让定价的审查管理。在 AP-BEPS 背景下,沿线各国的转让定价审查与监管措施将逐渐完善,如果投资者在转让定价税收筹划过程中不了解“一带一路”沿线国家的反避税条款,则很容易遭受当地税务机关的反避税调查,可能面临较高的补税和罚款风险,而且投资者信誉还会受损,加之东道国的税收征管环境也会进一步增加我国投资者所面临的涉税风险。[2] AP-BEPS 还要求符合条件的跨国公司需准备国别报告,提供国别报告将使得整个公司集团的财务及纳税状况一目了然,更便于税务机关进行转移定价的调查与认定。所以,赴沿线投资的企业在运营过程中要注意符合转移定价的相关规定,以规避频繁的转移定价调查及风险。

具体而言,前往“一带一路”沿线国家投资的企业可以提前做好“预约定价安排”。[3]如果企业申请当年或以前年度的关联交易与预约定价安排适用

---

〔1〕 姚梅镇主编:《国际经济法概论》,武汉大学出版社 2004 年版,第 424 页。

〔2〕 参见庞淑芬等:《“一带一路”倡议下我国企业“走出去”税收风险解析》,载《国际税收》2017 年第 1 期。

〔3〕 预约定价安排是企业与税务机关就企业未来年度关联交易的定价原则和计算方法所达成的一致安排,其谈签与执行通常经过预备会谈、谈签意向、分析评估、正式申请、协商签署和监控执行 6 个阶段。预约定价安排包括单边、双边和多边 3 种类型。

年度相同或类似,经企业申请、税务机关批准,可将预约定价安排适用于申请当年或以前年度关联交易的评估和调整。通过预约定价,企业与税务机关可就某种关联交易定价方法达成一致,不但减少了双方的成本,还有利于政企关系的融洽发展。[1]

四、资本弱化的风险

资本弱化意指企业为实现避税之目的,以较少股权和较多债权进行投资或融资,使债务资本与权益资本比例超过规定标准的资本结构安排之现象。债务性融资具有较大的灵活性,并且其投资利息可以在所得税税前扣除,故能够降低企业税负,但也使股本承担非关联方经营风险的能力减弱。因此,很多国家都对关联方的债权性投资设有一定的限制,防止本国税收的流失。[2]

“一带一路”沿线多数国家对利息税前扣除有相关规定,但并未对资本弱化的限制比例作出明确规定,而且还有部分国家对资本弱化没有任何规定,如东南亚八国中只有印度尼西亚对资本弱化有规定。在 AP-BEPS 的影响下,“一带一路”沿线国家在本国税法中将会逐步建立和完善资本弱化规则,我国投资者在沿线投资时必须充分了解该国的资本弱化制度,在合规性的情况下进行税收筹划,否则很容易受到东道国的反避税调查,增加投资者在“一带一路”沿线国家投资的涉税风险。

实践中,由于东道国新设公司信用评级较低,融资比较困难,母公司经常通过借款的方式对海外子公司提供融资支持。但是如果母公司提供的借款数额过大,税前扣除比例就会提高,将会侵害东道国的税收权益。为此,东道国往往会通过对股东的债务比例进行限制,即资本弱化条款,来加大债权性筹资而减少权益性筹资的方式增加税前扣除,以降低企业税负。

---

〔1〕 参见谢松等:《“一带一路”倡议下“走出去”企业涉税风险分析》,载《财务与会计》2018 年第 5 期。

〔2〕 参见王素英等:《“一带一路”沿线国家公司所得税政策及税务筹划》,载《财经税务研究》2017 年第 1 期。

为了防止资本弱化而严重影响东道国的税收权益，多数国家对超过这一比例的债务导致的利息不允许税前扣除。因此，前往“一带一路”沿线国家投资的企业，若以债权形式对国外企业进行投资，要特别注意东道国是否有资本弱化的限制性条款，如果有，一定要事前筹划，确保企业对国外子公司的债资比例保持在一定的合理限额内，尽量避免税务机关的频繁调查。

五、历史税收问题的风险

晚近，我国投资者渐趋从过去初级的“绿地投资”转向更高级的并购、收购阶段，在“一带一路”沿线国家的投资中，这种趋向亦比较明显，但在收购、并购中，投资者很容易忽视目标企业的历史税收问题，往往在并购前未对目标企业做好充分的尽职调查，以至于后期在东道国进行纳税申报时很容易被当地税务机关认定为不实申报，而有可能面临税收补缴和罚款，使投资者无故承受替人补税和被罚款的风险。[1]

另外，“一带一路”沿线主要是私有制国家，并购的目标企业多为私有企业，经营者很可能会将企业和家庭个人税负混同，这也会无端增加投资者的税负。

六、税收歧视风险

“一带一路”倡议实施5年来，获得“一带一路”沿线国家的广泛认同和支持。但也有部分国家对倡议了解不够，依然持观望、不合作，甚至抵制的态度。因此，我国投资者在沿线这些国家的投资可能会遭遇不平等的税收歧视待遇，而且有些“一带一路”沿线国家仅是将我国的投资作为一种推动经济发展、增加财政的方式，并因认为我国经济总量巨大，对我国投资者征收较高赋税。[2]

---

〔1〕 参见王刚：《“一带一路”建设中的法律问题及法治机制构建》，载《法学杂志》2017年第2期。

〔2〕 参见孔丹阳：《中国企业海外投资有哪些税收风险》，载《中国税务报》2016年8月5日。

另外，加上有些国家税收法律制度并不完善，致使我国投资者很容易遭受税收歧视待遇。诸如“一带一路”沿线国家的税收法治、征税理念、征管秩序以及对我国和“一带一路”倡议的认识等都会影响东道国对我国投资者的税收征管，增加投资的税收风险。

七、税收争议风险

税收争议是投资争端中的重要争议类别，这些争议如果得不到及时有效处理，则会给我国投资者带来较大风险。已如前述，我国与所有“一带一路”沿线国家共签订了 54 个双边税收协定，只有 22 个明确约定了税收饶让条款，而且该条款的内容也存有较大差异，需要进一步完善，此内容将在第三节进行详尽阐述。此外，在反避税规定上亦存在诸多不完善之处，导致我国投资者在“一带一路”沿线国家遇到此类税收争议问题时，往往因于法无据或者法律不明，致使争议无法有效化解。另外，投资者对“一带一路”沿线国家税收政策与法规的了解也不够深入，当税收争议发生时，投资者往往不知道应诉诸何种途径进行救济，可能会错过争议解决的最佳时机，引发不必要的涉税风险与损失。而且，税收争议解决途径的选择也很重要，按照属地管辖原则，东道国法院有优先管辖权，但属地管辖无法排除东道国的利益干扰，投资者税收权益难获公平保护。所以在东道国自愿放弃属地管辖的前提下，当事人亦可选择国际仲裁解决税收争议。可以选择诸如 ICSID、ICC、SCC 等国际著名的投资争端仲裁机构。这些仲裁机构都有自身独立的仲裁规则，投资者需要事先熟稔，赢得主动。否则，发生税收争议后，容易陷入被动的局面，不利于时间、资金成本的节约，甚至使争议得不到有效解决。税收大多源于国家之间的收税差异，税收争议的解决一方面需要我国同“一带一路”沿线国家进行税收协调，另一方面我国境外投资者也不能仅仅寄希望于税收争议发生后的有效处理，而应该将重点放在税收争议的预防上，积极主动地了解东道国的税制，提前做好税收风险防范工作。

“一带一路”倡议实施至今，沿线投资企业与东道国税务机关发生税收争议时，诉诸法律程序寻求东道国税收救济的尚比较鲜见。伴随“一带一路”倡议渐趋步入“规则导向”阶段，东道国的参与程度将进一步深化，国际间的税收争议可能更加频繁。投资企业要转变不善使用税收争议解决机制的现状，主动承担起税收争议解决中举证责任和资料准备的义务，可选择向我国国家税务总局提请启动有关协商程序，由国家税务总局与东道国税务主管当局开展协商谈判，以此解决税收争议问题，保障企业权益。

八、其他风险

首先，前往沿线投资的企业需要提高风险防控意识，尤其是“东道国”的合规意识，避免违规风险。近年来，随着国际经济政治复杂化、新型经营模式多样化，海外投资的涉税问题不仅是企业经营成本问题，也成为金融风险和经营风险的重要组成部分。其次，海外涉税专业人才匮乏也是重要的风险来源。各国税法迥异、国际税收协定及相关规则较为复杂，特别是涉外税务问题常常和企业的全球架构等经营问题紧密相连。因此，人才的匮乏容易导致海外经营出现根源性的涉税问题。最后，信息披露规则不容忽视。目前，全球大部分国家已经适用国际会计准则，但各国参与程度不一，在特殊情况下也需要适用本国的会计规则。因此，中国企业在赴沿线投资的过程中，还需要履行国际会计准则和当地国家会计准则的审计及披露的规则要求。因此，沿线投资企业应该意识到，对国际税务知识的学习和探讨应该及时和系统化。除了税务专业知识，还要重视提高其国际化经营的税务管理水平。

第二节　“一带一路”沿线税收风险的主要防范措施

一、充分熟稔“一带一路”沿线国家的税制

“一带一路”沿线涉及的65个国家及地区，经济发展水平各异，税制不尽相同。其主要特点如下：首先，大多以公司所得税、个人所得税（个别国家

没有,如阿联酋和卡塔尔)和货物与劳务税(大多为增值税)为主。其次,税制结构因经济发展水平不同而不同,经济发展水平越高,则所得税比重越高,货物与劳务税比重越低。最后,公司所得税的平均税率为19.3%,最高为阿联酋的55%,最低为乌兹别克斯坦的7.5%;个人所得税的平均税率为23.4%,最高为以色列和斯洛文尼亚的50%,最低为黑山的9%;货物与劳务税的平均税率为16.7%,最高为匈牙利的27%,最低为也门的5%。社会保障税(或缴费)也是企业的重要负担,雇主负担的平均税(费)率为18.5%,最高为俄罗斯的47.5%,最低为缅甸的3%;雇员负担的平均税(费)率为11.2%,最高为波黑的31%,最低为白俄罗斯的1%。[1] 为了方便投资者更好地了解投资目的国的税制情况,对主要目的国梳理如下。

(一)新加坡

新加坡现行的主要税种有企业所得税、个人所得税、消费税、房产税、印花税等。此外,还有关税、博彩税以及对引进外国劳工的新加坡公司征收的劳工税。新加坡之前还有遗产税,但在2008年2月15日之后取消了该税种。整体来看,在新加坡投资经营的企业税负较低,税制透明度、稳定性、法定化程度和执法规范度较高,企业税收风险较小。税收争议事件较少,且发生后可通过协商或法律途径解决。

新加坡为城市国家,全国实行统一的税收制度。新加坡税收政策的宗旨是保持税率对企业和个人都具有竞争力,保持企业税率的竞争力将有助于新加坡继续吸引外资。新加坡的税收主要用于资助政府开支,按照属地原则征税。任何人(包括公司和个人)在新加坡发生或源于新加坡的收入,或在新加坡取得或视为在新加坡取得的收入,都属于新加坡的应税收入,需要在新加坡纳税。质言之,即使是发生于或源于新加坡之外的收入,只要是在新加坡取得,就需要在新加坡纳税。另外,在新加坡收到的源于

---

〔1〕 参见李扣庆等:《会计基础设施助推“一带一路”——“一带一路”沿线国家税制与税负差异(一)》,载《中国注册会计师》2018年第6期。

境外的收入也须缴纳所得税,有税务豁免的除外,如股息、分公司利润、服务收入等。综上所述,任何公司或个人只要根据上述属地原则取得新加坡应税收入,则需在新加坡纳税。[1]

表 1 新加坡现行主要税种、税率及与我国的税收协定

税种	税率	税收优惠	避免双重征税协定(有)
企业所得税	17%	新加坡对新兴产业、公司总部活动、金融业、资产证券化、基金经理、国际海事活动、国际贸易、研发活动等提供多种税收优惠激励措施	消除双重征税条款(第 22 条);相互给予的税后优惠:股息收入税率不超过 12%(第 10 条);利息收入税率不超过 7%和 10%(第 11 条);特许权使用费税率不超过 10%(第 12 条)
个人所得税	2% ~20%		
货物与劳务税	7%		
雇主负担的社会保险	17%		
雇员负担的社会保险	20%		

(二)马来西亚

马来西亚的现行税种有所得税、不动产利得税、石油所得税、消费税等,主要税种是公司所得税和个人所得税。[2] 马来西亚企业的税负水平

〔1〕 参见国家税务总局:《中国公民赴新加坡投资税收指引》,第 12 ~13 页。

〔2〕 马来西亚的主要税种如下:(1)公司税。公司所得税税率一般为 24%。从 2017 课税年起,对在马来西亚成立的中小型居民企业(其实收资本应当不高于 250 万林吉特,且不属于有超过该限额的公司的企业集团)取得的首 50 万林吉特以内的所得可以适用 18%的税率,超过部分应当适用 24%的税率。(2)个人所得税。采用 0 ~28%的累进税率,并可获得减免,起征点为 2500 林吉特。对在马短期逗留或在马工作不满 60 日的非居民取得的收入可予免税。(3)预扣税。非居民公司或个人应缴纳预扣税,特殊所得(动产的使用、技术服务、提供厂房及机械安装服务等)10%;专利所得 10%;利息 15%;大众演出所得 15%;依照合同获得承包费用:承包商 15%、雇员 3%。(4)消费税。马来西亚从 2015 年 4 月 1 日起实施消费税,凡营业额超过 50 万林吉特的从业者,需登记注册消费税。马来西亚消费税包括零税率、豁免税率、标准税率三种,标准税率为 6%。(5)进口税。大多数进口货物需缴纳进口税,税率分从价税和特定税,从价税率介于 2% ~300%。(6)出口税。马来西亚对包括原油、原木、锯材和棕榈油等在内的资源性产品出口征收出口税。(7)印花税。企业资产首次达到 10 万林吉特的,征收 1%的印花税;超过该金额的,征收 2%的印花税。对于可转让票据,税率为 0.3%。参见国家税务总局:《中国居民赴马来西亚投资税收指南》,第 49 ~50 页。

居中，新兴工业、高科技公司及从事科研开发的电子信息通信科技企业、技术转让培训企业、环境行业、财政部核定的粮食生产企业、清真食品生产、信息科技企业，可以享受免税优惠政策。就整体而言，在马来西亚投资经营的企业税收风险可控，但同时，马来西亚税务机关对于纳税人自觉遵从的要求越来越高，要注意做好与当地税务机关的事前沟通，以降低税收风险。

马来西亚实行中央政府一级征税制度，税收立法权和征收权均集中在中央政府。具体的税收优惠包括：(1)鼓励国内投资与资本性投资的主要措施：新兴企业(制造业、农业、饭店、旅游及其他产业)投产5年内，70%的法定所得免纳所得税；对从事资本密集型和高技术投资企业可以按照逐案审查原则给予全部免税，免税期设定在最初5年；其他免税项目包括纳入国家重点战略的森林种植计划、多媒体高级通道1以及电子芯片的生产等。(2)投资优惠：对再投资生产重型机械和普通机械、设备的公司给予再投资优惠。再投资减免额为5年内进行再投资所产生增量收入的70%；对利用椰油生物资源和再投资生产附加值产品的企业，其利润给予全额免税优惠，优惠期10年；对从事产业扩张计划、产业现代化、自动化以及制造工艺多样化的企业，给予再投资扣除的优惠，再投资扣除额为在15年内发生的用于上述目的的机械设备、厂房的资本性支出的60%。(3)促进出口的优惠措施：对制造业、农业、饭店、旅游以及服务部门为促进产品出口而产生的费用，采取双倍扣除等优惠措施。(4)技术与职业培训的扣除：对经批准的培训雇员项目发生的费用允许双倍扣除；培训费用双倍扣除的规定同样适用于中小型制造业公司。[1]

---

〔1〕 参见国家税务总局:《中国公民赴马来西亚投资税收指引》,第44页。

表2 马来西亚现行主要税种、税率及与我国的税收协定

税种	税率	税收优惠	避免双重征税协定(有)
企业所得税	24%	针对处于行业领先地位的企业给予长达10年的免税期;对资本投资给予60%~100%的免税额,可长达10年;以及加速折旧和摊销、费用加计扣除、再投资免税政策等	消除双重征税和饶让抵免条款(第23条);相互给予的税收优惠:股息税率不超过10%(第10条);利息税率不超过10%(第11条);特许权使用费税率不超过10%(第12条)
个人所得税	0~28%		
货物与劳务税	6%		
房产盈利税	5%~30%		
进口税	5%~35%		
房产交易印花税	1%~3%		
股票交易印花税	0.3%		
雇主负担的社会保险	12%		
雇员负担的社会保险	12%		

(三)波兰

整体而言,波兰企业的税负水平居中。但波兰的税制透明度、稳定性和法定化程度均不高,税收制度执行规范程度一般,有可能带来较大的税收风险。波兰共有14种税,其中有11种直接税,3种间接税。直接税包括个人所得税、企业所得税、遗产与赠与税、民法交易税、农业税、林业税、房地产税、交通工具税、船舶吨位税、采矿税、银行税,间接税包括增值税、消费税和博彩税。[1] 波兰税收实行中央和地方两级。地方税务机关分为国家税务局和地方税务局两个系统。企业所得税、个人所得税(税基为个人获得的收入,包括就业收入、退休金、专业服务所得的收入和个体经营者所从事的商业活动)、增值税、消费税、印花税和交易税,均须在国家税务系统征收。房产税、遗产和赠与税、农业税、林产税等,均在地方税务系统征收。[2]

波兰加入欧盟后,为实现与欧盟经济的一体化,其税收体系日益与西

[1] See Ministry of Finance in Poland, "The Tax System of Poland", Feburary 1, 2019, https://www.finanse.mf.gov.pl/hu/abc-of-taxes/tax-system-of-poland.

[2] 参见国家税务总局:《中国公民赴波兰投资税收指引》,第21~22页。

欧趋同。目前,已建立了以所得税和增值税为核心的税收体系。除了在地方税上略有差异外,波兰实行全国统一的税收制度。外国公司和个人与波兰的法人和自然人一样同等纳税。与诸多单一制国家相似,波兰政府间财力税收划分呈现出“倒金字塔”模式,中央税收高度集中,以保持中央对地方的财力主导能力,地方财政缺口主要依靠中央财政转移支付弥补(约占中央财政支出的20%)。波兰税收分为中央税、地方税以及共享税,中央税收与地方税收占比约为8∶2,近年中央税收有下调趋势。具体来说,绝大部分商品与劳务税收(约99%)归入中央,公司所得税中央与地方占比约为8∶2,个人所得税中央与地方占比约为6∶4,财产税则全部划归为地方。波兰地方财政收入中税收收入约占30%,约50%来自中央财政转移支付。[1] 近年来,波兰的商品与劳务税(包括增值税、消费税)约占GDP的12%,个人所得税的税负水平在3%～5%,总体呈下降趋势。为了吸引外资并创造更多就业机会,波兰的企业所得税税率从20世纪90年代的

表3　波兰现行主要税种、税率及与我国的税收协定

<table>
<tr><th>税种</th><th>税率</th><th>税收优惠</th><th>避免双重征税协定(有)</th></tr>
<tr><td>企业所得税</td><td>19%</td><td rowspan="6">某些情况下,为获得知识产权所发生的支出可抵减应纳税所得额。小型企业与新办企业也可享受一项不超过50 000欧元的一次性折旧扣除。设立于波兰经济特区的企业可享受一定程度的税收优惠</td><td rowspan="6">消除双重征税条款(第23条);相互给予的税收优惠:股息预提所得税税率不超过10%(第10条);利息预提所得税税率不超过10%(第11条);特许权使用费预提所得税税率不超过7%或10%(第12条)</td></tr>
<tr><td>个人所得税</td><td>3%～5%</td></tr>
<tr><td>增值税</td><td>5%、8%、23%</td></tr>
<tr><td>进口税</td><td>23%、5%、8%
(优惠税率)</td></tr>
<tr><td>利息收入
预提所得税</td><td>20%</td></tr>
<tr><td>雇员负担的
社会保险</td><td>20.61%</td></tr>
</table>

[1] 参见霍军:《中央与地方税收收入划分的中外比较研究》,载《经济研究参考》2015年第8期。

40%下降到如今的19%，在中东欧地区税率较低。[1] 社会保障缴款在12%左右，财产税税负在1.2%处浮动。从整体上看，波兰是以间接税为主体的税制结构，个人所得税、企业所得税等直接税负相对较低。

（四）卡塔尔

卡塔尔的税收体系和制度较为简单，税负水平整体较低。主要税费为：企业所得税、增值税、关税和社会保险税，没有个人所得税，没有增值税，但在2016年2月阿拉伯财政论坛上，海湾国家就在2018年开征增值税达成一致，税率为5%。[2]

表4 卡塔尔现行主要税种、税率及与我国的税收协定

税种	税率	税收优惠	避免双重征税协定（有）
企业所得税	10%、35%	卡塔尔金融中心（Qatar Fiuancial Cerrtre，QFC）税收优惠：拥有QFC许可证的，适用QFC自有税务法规。在QFC注册的实体，来源或产生于卡塔尔本地的应税所得按10%缴纳所得税。卡塔尔所有权占90%以上的企业，可享受QFC优惠。QFC公司不需要缴纳预提所得税。卡塔尔科技园区（Qatar Science & Technology Park，QSTP）税收优惠：QSTP是卡塔尔唯一的免税区。注册于QSTP并持有标准执照的企业免税，进口货物及服务可享受附加税与关税免税	消除重复征税条款（第23条）；相互给予的税收优惠：股息税率不超过10%（第10条）；利息税率不超过10%（第11条）；特许权使用费税率不超过10%（第12条）
个人所得税	无		
资本利得税	10%		
增值税	5%		
雇主负担的社会保险费	10%		
雇员负担的社会保险费	5%		

[1] See Ministry of Finance in Poland, "The Tax System of Poland", February 2, 2019, https://www.finanse.mf.gov.pl/hu/abc-of-taxes/tax-system-of-poland.

[2] 参见崔晓静：《中国与“一带一路”国家税收协定优惠安排与适用争议研究》，载《中国法学》2017年第2期。

目前,只针对在卡塔尔注册和经营的外国企业和法人征收公司所得税,采用属地原则。卡塔尔没有增值税、消费税等流转税,也没有个人所得税、房产税和赠与税。[1] 卡塔尔以1993年第11号法令颁布了卡塔尔《所得税法》,1995年又公布了该法执行的财政经济贸易部长1995年第3号决议。2009年,卡塔尔颁布21号法令对卡塔尔《所得税法》进行修订,自2010年1月1日起生效。卡塔尔《所得税法》不适用于QFC和QSTP。

(五)泰国

泰国现行的主要税种包括企业所得税、个人所得税、增值税、营业税和关税。据世界银行“doing business”调查数据,泰国企业平均税负率(税收占利润比率)约为32.6%。就整体而言,在泰国经营的企业税收负担适中。

泰国税收的根本性法律是1938年由国王签署颁发的泰国《税法典》。这部税法原本是各类税法的汇编,现在仅是4种税收的合集。第一种是所得税,分别为个人所得税和企业所得税;第二种是增值税;第三种是特别营业税;第四种是印花税。上述4类税收都在税务厅的权力管辖范围内。泰国财政部有权修改泰国《税法典》条款,税务厅负责依法实施征税和管理职能。外国公司和外国人与泰国公司和泰国人一样同等纳税。对于纳税人故意漏税或者伪造虚假信息逃税的行为将处以严厉的惩罚。目前泰国的直接税有3种,分别为个人所得税、企业所得税和石油天然气企业所得税,间接税和其他税种有增值税、特别营业税、预扣所得税、印花税、关税、社会保险税、消费税、房地产税、遗产税。[2]

---

〔1〕 参见国家税务总局:《中国公民赴卡特尔投资税收指引》,第19~20页。

〔2〕 参见国家税务局:《中国公民赴泰王国投资税收指南》,第24页。

表5 泰国现行主要税种、税率及与我国的税收协定

税种	税率	税收优惠	避免双重征税协定(有)
企业所得税	20%	税收优惠主要面向制造业、服务业、国际贸易等行业,或面向特殊地区或特殊人群。比如,受投资促进委员会鼓励的业务活动,可享受最高13年的所得税税率减免期;地区运营总部及其外籍员工,可分别享受0~10%的净利润税率和15%的固定个人所得税税率的税收优惠	消除重复征税和饶让抵免条款(第23条);相互给予的税收优惠:股息税率不超过15%或20%(第10条);利息税率不超过10%(第11条);特许权使用费税率不超过15%(第12条)
增值税	7%		
特别营业税	最高3.3%		
个人所得税	5%~35%		
雇主负担的社会保险	5.2%~6.2%		
雇员负担的社会保险	5%		
财产税	12.5%		

(六)越南

越南现行的主要税种包括增值税、特别消费税、企业所得税、高收入人群个人所得税、非农业用地使用税、土地使用权转让税、农业土地使用税、房屋土地税、印花税、进出口税、土地使用附加费等。就整体而言,越南企业税负水平偏高。据世界银行“doing business”数据库披露,越南企业的实际税负占利润比重平均约为39.4%。

自20世纪80年代开始,越南税收制度经历了两次大的变革,20世纪80年代颁行了系列税法,[1]1999年用增值税取代营业收入税,企业所得税取代收益税,进而建立起以所得税和增值税为核心的全国统一税收体系。根据越南《投资法》的规定,外国投资企业和越南内资企业都采用统一的税收标准,对于不同领域的项目实施不同的税率和减免税期限。

[1] 泰国1988年颁布《进出口税法》,1990年颁布《营业收入税法》《特别消费税法》《个人所得税法》《收益税法》《资源税法》及《关于外国在越南投资租用土地、水面、海面的租金规定》,1991年颁布《房地产税法》,1993年颁布《石油和天然气税法》《农业耕地税收法》。

表 6　越南现行主要税种、税率及与我国的税收协定

税种	税率	税收优惠	避免双重征税协定(有)
企业所得税	20%	越南政府对纳税者从事鼓励投资的项目,或在政府规定的社会经济不发达地区进行投资,分别给予10%优惠税率(持续15年)和20%优惠税率(持续10年)。自获得利润第一年或创收年度第4年中先实现的年度起,4年内免税,9年内减半征收	消除重复征税和饶让抵免条款(第23条);相互给予的税收优惠:股息税率不超过10%(第10条);利息税率不超过10%(第11条);特许权使用费税率不超过10%(第12条)
增值税	10%		
特别营业税	最高3.3%		
个人所得税	5%~35%		
牌照税	100万~300万越南盾/年		
外国合同遗留税	5%		
雇主负担的社会保险	5.2%~6.2%		
雇员负担的社会保险	5%		

(七)印度尼西亚

印度尼西亚现行的主要税种包括增值税、企业所得税、社会保障税、个人所得税、印花税等。就整体而言,印度尼西亚的综合税赋适中。世界银行“doing business”数据库披露的税负调查结果为30.6%(该税负率数据为企业承担的税负占利润的平均比重)。印度尼西亚与中国签有双边税收协定。受益于税收协定,中国企业可按10%缴纳企业所得税。

印度尼西亚实行中央和地方两级课税支付,税收立法权和征收权主要集中在中央。为吸引外国投资,印度尼西亚出台了一系列优惠政策。例如,1999年《第七号总统令》恢复了鼓励投资的免税期政策;2009年印度尼西亚政府通过的经济特区新法律,进一步规定了特别经济区税收优惠政策。所得税优惠由《有关所规定的企业或所规定的地区之投资方面所得税优惠的第1号政府条例》规定。自2011年12月1日起,在印度尼西亚的投资者可以申请免税优惠,根据相关的执行准则规定,凡有意申请免税优

惠的投资者,必须把总投资额10%的资金存放在印度尼西亚国民银行。投资者可以向印度尼西亚工业部或投资协调署提出免税申请。[1]

表7 印度尼西亚现行主要税种、税率及与我国的税收协定

税种	税率	税收优惠	避免双重征税协定(有)
企业所得税	25%	若企业年收入低于500亿印度尼西亚盾,所得税可适用低税率。对于年收入不超过48亿印度尼西亚盾的企业纳税人(常设机构除外)可享受总收入1%的优惠税收待遇;对于总收入为48亿~500亿印度尼西亚盾的居民收入企业,其总收入在48亿印度尼西亚盾以下部分所对应的应纳税所得额,可享受企业所得税税率减半政策,但是若为常设机构,则仍须按20%税率缴纳企业所得税	消除重复征税和饶让抵免条款(第23条);相互给予的税收优惠:股息税率不超过10%(第10条);利息税率不超过10%(第11条);特许权使用费税率为不超过10%(第12条)
增值税	10%		
个人所得税	5%~30%		
雇主负担的社会保险	10%		
雇员负担的社会保险	2.5%		

(八)印度

印度现行的主要税种包括企业所得税、个人所得税和关税。就整体而言,印度当前税制较为复杂,企业尤其是外国公司的税负水平偏高。印度比较尊重税收协定,相对于国内税法,给予税收协定优先权。尽管在印度外资企业税负偏高,但税制较为透明,比较稳定,法定化程度非常高,但执法不够规范,由此导致企业税收风险较大。而且,在印度发生税务争议的频率较高,虽然印度有系统的解决争议的法律途径,但耗时较长,效率较低。

印度的税收立法权和征收权主要集中在联邦中央政府和各邦之间,地方市一级政府负责少量的税种征收。中央和各邦的课税权有明确划分,中央政府征收直接税收和间接税收两大类,直接税主要包括公司所得税、个

---

[1] 参见国家税务总局:《中国公民赴印度尼西亚共和国投资税收指南》,第15页。

人所得税和财富税等，间接税主要包括货物与劳务税、关税等。邦政府也主要征收新开征的货物与劳务税、土地收入税、邦消费税、印花税等。地方城市政府主要征收财产税、入市税，以及供水、排水等公用设施的使用税等。印度联邦、邦及地方政府虽然有各自管理的税种，但税收收入主要集中在联邦，中央税收收入占全部税收收入的65%左右，邦及地方政府税收收入占35%左右。总体来看，印度税收收入从2003年以来呈递增趋势，占GDP比重也逐年递增。[1]

表8　印度现行主要税种、税率及与我国的税收协定

税种	税率	税收优惠	避免双重征税协定(有)
国内企业所得税	30%	印度税收优惠政策较多，对特定行业的研发支出及向特定科研组织支付的研发支出可以加计扣除，扣除额最高达200%。税收减免优惠也适用以下行业投资：低温运输系统，农产品仓储设施，天然气、原油或石油管道网络，开发的经济适用房和生产肥料等。位于经济特区的企业，出口利润免税。根据产业、地区不同，也有相应的税收优惠	消除重复征税和饶让抵免条款(第23条)。相互给予的税收优惠：股息税率不超过10%(第10条)；利息税率不超过10%(第11条)；特许权使用费和技术服务费税率不超过10%(第12条)
外国公司所得税	40%		
个人所得税	5%～30%		
有限度增值税	5%、12%、18%		
雇主负担的社会保险	12.5%		
雇员负担的社会保险	12%		

(九)巴基斯坦

巴基斯坦现行的主要税种包括企业所得税、个人所得税、消费税、销售税和关税。就整体而言，巴基斯坦企业的税负水平居中，但税制不透明，经常变化，非常不稳定，法定化程度一般，且执法不规范，由此导致税收风险较大，需做好相应规划，防范税收风险。

---

[1] 参见国家税务总局:《中国公民赴印度投资税收指南》，第24页。

巴基斯坦的税收分为联邦政府、省政府和地区政府三级，但税收以联邦政府为主。巴基斯坦联邦税收委员会负责制定和实施税收政策，以及联邦税种的征收和管理，下设所得税局、海关、销售税局、消费税局等机构，分别负责相关税种的征收和稽查工作。近年来，巴基斯坦政府为提高财政收入，不断扩大税基和提高税收幅度。外国公司和外国人与巴基斯坦当地公司和国民同等纳税。省级税由各省财政部门负责征收，除少部分上缴联邦政府外，其余作为各省自有发展资金。[1] 巴基斯坦税收分为联邦税收（国税）和省级税收（地税）两大体系，其中联邦税收收入约占全国税收总收入的90%左右。联邦税收分为直接税和间接税两大类。[2] 省级税主要包括财产税、车辆税、消费税、印花税等，由各省财政部门负责征收。

表9 巴基斯坦现行主要税种、税率及与我国的税收协定

税种	税率	税收优惠	避免双重征税协定（有）
企业所得税	35%或合同额7%	对在巴基斯坦境内设立的电力项目、农村和不发达地区的工业企业、巴基斯坦证券交易所上市的公司等提供税收优惠。对外商直接投资占比超过50%的企业给予公司所得税20%的优惠。给予具体行业或项目特殊税收优惠，如在信德省的道路施工免除服务销售税；从2015年7月起对“绿地”项目减免相应进口关税	消除重复征税和饶让抵免条款（第23条）。相互给予税收优惠：股息税率15%或20%（第10条）；利息税率不超过10%（第11条）；特许权使用费税率不超过15%（第12条）
个人所得税	5%～20%		
消费税	17%		
销售税	13%～16%，因省而异		

（十）俄罗斯

俄罗斯现行的主要税种包括企业所得税、个人所得税、社会统筹保险

[1] 参见国家税务总局：《中国居民赴巴基斯坦伊斯兰共和国投资税收指南》，第27页。

[2] 直接税包括所得税（Income Tax）、劳工福利税（Workers Welfare Tax）、劳工参与基金（Workers Participation Fund）和资本税（Capital Value Tax）；间接税包括关税（Customs Charges）、销售税（Sales Tax）、联邦消费税（Federal Excise Duties）、机场税（Airport Tax）和其他税费（Other duties）。

和关税。就整体而言,俄罗斯企业整体税负较重。据世界银行“营商环境调查数据库”(doing business),企业平均税负率为47.4%(2016年),在2010年曾高达54%。俄罗斯税负结构有其特殊性,作为转轨制国家,出于吸引投资以及扩大所得税税基等诸多考虑,在多次激进改革后设定了级次扁平、数值较低的所得税税率体系,总体上降低了企业和个人税负。实际上,俄罗斯社保缴费也曾“费改税”并改“高费率为低税率”,然而由于人口老龄化程度高,较低的缴费标准难以覆盖巨大的社保资金缺口,因而不得不又由税改为费,并且提高了费率,大大增加了企业的负担。

表10　俄罗斯现行主要税种、税率及与我国的税收协定

<table>
<tr><th>税种</th><th>税率</th><th>税收优惠</th><th>避免双重征税协定(有)</th></tr>
<tr><td>企业所得税(利润税)</td><td>20%</td><td rowspan="4">近年来,俄罗斯政府扩大了税收激励的规模以吸引企业来俄罗斯经营。如地方税收激励(地方给予的企业所得税优惠);经济特区税收优惠(利润税税率可以降至2%甚至0,财产税可享受10年免税期,可免关税等);地区性投资项目税收优惠(自2014年,给予远东及西伯利亚联邦管区设立地区性利润税税率的权利,前5年税率不超过10%,随后5年税率不得低于10%。在目前15个符合条件的联邦主体中,已有13个降低了利润税税率)</td><td rowspan="4">消除重复征税条款(第23条)。相互给予的税收优惠:股息税率不超过5%或10%(第10条);利息税率不超过5%(第11条);特许权使用费税率不超过6%(第12条)</td></tr>
<tr><td>增值税</td><td>18%</td></tr>
<tr><td>个人所得税</td><td>13%</td></tr>
<tr><td>社会统筹保险</td><td>30%</td></tr>
</table>

俄罗斯税收按照联邦、联邦主体和地方三个层级征收。联邦税费[1]

[1] 联邦税费在俄罗斯联邦范围内缴纳,包括增值税、消费税、个人所得税、企业所得税、矿产资源开采税、水资源使用税、野生动物和水生生物资源使用费、政府性收费等8项税费。其中企业所得税基本税率为20%,其中的3%支付给联邦预算,17%支付给联邦主体预算(2017年前为2%、18%),联邦主体可根据俄罗斯《税法典》规定的联邦主体最低税率下限。2017~2020年,各俄联邦主体有权对部分企业所得税纳税人最低税率的下限调低至12.5%。

根据俄罗斯《税法典》和联邦法律确定,联邦主体税[1]根据俄罗斯《税法典》和联邦主体法律确定,地方税[2]根据俄罗斯《税法典》和市政当局的法规确定。联邦主体立法和地方立法可根据俄罗斯《税法典》规定确定联邦主体和地方的税务减免、确定特定范围内的税率、纳税程序和截止时间等。因此,在俄罗斯不同地区登记的纳税人的税收负担不同。

(十一)哈萨克斯坦

哈萨克斯坦现行主要税种包括企业所得税、个人所得税、社会税和关税。据世界银行“doing business”数据库披露,哈萨克斯坦企业的平均税负率(税收负担占净利润的比率)为29.2%。综合法定税率的企业税收负担处于适中水平。

哈萨克斯坦2008年通过《税收及其他强制缴纳费用法》,承认常驻哈萨克斯坦的自然人以及不常驻哈萨克斯坦境内,但其主要收入源于哈萨克斯坦境内的自然人为“居民”。如果在相应的国家有避免双重征税的国际条约,那么也承认拥有居民特征的外国人和无国籍人士为非居民。通常将作为税收和其他强制缴纳费用付款人的个人(自然人或者法人,包括国外法人)以及法人的分支机构称为纳税人。哈萨克斯坦境内非居民法人的常设机构指的是非居民法人位于哈萨克斯坦境内经营活动的常驻地,其中包括代表处。根据外国法律建立的实体,包括不具有法人资格的外国实体,通常被视作非居民法人。[3]

---

[1] 联邦主体税在相应的联邦主体范围内缴纳,主要包括公司财产税、博彩税和交通运输税3个税种。

[2] 地方税在相应的市、区内缴纳,主要包括土地税、个人财产税(房产税)2个税种。

[3] 参见国家税务总局:《中国居民赴哈萨克斯坦共和国投资税收指南》,第26页。

表 11　哈萨克斯坦现行主要税种、税率及与我国的税收协定

税种	税率	税收优惠	避免双重征税协定(有)
企业所得税(利润税)	20%	主要税收优惠措施:(1)对中小型企业实行简易征收办法;(2)经济特区设置了企业所得税、财产税、土地税等多重税收减免政策;(3)资本性支出的税收优惠政策(加速折旧);(4)增值税的优惠缴纳政策;(5)特定投资协议可享最长10年的企业所得税、财产税和土地税豁免政策等	消除重复征税条款(第23条)。相互给予的税收优惠:股息税率不超过10%(第10条);利息税率不超过10%(第11条);特许权使用费税率不超过10%(第12条)
增值税	12%		
个人所得税	10%		
财产税	1.5%		
社会税(社会保障税)	11%		

二、“一带一路”沿线投资企业防范税收风险的主要措施

(一)充分利用税收协定,避免双重征税风险

签订税收协定是协调、避免对跨国公司重复征税的重要途径,从国际法在“一带一路”沿线国家的效力实践来看,民商事条约效力普遍高于国内法,故而优先适用。因此,投资企业应全面学习、准确把握协定内容,这是维护纳税人自身权益的关键。如前所述,我国已与“一带一路”沿线54个国家签订了双边税收协定,对主要投资目的地基本实现了全覆盖,为我国前往“一带一路”沿线投资的企业提供了较为有力的税收保障。每一个协定均约定了缔约双方相互给予对方投资者的税收优惠项目及税率,且远远低于国内税率。例如,如前所述的俄罗斯,其国内法对利息、特许权使用费的标准税率均为20%,而根据《中华人民共和国政府和俄罗斯联邦政府对所得避免双重征税和防止偷漏税的协定》第11条、第12条之规定,利息的所得税率仅为5%,特许权使用费的所得税率仅为6%,税收优惠力度很大,再加上税收协定约定的“饶让抵免条款”,缔约国双方在二次征税时对投资企业的税收优惠均予以承认。

“一带一路”沿线投资企业在税收协定的把握上需要特别注意以下几

个问题。一是积极所得征税问题。当投资企业在“一带一路”沿线国家取得直接投资收益或劳务所得时,需要对所得来源国的机构、场所从事经营活动的所得完税。因此,需要特别注意我国与沿线国间的双边税收协定,关于“常设机构”的认定规定。二是消极所得(股息、利息和特许权使用费)的征税约定,在我国与“一带一路”沿线国家签订的双边税收协定中,都对股息、利息和特许权使用费的征税进行了约定,即资本来源国对支付的股息、利息和特许权使用费拥有相应的征税权,且税率大多为10%,个别国家间的约定上下有些浮动,如中俄之间的税收协定约定的征税比例低于10%,而中泰和中巴之间税收协定约定的征税比例又高于10%。因此,需要准确了解相关协定之约定,科学、全面地进行税收筹划。三是财产收益征税问题。需要特别注意不同协定针对动产和不动产收益征税的不同约定。详述如下:转让不动产取得的收益应由不动产所在国征税,但对于投资企业的常设机构用于经营活动的动产转让取得的收益,可以在常设机构所在国缴纳相应税款,如转让船舶、飞机及附属于上述物品的动产所取得的收益,应在经营上述行业的企业为其居民的国家征税。四是国际运输所得征税问题。在我国与“一带一路”沿线国家签署的税收协定中,对于从事国际远洋运输、航空运输的企业所取得的利润或收益,该企业所在国拥有征税权,而个别规定利润产生国(利润来源国)拥有部分征税权,需要特别注意。

由此,前往“一带一路”沿线国家投资的企业只有坚持学好、用好税收协定,积极到主管税务机关获得“中国税收居民身份证明”,充分享受税收协定的税收优惠待遇,才能真正解决双重征税的“痛点”,在赴“一带一路”沿线国家投资的路上轻装前行。

(二)深入了解东道国税收政策,克服企业税收“盲点”

如税收协定没有约定涉及的税收内容,投资企业的税收行为应受制于东道国的“属地管辖”,即东道国的税收法律与政策。因此,全面学习、了解东道国的税收政策同样重要。为了给赴沿线投资的企业提供更为直观、便捷的税收辅助，我国国家税务总局对不同国家的税收政策进行了系统梳理，截至2018年年底，已完成了84个《国别投资税收指南》，[1]涵盖了“一带一路”沿线绝大多数国家。每个《国别税收投资指南》包含六部分内容，即投资概况及有关注意事项、税收制度介绍、税收征税与管理制度、特别纳税调整政策、双边税收协定及其主要内容、可能存在的税收风险，各部分介绍全面、详细而又有针对性。同时，国家税务总局建立了“一带一路”税收服务网页，并发布了《“走出去”税收指引》，从“四个方面”针对83个纳税事项进行了详尽的回答与阐释，[2]很有指导意义。由此，我国企业在赴沿线投资之前，要充分利用政府相关部委的资源，全面学习，充分了解投资目的国的《国别投资税收指南》《“走出去”税收指引》及相关税收协定，并结合自身实际制定相关税收预案，做好税收筹划，有效降低企业税收成本，最大限度防范涉税风险。

（三）合理进行税收筹划，助力税收风险防控

不同国家的税法对不同形式的公司实体（子公司、分公司、代表处等）的税收亦不尽相同。作为独立的纳税人主体，多数国家给予子公司以特定的税收优惠，但除了就子公司本身的应税收入纳税外，还需在分配股息时预提所得税。分公司由于不是东道国独立的法人实体，故其经营亏损可以

---

〔1〕参见国家税务总局网：http://www.chinatax.gov.cn/n810219/n810744/n1671176/n1671206/index.html，最后访问日期：2019年2月2日。

〔2〕国家税务总局国际税务司发布的《“走出去”税收指引》指出：近几年来，随着“一带一路”建设深入推进，我国企业“走出去”的步伐明显加快，对外投资规模不断扩大，质量和水平日益提高。为了更好地服务国家战略，充分发挥税收的职能作用，以税收政策信息的便捷获取打造公平友好的营商环境，降低纳税人“走出去”的税收风险，特编写了《“走出去”的税收指引》。该指引共分四章，从税收政策、税收协定、管理规定及服务举措4个方面，按照适用主体、政策（协定）规定、适用条件、政策依据详细列举了企业“走出去”涉及的83个事项。希望能为我国企业“走出去”提供税收法律法规方面的指引与帮助，有效规避境外投资税收风险，提高“走出去”的纳税人参与国际竞争的能力，为促进我国对外开放和国际经济合作做出积极贡献。资料来源：http://www.chinatax.gov.cn/n810219/n810744/n1671176/n2884609/c2884646/content.html，最后访问日期：2019年2月2日。

冲销总公司的盈利。但有些国家规定亦不尽相同，在中国则不允许企业用境外分支机构的亏损抵减境内总公司的盈利。[1] 由此，前往沿线投资的企业在“走出去”之前，首先要对跨境投资架构进行科学设计，结合东道国法律规定及企业自身的需求，综合考量子公司、分公司，甚或劳务派遣，哪种方式更契合整体的税收筹划要求，进而合理搭建投资实体框架。如是，既方便企业经营管理，又为日后股权转让、利润汇回、再投资等经营活动留下便利与空间。另外，在全面理解国内外的相关税法及其差异的基础上，避免筹划不当给企业带来风险和损失。例如，有些沿线投资的企业在境外已缴纳税款，但却没有取得相关纳税凭证，或者属于在境外错缴或错征的所得税税款，按照规定都不能获得境外所得税抵免。而且，对于多层投资架构的跨国公司，最下层的境外子公司属第三层以外的子公司，也不得享受间接抵免。因此，投资企业应特别关注可能导致境外缴纳的所得税不能在中国抵免的情况，做好国内国际税收的全面对接。

概言之，税收筹划有以下几种途径。

1. 通过合理设计公司的组织形式进行税收筹划

沿线投资企业的境外组织形式的选择，主要考虑的是税收协定中有无间接抵免，当投资税收协定中没有间接抵免的国家，应设立分公司或常设机构，反之应设立子公司。因为子公司在投资国缴纳了所得税后，汇回母公司的股利在税前不能扣除，使整个企业重复纳税，增加负担。由此，在尚未与我国签订税收协定，或已有税收协定但没有间接抵免条款[2]的东道

---

〔1〕 参见曲俊宇：《“一带一路”背景下企业涉税风险及应对策略》，载《国际税收》2018 年第 4 期。

〔2〕 目前“一带一路”沿线国家尚未与我国签署税收协定的国家有缅甸、东帝汶、不丹、马尔代夫、阿富汗、伊拉克、约旦、巴勒斯坦、也门、黎巴嫩。虽与我国签订税收协定但没有间接抵免条款的国家有哈萨克斯坦、菲律宾等。黎巴嫩也未与我国签署税收协定，但因为其征收分支机构税，使外国分公司与外国子公司一样缴纳所得税，应设立子公司。

国投资,都应设立分公司,而非子公司。[1]

另外,当东道国征收较高的所得税或预提税时,应设立子公司,成为独立的纳税主体。如印度,国内公司所得税为30%,但对国外公司是40%的所得税,故我国投资者在印度投资时建议设立子公司,既可享受当地的税收优惠政策,所缴纳的公司所得税和预提税又可以抵免中国企业所得税。

2. 通过合理的股权架构进行税收筹划

进行股权架构最主要的目的是减轻预提税负担,从而降低整体税负。因此,投资企业进行股权架构时要考虑中间控股公司所在地的税收政策、税收抵免、税收优惠等因素。较理想的控股公司所在地应该是对控股公司的境外股息所得和向母公司支付股息时都不征收预提税,满足条件的国家或地区有新加坡、荷兰、毛里求斯、卢森堡、英国和我国香港特别行政区等。[2] 在“一带一路”沿线有越南、马来西亚、新加坡、缅甸、埃及等21个国家是不征收预提税的,在这些国家投资不需要进行股权架构。另外,毛里求斯、黑山等国与我国的税收协定规定对股息征收5%的预提税,因为上述可做股权架构地的东道国预提税最低也是5%,再考虑到运营成本,又完全没必要进行股权架构。

3. 通过合理的债权融资架构设计进行税收筹划

鉴于多数国家的税法规定,利息可以在税前扣除,而股息只能在税后分配。因此,对资本结构进行税务筹划,可以减少境外子公司公司所得税

---

〔1〕 以赴泰国投资为例,中国内地企业可以考虑在中国香港特别行政区构建控股平台,中国香港特别行政区与内地及泰国均签订了双边税收协定。泰国和中国香港特别行政区的税收协定规定,中国香港公司收到泰国公司的股息,按照10%的税率在泰国缴纳预提所得税;取得的利息,根据不同情况适用10%或15%的税率。根据中国香港特别行政区税收政策,从泰国公司取得的股息收入、利息收入在中国香港特别行政区均免税。中国香港公司在向中国母公司汇出股息时,按照中国内地和中国香港特别行政区签订的税收安排,只需缴纳5%的预提所得税;如果股息不汇回中国,暂不需要缴纳预提所得税。参见崔荣春:《关于提高境外投资税收安全度的若干思考》,载《国际税收》2018年第3期。

〔2〕 参见路盼盼、胥力伟:《“一带一路”下中国企业“走出去”税收筹划问题研究》,载《北京印刷学院学报》2018年第9期。

纳税基数。但是不同的国家对这种少投资、多负债的资本弱化形式提供的资金有不同程度的限制。当前,“一带一路”沿线有文莱、泰国、新加坡、印度、越南、以色列、爱沙尼亚、塞浦路斯、巴林、阿联酋、菲律宾等19个国家对资本弱化无限制,投资企业在这些东道国投资时不需要进行债权融资架构设计,可直接从母公司借款。尽管利息可在税前扣除,减少了应纳税所得额,但多数税收协定规定,当境外子公司向境内母公司支付利息时,需要支付10%的利息预提税。所以,此时应进行债权融资架构设计。常见的方法是我国投资企业在支付或收到利息不征收预提税的国家设立财务公司或控股公司,如华为在英国设立财务公司,然后再由该财务公司向各个子公司借款。在“一带一路”沿线国家中,荷兰和卢森堡对外支付利息预提税为零,可以在此设立控股公司,从母公司借入资金然后转贷给项目子公司。因新加坡、毛里求斯和英国对外支付股息预提税均为零,可以在此设立财务公司,将自有资金借给项目公司,这样不仅规避利息预提税,当财务公司将股息汇回中国母公司时还可避免股息预提税。[1]

(四)用好税收抵免,做到应抵尽抵

沿线投资的企业应就其源于国内外所得缴纳企业所得税,就其从境外取得的投资收益而言,无论是否负担了当地的所得税,仍需向我国税务机关进行申报纳税。在海外收益所得汇回国内时,由于种种原因,一些企业并未用足抵免政策,进而致使境外投资整体税负增加。主要原因有以下两个方面。

1.税收抵免的计算和操作比较繁杂

税收抵免对消除双重征税,减轻投资企业税负有明显的效果,却也是一项专业性极强的工作。我国实行比较复杂的分国不分项的限额抵免法,需要投资企业对境外所得适用来源地标准分别归入各个来源国,再对每一

---

[1] 参见路盼盼、胥力伟:《“一带一路”下中国企业“走出去”税收筹划问题研究》,载《北京印刷学院学报》2018年第9期。

来源国的所得按照我国税法的规定计算应纳税所得额，计算繁杂、操作难度较大。沿线投资企业应尽可能做到四个“及时”，即及时把握有关税收抵免政策，及时确认境外所得的实现年度及其税额抵免年度，及时准备相关资料，及时申报境外所得，尽可能享受抵免优惠，最大限度地降低税负。

2. 完税凭证等抵免凭证的取得有难度

在申请税收抵免时，沿线投资企业需向我国主管税务机关提交与境外所得相关的完税凭证或纳税证明、被投资公司证照和章程复印件、投资项目合同复印件等资料。由于不同国家的税制不尽相同，税种与税收征管存在较大差异，资料种类、提交时限、申报程序等不同要求，都给沿线投资企业申请抵免带来了较大困扰。对此，一方面，“一带一路”沿线投资企业要未雨绸缪，在合同中约定对方有义务协助取得完税凭证；另一方面，要与当地税务机关和国内主管税务机关协商，寻求妥善解决之道。[1]

（五）公平解决税收争议，坚守税收风险最后防线

伴随“一带一路”沿线的投资争议越来越多，涉及的税收歧视、税收争议亦不断呈现，投资企业应未雨绸缪，筹划公平、合理的税收争议解决途径与机制，尽可能最大限度地维护自身权益。首先，应尽可能减少税收争议的风险隐患。投资企业应积极申请预约定价安排，通过我国与投资国税务机关达成双边（或者多边）预约定价安排协议，尽可能规避转让定价调查风险，降低反避税调查风险和税收争议的可能性，增强税收的确定性，避免双重征税并降低投资者的税收遵从成本。[2] 其次，争议发生后，应积极启动相互协商程序。根据我国与“一带一路”沿线国家签订的多个税收协定之规定，如果投资国的措施违反税收规定导致不合理征税时，投资企业可以将有关情况提交我国主管税务机关，申请启动相互协商程序。最后，充分借助东道国本地中介资源处理相关争议。东道国的涉税服务机构，不但

[1] 参见崔荣春：《关于提高境外投资税收安全度的若干思考》，载《国际税收》2018 年第 3 期。

[2] 参见张美红：《我国企业海外投资涉税风险及其应对》，载《税务研究》2017 年第 1 期。

熟悉本国税收法律和政策,在人员、信息等方面也具有天然的优势。因此,投资企业在遇到税收争议或法律问题时,可聘请当地律师及涉税中介机构作为顾问代理,与当地税务机关进行有效沟通,及时了解当地税收规定,让企业免受各方面的排挤和不公正待遇。近年来,我国开始向包括“一带一路”沿线国家在内的国家和国际组织派驻税务官员,为沿线投资者税收争议的协商解决提供了另一种途径。

第三节 沿线税收政策的协调与税收协定的完善

“一带一路”沿线投资税收风险的防范,一方面,需要投资者自身积极作为、全面筹划;另一方面,需要国家的顶层推动,完善国际税收协作机制,包括但不限于避免双重征税、规制偷税漏税、税收优惠减免、税收争议协调等。尤其是,税收协定的签署与完善,迫切需要国家相关部委提供支持,为沿线投资者税收风险防范提供国际法保障。另外,澳大利亚智库罗伊国际政策研究所 2017 年 3 月发表的《了解中国的“一带一路”倡议》文章指出,“一带一路”沿线国家有将近 2/3 的主权信用评级低于可投资级别。这是一个巨大的障碍,但在一些国家寻求获得“一带一路”经济利益时,这一障碍可通过税收协定对这些国家提供一种特许权,从而得到部分解决。[1]

一、加快税收协定的谈判与签署

签订税收协定的主要目标包括减免双重征税、消除逃税和提高跨境贸易效率。国际社会普遍认为,税收协定提高了纳税人和税务机关在国际交易中的确定性。截至 2018 年年底,我国与“一带一路”沿线共计 54 个国家

---

〔1〕 See Vicki Stylianou, “Summaries of Various International Tax Treaties”, *Australian Public Accountants*, 2017, p. 10.

签订了双边税收协定,仍有 10 个国家[1]未与我国签订税收协定,包括我国主要投资目的地国——缅甸和马尔代夫。双边税收协定能够有效协调缔约国之间的税收权益关系,消除国际税制差异,缓释投资企业在“一带一路”沿线投资的税收风险。与部分“一带一路”沿线国家间税收协定的缺失,可能造成“一带一路”沿线投资的税收盲区。另外,与“一带一路”沿线国家已经签署的 54 个双边税收协定,有一大半是在 20 世纪八九十年代签订的,随着中国与“一带一路”沿线国家投资贸易的不断深化,民商事条约在我国是优先于国内税法适用,而我国国内税法、税制已经进行了较大变动,如果继续按照之前签订的税收协定履行条约义务,国内税制改革的优秀成果难以适用。因此,对于早期签订的税收协定,要加强协定条款的研判,甄别是否符合我国税制的改革完善,能否解决实践中不断涌现的新问题,如果存在条款已不合时宜的情况,应该积极和协定签订国进行协商,根据实践需要予以修订和完善,以适应国内税制的改革和“一带一路”沿线投资的现实需要。综上所述,尚未签订税收协定的国家,需要积极展开协商、谈判,推动缔约工作顺利展开;已经签署但已到期或内容严重滞后的,需要重新谈判更新,或以换文的方式更新,以期为“一带一路”沿线投资提供更全面、可靠的税收安全法律保障。

然而,税收协定的谈判与签署通常是一个漫长的过程,很难一蹴而就,两国政府之间需要多次的谈判、磋商,妥协和退让,耗时费力。因此,在与“一带一路”沿线国家谈判税收协定时,建议可以根据一定的标准谨慎选择协定谈判的先后顺序。根据 2017 年度我国企业在相关国家投资额度的大小,可以先行选择投资项目多、累计投资额度较大的目的地国首先展开谈判,比如,首先应该考虑缅甸和马尔代夫,[2]其他国家可以稍稍推后。

---

[1] 分别是缅甸(东南亚)、东帝汶(东南亚)、阿富汗(西亚)、马尔代夫(南亚)、不丹(南亚)、伊拉克(西亚)、约旦(西亚)、黎巴嫩(西亚)、也门(西亚)、巴勒斯坦(西亚)。

[2] 根据商务部《2017 年中国对外投资统计公报》(截至 2019 年 4 月底,2018 年统计公报尚未发布)第 45 页附表一,我国对与沿线未签订税收协定的国家投资额度排名依次为缅甸、马尔代夫、也门、东帝汶、约旦、阿富汗、伊拉克、不丹、黎巴嫩、巴勒斯坦。

同时,也要综合考虑地理位置、税制差异、社会稳定状况以及经济发展等情况,合理评估与其签订税收协定的难度,然后积极开展协定的谈签活动,争取税收协定的全面覆盖。

我国与“一带一路”沿线国签订的54个双边税收协定,每一个协定的条款各具特色,体现了各个协定签订国家的不同诉求,且各个缔约国的经济发展水平、价值立场不同,缔约双方对协定条款的认知与理解很可能存有分歧,所以针对不同的协定应采用不同的修订方式。例如,针对存在问题的国际税收协定,立足于与我国投资、贸易关系的实际,应该优先考虑修订与重要的投资目的国之间的税收协定,如新加坡、马来西亚等。另外,对于同一税收协定,不同条款的滞后程度也可能有所不同,可以先集中精力解决严重滞后的条款,对其他问题条款可以采用简易可行的法律解释换文方式予以解决。[1]

二、完善对合伙企业的居民身份认证

我国与“一带一路”沿线国家签订的双边税收协定将“纳税人”的范围限定在“缔约国一方或缔约国双方居民”,但“合伙企业”是不是该“居民”[2]的范畴,所有协定均未明确。根据我国税法的相关规定,[3]“合伙企业”不能认定为居民企业,符合条件的“合作人”才是居民纳税人,如此合伙企业自身则无权享受协定的优惠。在这种情况下,如果投资东道国与

---

〔1〕 参见胡亚文:《“一带一路”倡议下国际税收协定问题研究——以中国为视角》,郑州大学2017年硕士学位论文,第18页。

〔2〕 在税收协定中,“居民”条款一般约定在第4条,其表述为“依照该缔约国法律,因为住所、居所、成立地、实际管理机构所在地、管理机构所在地、主要营业地或者其他类似的标准,在该缔约国负有纳税义务的人”,换言之,就是对居民身份的认证,要参考缔约国的国内税法。根据我国国内税法的规定,合伙企业本身对所得没有纳税义务,并非纳税实体,而是由每一个合伙人为纳税义务人,那么合伙企业本身就不具有协定意义上的“缔约国居民”身份。

〔3〕 财政部、国家税务总局《关于合伙企业合伙人所得税问题的通知》第2条规定,合伙企业以各个合伙人为纳税人,合伙企业本身不承担纳税义务。我国《合伙企业法》第6条规定,合伙企业的生产经营所得和其他所得,按照国家有关税收规定,由合伙人分别缴纳所得税。

我国的认定相同,则没有问题。但如果与我国的认定不同,即认为合伙企业本身,非合伙人,是居民纳税人,那么在课税过程中就会产生分歧和冲突。随着“一带一路”倡议的持续推进,服务贸易行业投资准入的渐趋放开,采用合伙制的企业(律师事务所、会计事务、咨询公司等)在“一带一路”沿线国家的投资将越来越多,如果税收协定未能对合伙企业身份予以统一认定,将来极有可能会产生冲突与混乱。

关于合伙企业居民纳税人身份认定问题的规定,无论是《联合国税收协定范本》(《关于发达国家与发展中国家间避免双重征税的协定范本》)鼓励缔约国双方自由协商,还是《经合组织税收协定范本》(《关于对所得财产和资本避免双重征税的协定范本》)对合伙企业进行“纳税实体”和“纳税虚体”的划分,其建议均比较原则,仅有方向性的参考价值,可操作性不强。因此,需要探寻我国现有与非“一带一路”沿线国家间税收协定的规定,例如,1984 年《中华人民共和国政府和美利坚合众国政府关于对所得避免双重征税和防止偷漏税的协定》(以下简称《中美税收协定》)第 3 条第 1 款第 5 项、第 8 项,[1]以及《中法税收协定》第 3 条第 1 款第 3 项、第 6 项[2]均把“合伙企业”纳入了“居民纳税人”范畴。2014 年重签的《中华人民共和国政府和法兰西共和国政府关于对所得避免双重征税和防止偷漏税的协定》(以下简称《中法税收协定》)第 4 条[3]对该问题进行了

---

〔1〕 1984 年《中美税收协定》第 3 条第 1 款第 5 项和第 8 项规定:“人”一语包括个人、公司、合伙企业和其他团体;“国民”一语是指具有缔约国一方国籍的所有个人和按照该缔约国现行法律取得其地位的所有法人、合伙企业和团体。

〔2〕 1984 年《中法税收协定》第 3 条第 1 款第 3 项和第 6 项规定:“人”一语包括自然人、公司和任何其他团体;“国民”一语是指所有具有缔约国一方国籍的自然人和所有按照该缔约国法律建立或者组织的法人,以及在税收上,视同按照该缔约国法律建立或者组织成法人的任何非法人团体。

〔3〕 2014 年《中法税收协定》第 4 条第 4 款规定:“为实施本协定:(一)一项所得、利润或收益:1. 如果是通过在缔约国一方设立的合伙企业、团体或其他类似实体从缔约国另一方取得;并且 2. 在该缔约国一方的税收法律中被视为该合伙企业、团体或其他类似实体的受益人、合伙人、成员或参与者的所得;应有资格享受本协定的待遇,就像是该合伙企业、团体或其他类

更为详尽的约定,即根据合伙企业的六种不同情况,分别列述其是否可以享有居民身份,具体而明确,可操作性极强。

综上,《中美税收协定》首次肯定了合伙企业的居民身份,2014 年《中法税收协定》第 4 条根据合伙企业设立地和设立国国内税法对合伙企业性质的认定,对合伙企业予以分类并明确其是否享有居民待遇,最大限度地维护了符合条件的合伙企业享有税收优惠的权利。同时又在一定程度上,避免了通过设立合伙企业获取居民身份而享受税收优惠的偷逃避税行为,

---

似实体中作为该缔约国一方居民的受益人、合伙人、成员或参与者直接取得一样,前提是该受益人、合伙人、成员或参与者是该缔约国一方居民,且满足本协定规定的任何其他条件,不论该所得在缔约国另一方的税收法律中是否被视为该受益人、合伙人、成员或参与者的所得;(二)一项所得、利润或收益:1. 如果是通过在缔约国一方设立的合伙企业、团体或其他类似实体从缔约国另一方取得;并且 2. 在该缔约国一方的税收法律中被视为该合伙企业、团体或其他类似实体的所得;应有资格享受本协定的待遇,就像给予该缔约国一方居民的协定待遇一样,前提是该合伙企业、团体或其他类似实体是该缔约国一方居民,且满足本协定规定的任何其他条件,不论该所得在缔约国另一方的税收法律中是否被视为该合伙企业、团体或其他类似实体的所得;(三)一项所得、利润或收益:1. 如果是通过在缔约国一方设立的合伙企业、团体或其他类似实体从该缔约国一方取得;并且 2. 在缔约国另一方的税收法律中被视为该合伙企业、团体或其他类似实体的受益人、合伙人、成员或参与者的所得;以及 3. 在该缔约国一方的税收法律中被视为该合伙企业、团体或其他类似实体的所得;可以被不受限制地按照该缔约国一方的税收法律征税;(四)一项所得、利润或收益:1. 如果是通过在缔约国一方设立的合伙企业、团体或其他类似实体从该缔约国一方取得;并且 2. 在缔约国另一方的税收法律中被视为该合伙企业、团体或其他类似实体的所得;没有资格享受本协定的待遇;(五)一项所得、利润或收益:1. 如果是通过在缔约国双方之外的国家设立的合伙企业、团体或其他类似实体从缔约国一方取得;并且 2. 在缔约国另一方和该实体设立地国家的税收法律中被视为该合伙企业、团体或其他类似实体的受益人、合伙人、成员或参与者的所得;应有资格享受本协定的待遇,就像是该合伙企业、团体或其他类似实体中作为该缔约国另一方居民的受益人、合伙人、成员或参与者直接取得一样,前提是该受益人、合伙人、成员或参与者是该缔约国另一方居民,且满足本协定规定的任何其他条件,不论该所得在该缔约国一方的税收法律中是否被视为该受益人、合伙人、成员或参与者的所得,但条件是该合伙企业、团体或其他类似实体的设立地国家与缔约国双方签有包括旨在防止偷漏税的信息交换条款的协议;(六)一项所得、利润或收益:1. 如果是通过在缔约国双方之外的国家设立的合伙企业、团体或其他类似实体从缔约国一方取得;并且 2. 在缔约国另一方的税收法律中被视为该合伙企业、团体或其他类似实体的所得;没有资格享受本协定的待遇。”

一定程度上减少了税收协定的滥用。由此，与“一带一路”沿线国家签订或修订税收协定的时候，可以借鉴与非沿线的国家，如与美、法之间税收协定之经验，将合伙企业能否享受协定待遇明确写入税收协定中，以不断满足数目日益增多的合伙企业赴“一带一路”沿线国家投资的实际需求。

三、合理降低持股比例和间接抵免的条件

与“一带一路”沿线国家间税收协定的间接抵免条款要求应满足两个条件，即持股比例限制和层级要求。在当前54个税收协定中，除与塔吉克斯坦和土库曼斯坦之间的税收协定约定的持股比例可以少于20%，其他有间接抵免条款的32个税收协定，都约定应在10%的持股比例。还有20个税收协定未约定税收间接抵免条款，依据我国的国内税法，要求应在20%以上的持股比例。由此，在“一带一路”沿线国家中有超过1/3的国家要求至少满足20%的持股比例。显然，持股比例要求过高，我国很多投资企业难以达到这一要求，尤其是对股票发行量大、股东分散的大型上市股份有限公司，结果自然无法享有税收间接抵免的优惠。同样采用间接抵免法来避免对跨国纳税人重复征税的美国《联邦税收法典》规定，只需居民公司在一个会计年度中持有外国子公司10%股份即可享受间接抵免的税收优惠。如果是对外国子公司的附属公司想要进行间接抵免，则只要美国居民公司间接持有外国子公司的附属公司有表决权的股票达到5%以上的持股比例，即可依法进行间接抵免。显然，我国与沿线部分国家间的税收协定要求满足持股比例20%的标准，有些偏高，需要下调。

由此，与“一带一路”沿线国家间的税收协定要求各层企业直接、间接持股比例均应达到10%，甚或20%，其中除了土库曼斯坦和塔吉克斯坦两个适用20%的国家外，剩余适用20%股权比例的20个国家都是适用我国税法的结果，协定并未明确约定。所以，可以结合投资的具体实际，对未规定持股比例的条款进行补充，并尽可能适用10%的持股比例标准，以满足我国投资企业大型化、股份制的发展趋势。

另外，与“一带一路”沿线国家间税收协定中的间接抵免，仅适用于符

合规定的三层外国企业:第一层是单一居民企业直接持有 10% 或 20% 以上股权的外国企业;第二层和第三层要求单一上一层的外国企业直接持有 10% 或 20% 的股权比例,且由该企业直接持有或是通过一个或多个满足持股方式规定的外国企业间接持股比例总计达到 10% 或 20% 以上股份的外国企业。质言之,仅上述三层外国企业可以进行所得税的间接抵免,超过三层级的企业即使满足持股比例要求也不得进行间接抵免。而美国《国内收入法典》规定,其间接抵免的层级可以达到六层级。英国、澳大利亚亦规定只要每一层级的子公司持有符合规定股权比例,各层公司不受层级限制,均可以享受间接抵免。通常而言,抵免层级越多,消除重复征税就越彻底,相比较美国的六层级可间接抵免,英国和澳大利亚的无层级限制抵免,中国的三层级不利于消除双重征税,需要调整完善。[1]

由此,三层抵免过于苛刻,大大限制了可以享受税收优惠的企业范围,尤其是伴随“一带一路”倡议深入推进,我国更多的大中型企业赴“一带一路”沿线国家进行投资,这些大中型跨国企业层级架构远超过三层,但受三层抵免的限制致使其部分税款无法抵免,导致其税收负担过重。

为此,2017 年国家税务总局发布的《关于完善企业境外所得税收抵免政策问题的通知》已经将三层抵免扩大到了五层抵免,一定程度上比较彻底地消除了国际重复征税。因此,不断扩大抵免层次至五层,甚或五层以上,是税收协定间接抵免标准的发展趋势,届时将使税收抵免更加充分、彻底,可以切实减轻投资企业的税收负担。综上所述,我国在与“一带一路”沿线国家签订或修订双边税收协定时,应该将层级要求放宽至五层级及以上,更好地与国内、国际税收发展趋势接轨,推动税收协定的完善。

四、适当增加税收饶让抵免制度的适用

税收饶让抵免亦称“虚拟抵免”或“饶让抵免”,意指居住国政府对其

---

〔1〕 参见胡亚文:《“一带一路”倡议下国际税收协定问题研究——以中国为视角》,郑州大学 2017 年硕士学位论文,第 22 页。

居民在国外得到减免税优惠的部分,视同已经缴纳,同样给予税收抵免待遇,不再按居住国税法规定的税率予以补征。税收饶让这种优惠措施的实行,通常需要通过签订双边税收协定的方式予以确定。在国际税收实践中,资本输出国(一般为发达国家)为了使东道国(一般为发展中国家)对外国投资者减、免税的优惠措施,不因被投资国家补征而变得无效,通常采用税收饶让的办法。当前,我国与“一带一路”沿线国家签订的 54 个双边税收协定中,只有 21 个[1]约定了税收饶让抵免条款,多数税收协定中没有涉及饶让抵免。作为“一带一路”沿线的资本输出国,税收协定缺失税收饶让抵免条款,将使我国“一带一路”沿线投资企业未能最终享受投资国的税收优惠,只不过是将投资国减免的税赋,转到我国缴纳而已,不利于减轻投资企业的整体税赋,在一定程度上亦制约了投资的自由化流动。

在国际税收协定的实践中,是否采用饶让抵免,以及饶让的程度与范围,一般与缔约国双方的经济发展水平、国际投资中的地位及国内税制的实际情况密切相关。与发达国家之间的税收协定嵌入饶让抵免条款,有利于增强我国吸引外资的能力。与发展中国家签订的税收协定是否嵌入饶让抵免条款,应具体问题具体分析,即在缔约国之间资本双向流动中,如果我国想鼓励我国投资者向另一缔约国境内投资,则可以嵌入饶让抵免条款,如果不想鼓励向另一缔约国投资,则可以不约定该条款,或者约定饶让抵免条款的单方适用。另外,在嵌入该条款时需要注意其具体内容的完

---

[1] 双方税收饶让适用的有 16 个国家和地区:阿曼、巴基斯坦、保加利亚、斯洛伐克、科威特、马来西亚、马其顿、斯里兰卡、泰国、文莱、印度、越南、柬埔寨、塞尔维亚、黑山、波黑。对方国家给予单方饶让适用,即对方国家居民从中国取得的所得对方国家单方给予饶让,共有 5 个国家和地区:阿联酋、波兰、新加坡、匈牙利、叙利亚。不适用税收饶让的有 33 个:阿尔巴尼亚、印度尼西亚、阿塞拜疆、以色列、埃及、伊朗、爱沙尼亚、亚美尼亚、巴林、乌兹别克斯坦、白俄罗斯、菲律宾、俄罗斯、格鲁吉亚、乌克兰、哈萨克斯坦、土库曼斯坦、吉尔吉斯斯坦、卡塔尔、拉脱维亚、立陶宛、蒙古、摩尔多瓦、沙特阿拉伯、塔吉克斯坦、土耳其、尼泊尔、捷克、克罗地亚、老挝、罗马尼亚、孟加拉国、斯洛文尼亚。根据国家税务总局官网数据整理,资料来源:http://www.chinatax.gov.cn/n810341/n810770/index.html,最后访问日期:2019 年 2 月 6 日。

善。首先,应合理确定饶让比率。根据双方的投资存量、贸易依赖度等各因素,确定一个固定或浮动比率,尽量避免使用核定饶让的方式。其次,明确饶让条款的适用条件和适用期限。由于缔约国双方贸易、投资地位和条件在不断地演化发展,当某些情势发生重大变更时,饶让抵免条款存在的意义可能随之消失,为了保证整个税收协定的稳定,在嵌入税收饶让条款时,可以附上条件、期限,超过限制时间后,根据缔约双方的实际需要,重新决定是否继续进行税收饶让。[1] 最后,防止滥用饶让条款。在嵌入饶让抵免条款时有必要引入反滥用的规定,既让纳税人企业有获得感,又能切实规制偷逃避税行为。另外,如果缔约国一方的国内税法中已有税收饶让抵免条款,也可以协商是否直接适用。

五、引入仲裁条款完善税收协定争议解决机制

当前,我国与“一带一路”沿线国家签订的54个双边税收协定中,关于税收争议的磋商程序主要存在以下问题:纳税人负担举证责任导致举证难;磋商主体只能是国家,纳税人利益保护不够;逾期协商未果又如何解决;磋商程序效率低下;纳税人无权直接启动、参与磋商层序导致磋商程序的透明度较差等。由此,在修改、重签与“一带一路”沿线国家间的双边税收协定时,应该全面完善税收争议的磋商程序,包括但不限于:缔约国为纳税人举证提供便利;明确磋商程序的期限;赋予纳税人适度参与磋商程序的机会;公开磋商过程及磋商结果以增加磋商程序的透明度。

另外一种解决国际税收争议的重要途径是税收仲裁程序,即将税收争议提交给中立的第三方进行协调和裁决,相较于磋商程序,税收仲裁程序具有中立、高效、公正的特点,成为解决国际税收争端的新方式。第一个引入仲裁机制解决税收争议的税收协定是1985年德国和瑞典之间的税收协定。该协定对税收争议仲裁机制进行了全面的约定,包括自愿启动仲裁程序原则;由源于双方缔约国、第三国或者国际组织的人员担任仲裁员;仲裁

---

[1] 参见马震:《“一带一路”视角下的国际税收协调研究》,载《经济体制改革》2018年第6期。

程序依照国际规则或习惯规则进行；依照协定约定或国际法一般原则作出裁决，但不得滥用公平和善意原则；以及仲裁裁决一旦作出，对双方具有强制约束力。[1] 1989 年美、德之间的双边税收协定对税收争议仲裁条款进行了进一步完善，把磋商程序约定为仲裁的前置性程序，把自愿仲裁改为强制性仲裁，即一旦约定时间内磋商未果，一缔约国无须征得另一缔约国的同意，可直接启动仲裁程序。[2] 2008 年经合组织在其《税收协定范本》中亦正式引入了解决税收争议的仲裁程序。

为了更好地解决税收争议，维护我国税收主权，保护我国投资企业（纳税人）的权益，在修订、重签相关税收协定时，可适时引入仲裁解决程序。在引入、完善税收仲裁程序时应注意以下问题：（1）明确协商程序为仲裁程序的必经前置程序。为了发挥磋商程序灵活、高效、简捷的优势，减轻当事人诉累，税收协定争议发生后，首先应由双方进行磋商，只有在规定期限内无法解决或无法完全解决争议的情况下，才可以启动仲裁程序。（2）可以约定“强制性”仲裁程序。税收争议仲裁分为两种，一种是自愿仲裁，即仲裁程序的启动只能在缔约国同意后才能启动；另一种是强制性仲裁，[3] 即经任意一方当事国提请或跨国纳税人申请均可启动仲裁程序。国际实践中大多采用自愿性仲裁，但自愿性仲裁程序的启动被设置了重重障碍，即不仅需要以穷尽相互协商救济程序为前提，还需要经过当事国方甚或纳税人的一致同意。如是，往往使通过税收仲裁程序解决税收争议的初衷无法落实，有学者甚至认为自愿性仲裁程序只是相互协商程序的一种延伸而

---

〔1〕 See Dr Jean-Philippe Chetcuti, “Tax Dispute Resolution: Arbitration”, *International Tax Dispute Resolution* 7, 2001, p. 28.

〔2〕 参见徐妍：《“一带一路”税收争端解决机制法律问题研究》，载《社会科学站线》2018 年第 8 期。

〔3〕 如《德国和奥地利税收协定》规定，税收协定解释和适用中的争议，在纳税人的请求下，即可提交欧洲法院仲裁；《美国与德国税收协议议定书》第 13 条规定，赋予缔约国一方在双方就特定国际税收争议不能协商解决时直接将案件提交仲裁的权利；2007 年《美国和加拿大税收协定》第 5 议定书规定，如果税收协定争议不能通过相互协商程序解决，则如纳税人申请，税务主管当局须启动税收仲裁程序。

已。为了更好地发挥仲裁程序的优势，笔者建议引入强制性仲裁程序。(3)赋予纳税人仲裁当事人的地位。赋予纳税人以仲裁当事人的地位不仅有利于了解事实真相，推动税收仲裁程序的顺利进行，更有利于提高仲裁程序的公开性和透明度，增强税收仲裁裁决的认可度和可行性。具体做法有二：一是借鉴 ICSID 机制中的“双重同意”原则。所谓“双重同意”是指在当事国之间、一方当事国和境外投资者之间均同意将投资争端提请 ICSID 解决。[1] 二是通过“仲裁第三人”理论实现当事人的参与权。“仲裁第三人”是指在仲裁程序开始后，与仲裁案件处理结果有实质性联系而主动介入或被通知介入仲裁程序中的仲裁协议当事人。相较而言，后者难度较小，简单易行，可能更容易被“一带一路”沿线国家接受。(4)公开税收争议仲裁裁决文书。在税收争议仲裁程序中，缔约国往往基于对自身税收主权的考量，不倾向于公开相关资料文件，但税收仲裁可能涉及第三方公共利益，公开仲裁裁决文书，能够让当事人及公众对税收仲裁结果有初步的判断，增加仲裁裁决的可预测性和透明度，进而扩展仲裁程序在税收领域的广泛使用。但并非所有的税收仲裁裁决文书都具有可公开性，对于涉及当事国国家秘密、跨境投资者个人隐私和商业秘密的仲裁裁决文书仍应进行保密。因此，应确立“公开为原则，不公开为例外”之约定。(5)赋予仲裁裁决以强制拘束力。如若税收争议仲裁裁决缺乏强制性与约束性，将导致仲裁程序的效果大打折扣，税收争议仲裁裁决的强制约束力也是磋商程序所缺失的重要优势之一。因此，赋予仲裁裁决以强制约束力是引入仲裁程序的应有之义。但仲裁裁决在缔约国境内的执行尚有一定阻力和难度，建议在税收协定中明确缔约国承认、执行仲裁裁决的义务，以保证裁决的顺利执行。

六、完善情报信息交换条款

与“一带一路”沿线国家间税收协定的情报信息交换条款的内容可分

---

〔1〕 参见张富强：《论强国战略下“一带一路”国际税收争议解决机制的完善》，载《法学杂志》2018 年第 8 期。

为两大类:第一类是以早期的我国和马来西亚等国家间的税收协定为代表,把情报交换的内容仅限于实施税收协定"所需要的信息"。第二类是以我国和塔吉克斯坦等国家间的税收协定为代表,把"所需要的信息"改为"可预见的信息或相关的信息",即增加了提供信息国的责任。尽管54个双边税收协定中的情报信息"交换内容"差别不大,但适用范围上却差异明显。[1] 当前税收协定关于情报信息的交换条款主要存在以下问题:(1)可交换的信息范围约定不明。"可预见的相关信息"显然比"所需要的信息"范围要宽泛,但哪些情报信息属于"可预见"的范畴并未进一步明确。实践中,主动权往往掌握在被请求方,不利于缔约国之间的税务交流与合作,也不利于合作打击由于信息不对等造成的国际偷避税。经合组织《税收协定范本》建议把"可预见的信息"界定为"应为缔约国国内法所允许的最广阔范围内的信息",并用逐项列举的方式予以规定。[2] 由此,在修订、重签相关税收协定时,对"可预见的信息"的界定,建议采用"逐项列举+兜底条款"的方式予以进一步明确。(2)情报交换保密追究责任缺位。当前的税收协定中规定了保密义务,但未明确违背保密义务的追责措施,需要进一步完善。申请信息交换的一方应证明其国内法中有较为完善的情报保密机制,有能力为情报保密提供保障。也可能出现虽然国内法中

---

〔1〕 其适用范围可以总结为四类:(1)该条款突破协定规定的税种限制但仍只约束缔约国双方;(2)该条款仍受协定规定的税种范围限制,但适用范围不仅限于缔约国双方;(3)该条款的适用既不限于协定规定税种也不限于协定规定的居民;(4)坚持了条约的相对性,该条款的适用既受限于协定规定税种也受限于协定规定的居民。具体而言,不限于协定规定的税种(1个):新加坡;不限于协定规定的居民(44个):拉脱维亚、印度尼西亚、菲律宾、老挝、越南、文莱、尼泊尔、印度、巴基斯坦、斯里兰卡、孟加拉国、哈萨克斯坦、克罗地亚、乌兹别克斯坦、吉尔吉斯斯坦、伊朗、亚美尼亚、格鲁吉亚、以色列、沙特阿拉伯、巴林、卡塔尔、阿曼、阿拉伯联合酋长国、科威特、阿尔巴尼亚、波黑、保加利亚、斯洛伐克、爱沙尼亚、匈牙利、立陶宛、蒙古、马其顿、塞尔维亚、黑山、罗马尼亚、波兰、斯洛文尼亚、俄罗斯、乌克兰、白俄罗斯、摩尔多瓦、埃及;既不限于协定规定税种也不限于协定规定的居民(6个):阿塞拜疆、塔吉克斯坦、土库曼斯坦、叙利亚、柬埔寨、捷克;既受限于协定规定税种也受限于协定规定的居民(3个):泰国、土耳其、马来西亚。根据国家税务总局官网数据整理,资料来源:http://www.chinatax.gov.cn/n810341/n810770/index.html,最后访问日期:2019年2月6日。

〔2〕 参见2005年OECD《税收协定范本》注释中对第26条解释的第5段。

有情报保密之规定,但是保密程度过低,在此种情况下请求方可能无法切实履行保密义务。此时,可以借鉴瑞典和丹麦间的税收协定之约定,即当一方的保密要求比国内法规定更为严格时,应该适用更严格的标准,即使该适用与本国法律规定相冲突。除了在法律上对情报保密工作进行保护之外,缔约国还应当实施具体的行政措施来与法律规定相配合。如果缔约双方中任何一方没有采取这些具体行政措施,另一方则可以选择推迟履行交换情报的义务,直到对方证明了其有履约能力和采取保密措施的行动意愿。(3)缺乏防止滥用情报信息交换之约定。税收情报交换条款是为了促进缔约国之间的信息交换与税务合作。但实践中对税收情报交换条款的滥用大大阻碍了税收信息的正常交换,故需要对其进行一个合理的规制。例如,对于“工业秘密和商业秘密”及“公共秩序”的界定,可借鉴经合组织的建议,在协定界定这些术语时,尽量明确而规范,避免留白过多。对于“工业秘密和商业秘密”的解释应当进行合理限制。可以成为“秘密”的信息应当具有重要的经济价值和实用价值,且这类信息还应具有在未被授权使用时具有导致他人经济利益重大损害的可能性。对于“公共秩序”的解释更应当谨慎对待,其适用也极为有限,如请求国基于政治、种族或宗教迫害等原因进行的税务调查。[1]

七、建立、完善与“一带一路”沿线国家间的税收合作机制

伴随双边税收协定的完善,“一带一路”沿线的税收协定网络将更为成熟。但仅靠签订税收协定来进行税收协调依然有些捉襟见肘。因为:(1)税收协定的谈判、签订是一个漫长、艰难的过程,需要双方不断地磋商和协调。(2)税收协定的规定总体上仍偏向于原则性,缺乏针对性,处理琐碎的小问题反而力不从心。(3)税收协定的修订无法与“一带一路”建设不断变化的最新实践保持同步,具有一定的滞后性。由此,需要建立一个“一带一路”沿线国家税务合作机制,解决上述问题,加强税务合作和

〔1〕 参见2005年OECD《税收协定范本》注释中对第26条解释的第19段。

对话。

构建“一带一路”沿线税务合作机制，可以借鉴联合国的国际税务合作专家委员会以及经合组织的财政事务委员会的工作机制和模式，即由我国牵头设立“一带一路”税务合作专家委员会。其宗旨可拟定为“在尊重各国税法差异的基础上，促进‘一带一路’沿线各国的税务交流、对话、合作与发展的一个多边、非歧视性的平台”。其性质拟为专业、非强制性的合作组织，其组成人员拟为“一带一路”沿线各国的税务部门的政府官员、财税专家或者相关法律专家。其工作职责拟为主持召开定期或不定期的“一带一路”沿线国家间税务会议和论坛、关注沿线税务发展中的新问题、发布年度税务报告等，形成规范的会议机制。同时，该委员会亦可吸引更多学者、企业等非政府人员的参与，为“一带一路”沿线税务的发展献计献策。专家委员会的设立以及会议机制的形成，可以突破税收协定下双边机制的局限，助力打造一个多边税收协商的新平台。

该委员会还可以协助建立常态化的居民境外投资税收征管跨部门合作机制。尤其是在统计数据共享、共同政策制定、现场检查合作等方面，建立明确清晰的界定和合作程序。赋予税务部门利用法律手段向各方获取一切所需信息的权利，沿线投资企业从设立境外机构开始，其税务登记、合同备案、税收抵免、所得申报、汇算清缴等业务都纳入税务部门管理之中。建立数据处理中心，通过税务管理系统和税收情报系统以及公共数据网络实现与纳税人、政府部门的信息交换和数据共享，提高对纳税人信息监控和反馈的能力。[1]

本章小结

东道国国内的税收政策风险，以及已经签署的税收保护性协定，凭借

〔1〕 参见陈红彦、马楚莹：《“一带一路”基础设施投资的国际税收法律制度完善》，载《华南理工大学学报》2018 年第 3 期。

投资者的勤勉与审慎,事前认真学习、充分了解东道国的税种、税制、税率以及各优惠政策,重视税收安排与筹划,基本可以有效避免相关税收风险。但投资协定不完善,甚或缺失,为投资者带来“双重征税”的负担,除非其投资及收益流向“避税基地”而不是流回我国,当然这不是我们对外投资的初衷。另外,投资信息共享机制及税收争议解决机制的不完善,使投资者无法获取有效信息,没有更好的争议解决途径可供选择,单凭投资者自身无法改变,税收协定的签署与更新、信息共享机制和税收争议解决的完善需要国家层面的顶层设计。

由于涉及国家的税收主权,“一带一路”沿线国家之间税收问题的协调,更多地应侧重于国家层面的顶层设计,包括但不限于更新、完善“一带一路”沿线国家之间的税收协定,科学设计间接抵免的层次,斟酌饶让抵免条款的单方使用,强化税收争议仲裁的强制磋商程序等。拟设立的“一带一路”国际投资争端解决机构以及现有的商事仲裁机构能否胜任沿线的税收争议的解决,税收协定中的税收争议仲裁与传统商事仲裁有何不同,两种仲裁机制如何更好地兼容,如何设计才能最大限度地保护我国投资者权益等相关问题,需要另行探讨。

结束语

本书定稿之际正值第二届“一带一路”国际合作高峰论坛顺利召开，5年多来，“一带一路”合作取得喜人成绩，习近平主席在开幕式上宣布：六廊六路多国多港的互联互通架构基本形成，一大批合作项目落地生根，150多个国家和国际组织同中国签署共建“一带一路”合作协议，共建“一带一路”为世界经济增长开辟了新空间，为国际贸易和投资搭建了新平台，为完善全球经济治理拓展了新实践，为增进各国民生福祉做出了新贡献。[1]

在贸易保护主义抬头，多边主义受阻，经济全球化遭遇十字路口之际，“一带一路”倡议成为倡导多边主义的中坚力量。全球经贸体系正在经历着自1994年乌拉圭回合以来最深刻的规则调整期，通过“一带一路”倡议主动参与区域经贸规则重构具有极强的现实意义，无论是国际经贸法制的建构，还是国际法的实践发展，我国正在从“被动适应者”向“主动引领者”转变。为了更好地维护多边主义以及经济全球化进程，“一带一路”应把没有硬性拘束力的“宣言、倡议和纲领”逐步升级为具有国际法效力的“条约、公约或协定”，实现由“政治驱动”向“规则驱动”的转变，由“输出过剩产能”的初衷向“区域经济共同体”的目标迈进，助推“一带一路”转型升级。

在推动“一带一路”倡议规则化、条约化的进程中，需要注重国内规则

---

〔1〕 参见习近平主席在第二届“一带一路”国际合作高峰论坛开幕式上的主旨演讲：《齐心共建“一带一路”美好未来》，载新华网：http://www.xinhuanet.com/mrdx/2019-04/27/c_138014538.htm，最后访问日期：2019年4月28日。

与国际规则在制度上的衔接及逻辑上的自洽,使之能够适应“一带一路”倡议下我国深度参与区域经济一体化的需要。我国“入世”以来,国际经贸规则深度渗透入国内经贸规范之中,国内经贸规范亦与国际经贸规则高度对标。但仍有部分国内经贸规范需要进一步对标国际先进规则。例如,原产地的认定、实际控制标准、国企竞争中立、海外投资保险、避免双重征税等规则。需要根据我国实际,尽可能对标高水平的 TTP、TISA,以及欧美之间的 BIT。海关监管及通关便利化亦需要全面对标 TFA 协定,尤其是我国保留的事项,需要先行先试。国内经贸规范及管理模式对标国际先进经验的改革可以自贸试验区为依托,进一步深化制度创新,转变政府治理模式,尤其是贸易、投资、资本、人员四大要素的自由化与便利化,需要全面对标国际先进规则。另外,稳定、透明、可预期的营商环境是建构全面开放新格局的必备条件,建筑工程许可、获得电力、纳税便利、法制保障等方面需要切实对标世界银行营商环境的指标体系,进而形成可复制、可推广的经验,在全国推行,全面提升我国整体营商环境水平。

明确终点可以少走弯路,但直路与弯路都是艰难之路,在全面实施“一带一路”建设进程中,以下几个难题依然无法回避,需要深入思考:

首先,如果说“一带一路”倡议代表了区域多边,WTO 代表了全球多边主义,那么二者是否冲突?如果没有冲突,又该如何推进、协调二者之间的关系?如果二者有冲突,那么是“一带一路”优先,还是 WTO 改革优先?在当前的国内外背景之下,哪一种路径更符合我国利益?需要综合研判,认真思量。

其次,“一带一路”如何成功实现从“政治驱动”到“规则驱动”的转型?长期以来,我国是国际经贸规则的追随者,“一带一路”倡议为我国引领国际经贸规则发展提供了重大契机。然而,该区域是全球经济发展最不均衡、文化差异最大、法律规则最复杂的区域之一,如何协调不同国家间千差万别的利益诉求,如何整合不同法系之间的规则与规范,如何消除大国的质疑及小国的疑虑,需要超越 WTO 的智慧、耐心与技巧。或许可以采用“先贸易后投资,先双边后多边”的策略,以中国东盟自由贸区为范例,不断拓展双边自贸区的国家范围，以中韩 BIT 为范例，不断拓展双边投资协定的国家范围，双边自贸区和投资协定网络形成后，再行考虑谈判和签署多边、综合性的 FTA 协定。此策略时间长久，耗时耗力，兴许是次优选择，但一步到位、一蹴而就的方案明显脱离“一带一路”建设实况，缺乏可行性。

再次，从基础设施和中欧班列的视角分析，“一带一路”建设能否升级为高水平的“经济共同体”？面对基础设施落后，中欧班列运量不大的现实，或许可以遵从由下至上的“三步走”策略：第一步，在全面提升基础设施硬件水平的同时，提升合作机制及软件的升级，切实达成互联互通、贸易通关、多式联运、投资监管等领域成熟的合作机制。第二步，在高效、透明的软硬件支撑下，贸易投资有望快速增长，中欧班列频次和运量亦将迅速提升，“一带一路”沿线国家之间有望形成巨大的区域产业与经贸市场、庞大的交通运输网络、以及便捷的国际物流体系。第三步，在便捷、高效、规模化区域市场的基础上，谈判和签署高水平、综合性的 FTA，亦是水到渠成。

最后，人民币国际化可以缓释“一带一路”沿线的投资风险，但如何推动人民币的国际化？如果人民币发展成为沿线贸易、投融资的主要支付货币，毫无疑问，将大大降低投资的风险，尤其是禁兑风险、汇率风险、货币贬值风险。可能的措施如下：一是助推“货币互换协议”普及沿线主要的贸易投资国，并提高互换额度，尤其是石油交易国，竭力扩大人民币的市场份额。二是全力推动上海石油交易所“石油—人民币—黄金”机制的快速发展。无论是俄罗斯，还是中东石油出口国，都是“一带一路”沿线重要的合作伙伴。我国作为全球最大的石油进口国，如能实现进口石油的人民币支付，将大大提升人民币的交易份额及国际化程度。三是推动与“一带一路”沿线国家之间经常项目和资本项目下的交易尽可能使用人民币支付，提升人民币的认可与接受度，降低对第三方货币的依赖。如是可以大大助推人民币的国际化，降低沿线交易的货币风险。

参考文献

一、专著类

1. 余劲松:《国际投资法》,法律出版社 2018 年版。

2. 姚梅镇:《国际投资法》,武汉大学出版社 2011 年版。

3. 梁永:《中国投资者海外投资法律与风险防范》,法律出版社 2011 年版。

4. 陈安:《美国对海外投资的法律保护及典型案例分析》,鹭江出版社 1985 年版。

5. 漆彤主编:《中国海外投资法律指南》,法律出版社 2019 年版。

6. 张薇:《国际投资中的社会责任规则研究》,中国政法大学出版社 2011 年版。

7. 江荣卿:《境外投资法规解读及双边投资保护协定应用》,法律出版社 2010 年版。

8. [德]鲁道夫·多尔查、克里斯托弗·朔伊尔:《国际投资法原则》,祁欢、施进译,中国政法大学出版社 2014 年版。

9. [尼泊尔]苏里亚·P. 苏贝迪:《国际投资法:政策与原则的协调》,张磊译,法律出版社 2015 年版。

10. Karl P. Sauvant, Appeals Mechanism in Investment Disputes, Oxford University Press, 2013.

11. Caroline Henckels, Protecting Regulatory Automomy Through Greater

Precision in Investment Treaties: the TPP, CETA and TTIP, 19(1) Journal of International Economic Law(2016).

12. UNCTAD Series on International Investment Policies for Development: Investor-State Disputes: Prevention and Alternatives to Arbitration.

二、论文类

1. 张乃根:《“一带一路”倡议下的国际经贸规则之重构》,载《法学》2016 年第 5 期。

2. 王军杰:《ICSID 上诉机制建构的法理基础及制度选择》,载《社会科学辑刊》2018 年第 5 期。

3. 漆彤:《论中国双边投资协定的模式变迁》,载《武大国际法评论》2013 年第 1 期。

4. 王军杰:《“一带一路”沿线“投资者—东道国”争端解决的路径与机制》,载《西南民族大学学报》2018 年第 6 期。

5. 李玉璧、王兰:《“一带一路”建设中的法律风险识别及应对策略》,载《国家行政学院学报》2017 年第 2 期。

6. 杨泽伟:《21 世纪丝绸之路建设的风险及其法律防范》,载《环球法律评论》2018 年第 1 期。

7. 王法:《关于构建我国海外投资保险制度的思考》,载《当代经济》2016 年第 8 期。

8. 李冬梅、李湘芬:《海外投资保险法律制度研究》,载《重庆工商大学学报》2017 年第 3 期。

9. 王丽丽、范志勇:《双边投资协定与“一带一路”沿线国家的市场进入》,载《浙江学刊》2017 年第 6 期。

10. 王军杰:《论“一带一路”沿线投资政治风险的法律应对》,载《现代法学》2018 年第 3 期。

11. 车丕照:《国际经济秩序“导向”分析》,载《政法论丛》2016 年第

1 期。

12. 徐崇利:《多边投资担保机构的比较优势及新世纪的发展战略》,载《华东政法大学学报》2002 年第 3 期。

13. 陈安:《台商大陆投资保险可行途径初探》,载《中国法学》1995 年第 5 期。

14. Daniel C. K. Chow, "Why China Wants a Bilateral Investment Treaty with the United States", *Boston University International Law Journal* 6, 2015.

15. Thomas W. Walsh, "Substantive Review of ICSID Awards: Is the Desire for Accuracy Sufficient to Compromise Finality", *Berkeley Journal of International Law* 2, 2016.

16. Olin L. Wethington, "Commentary on the Consultation Mechanism under the WTO Dispute Settlement Understanding during Its First Five Years", *Law & Policy in International Business* 31, 2000.

17. William S. Dodge, "Investor-State Dispute Settlement between Developed Countries: Reflections on the Australia-United States Free Trade Agreement", *Vanderbilt Journal of Transnational Law* 39, 2016.

附录 1

我国 BIT 附表

我国对外签订双边投资协定一览表

（截至 2016 年 12 月）

序号	国家	签署日期	生效日期	备注
1	瑞典	1982 年 3 月 29 日	1982 年 3 月 29 日	
	瑞典	2004 年 9 月 27 日	2004 年 9 月 27 日	签字即生效
2	德国	1983 年 10 月 7 日	1985 年 3 月 18 日	
	德国	2003 年 12 月 1 日	2005 年 11 月 11 日	重新签订
3	法国	1984 年 5 月 30 日	1985 年 3 月 19 日	2007 年 11 月 26 日重新签订，新协定取代旧协定
	法国	2007 年 11 月 26 日	2010 年 8 月 20 日	重新签订
4	比利时与卢森堡	1984 年 6 月 4 日	1986 年 10 月 5 日	
	比利时与卢森堡	2005 年 6 月 6 日	2009 年 12 月 1 日	重新签订

续表

序号	国家	签署日期	生效日期	备注
5	芬兰	1984 年 9 月 4 日	1986 年 1 月 26 日	
	芬兰	2004 年 11 月 15 日	2006 年 11 月 15 日	重新签订
6	挪威	1984 年 11 月 21 日	1985 年 7 月 10 日	
7	意大利	1985 年 1 月 28 日	1987 年 8 月 28 日	
8	丹麦	1985 年 4 月 29 日	1985 年 4 月 29 日	
9	荷兰	1985 年 6 月 17 日	1987 年 2 月 1 日	
	荷兰	2001 年 11 月 26 日	2004 年 8 月 1 日	重新签订
10	奥地利	1985 年 9 月 12 日	1986 年 10 月 11 日	
11	英国	1986 年 5 月 15 日	1986 年 5 月 15 日	
12	瑞士	1986 年 11 月 12 日	1987 年 3 月 18 日	
	瑞士	2009 年 1 月 27 日	2010 年 4 月 13 日	重新签订
13	波兰	1988 年 6 月 7 日	1989 年 1 月 8 日	
14	保加利亚	1989 年 6 月 27 日	1994 年 8 月 21 日	
	保加利亚	2007 年 6 月 26 日	2007 年 11 月 10 日	
15	俄罗斯	2006 年 11 月 9 日	2009 年 5 月 1 日	
16	匈牙利	1991 年 5 月 29 日	1993 年 4 月 1 日	
17	捷克和斯洛伐克	1991 年 12 月 4 日	1992 年 12 月 1 日	
	捷克和斯洛伐克	2005 年 12 月 7 日	2007 年 5 月 25 日	附加议定书
18	葡萄牙	1992 年 2 月 3 日	1992 年 12 月 1 日	
	葡萄牙	2005 年 12 月 9 日	2008 年 7 月 26 日	重新签订
19	西班牙	1992 年 2 月 6 日	1993 年 5 月 1 日	
	西班牙	2005 年 11 月 24 日	2008 年 7 月 1 日	重新签订
20	希腊	1992 年 6 月 25 日	1993 年 12 月 21 日	
21	乌克兰	1992 年 10 月 31 日	1993 年 5 月 29 日	

续表

序号	国家	签署日期	生效日期	备注
22	摩尔多瓦	1992 年 11 月 6 日	1995 年 3 月 1 日	
23	白俄罗斯	1993 年 1 月 11 日	1995 年 1 月 14 日	
24	阿尔巴尼亚	1993 年 2 月 13 日	1995 年 9 月 1 日	
25	克罗地亚	1993 年 6 月 7 日	1994 年 7 月 1 日	
26	爱沙尼亚	1993 年 9 月 2 日	1994 年 6 月 1 日	
27	斯洛文尼亚	1993 年 9 月 13 日	1995 年 1 月 1 日	
28	立陶宛	1993 年 11 月 8 日	1994 年 6 月 1 日	
29	冰岛	1994 年 3 月 31 日	1997 年 3 月 1 日	
30	罗马尼亚	1994 年 7 月 12 日	1995 年 9 月 1 日	
	罗马尼亚	2007 年 4 月 16 日	2008 年 9 月 1 日	
31	南斯拉夫	1995 年 12 月 18 日	1996 年 9 月 12 日	塞尔维亚承接了前南斯拉夫的国际协定
32	马其顿	1997 年 6 月 9 日	1997 年 11 月 1 日	
33	马耳他	2009 年 2 月 22 日	2009 年 4 月 1 日	
34	塞浦路斯	2001 年 1 月 17 日	2002 年 4 月 29 日	
35	泰国	1985 年 3 月 12 日	1985 年 12 月 13 日	
36	新加坡	1985 年 11 月 21 日	1986 年 2 月 7 日	
37	科威特	1985 年 11 月 23 日	1986 年 12 月 24 日	
38	斯里兰卡	1986 年 3 月 13 日	1987 年 3 月 25 日	
39	日本	1988 年 8 月 27 日	1989 年 5 月 14 日	
40	马来西亚	1988 年 11 月 21 日	1990 年 3 月 31 日	
41	巴基斯坦	1989 年 2 月 12 日	1990 年 9 月 30 日	

续表

序号	国家	签署日期	生效日期	备注
42	土耳其	1990 年 11 月 13 日	1994 年 8 月 19 日	
43	蒙古	1991 年 8 月 25 日	1993 年 11 月 1 日	
44	乌兹别克斯坦	1992 年 3 月 13 日	1994 年 4 月 12 日	2011 年 4 月 19 日重新签署,新协定取代旧协定
	乌兹别克斯坦	2011 年 4 月 19 日	2011 年 9 月 1 日	重新签订
45	吉尔吉斯斯坦	1992 年 5 月 14 日	1995 年 9 月 8 日	
46	亚美尼亚	1992 年 7 月 4 日	1995 年 3 月 18 日	
47	菲律宾	1992 年 7 月 20 日	1995 年 9 月 8 日	
48	哈萨克斯坦	1992 年 8 月 10 日	1994 年 8 月 13 日	
49	韩国	1992 年 9 月 30 日	1992 年 12 月 4 日	
	韩国	2007 年 9 月 7 日	2007 年 12 月 1 日	重新签订
50	土库曼斯坦	1992 年 11 月 21 日	1994 年 6 月 6 日	
51	越南	1992 年 12 月 2 日	1993 年 9 月 1 日	
52	老挝	1993 年 1 月 31 日	1993 年 6 月 1 日	
53	塔吉克斯坦	1993 年 3 月 9 日	1994 年 1 月 20 日	
54	格鲁吉亚	1993 年 6 月 3 日	1995 年 3 月 1 日	
55	阿联酋	1993 年 7 月 1 日	1994 年 9 月 28 日	
56	阿塞拜疆	1994 年 3 月 8 日	1995 年 4 月 1 日	
57	印度尼西亚	1994 年 11 月 18 日	1995 年 4 月 1 日	
58	阿曼	1995 年 3 月 18 日	1995 年 8 月 1 日	
59	以色列	1995 年 4 月 10 日	2009 年 1 月 13 日	
60	沙特阿拉伯	1996 年 2 月 29 日	1997 年 5 月 1 日	

续表

序号	国家	签署日期	生效日期	备注
61	黎巴嫩	1996 年 6 月 13 日	1997 年 7 月 10 日	
62	柬埔寨	1996 年 7 月 19 日	2000 年 2 月 1 日	
63	叙利亚	1996 年 12 月 9 日	2001 年 11 月 1 日	
64	也门	1998 年 2 月 16 日	2002 年 4 月 10 日	
65	卡塔尔	1999 年 4 月 9 日	2000 年 4 月 1 日	
66	巴林	1999 年 6 月 17 日	2000 年 4 月 27 日	
67	伊朗	2000 年 6 月 22 日	2005 年 7 月 1 日	
68	缅甸	2001 年 12 月 12 日	2002 年 5 月 21 日	
69	朝鲜	2005 年 3 月 22 日	2005 年 10 月 1 日	
70	印度	2006 年 11 月 21 日	2007 年 8 月 1 日	
71	日韩	2012 年 5 月 13 日	2014 年 5 月 17 日	
72	澳大利亚	1988 年 7 月 11 日	1988 年 7 月 11 日	
73	新西兰	1988 年 11 月 22 日	1989 年 3 月 25 日	
74	巴布亚新几内亚	1991 年 4 月 12 日	1993 年 2 月 12 日	
75	加纳	1989 年 10 月 12 日	1990 年 11 月 22 日	
76	埃及	1994 年 4 月 21 日	1996 年 4 月 1 日	
77	摩洛哥	1995 年 3 月 27 日	1999 年 11 月 27 日	
78	毛里求斯	1996 年 5 月 4 日	1997 年 6 月 8 日	
79	津巴布韦	1996 年 5 月 21 日	1998 年 3 月 1 日	
80	阿尔及利亚	1996 年 10 月 17 日	2003 年 1 月 28 日	
81	加蓬	1997 年 5 月 9 日	2009 年 2 月 16 日	
82	尼日利亚	1997 年 5 月 12 日	—	已废除
	尼日利亚	2001 年 8 月 27 日	2010 年 2 月 18 日	重新签订
83	苏丹	1997 年 5 月 30 日	1998 年 7 月 1 日	
84	南非	1997 年 12 月 30 日	1998 年 4 月 1 日	

续表

序号	国家	签署日期	生效日期	备注
85	佛得角	1998 年 4 月 21 日	2001 年 10 月 1 日	
86	埃塞俄比亚	1998 年 5 月 11 日	2000 年 5 月 1 日	
87	突尼斯	2004 年 6 月 21 日	2006 年 7 月 1 日	
88	赤道几内亚	2005 年 10 月 20 日	2006 年 11 月 15 日	
89	马达加斯加	2005 年 11 月 21 日	2007 年 7 月 1 日	
90	马里	2009 年 2 月 12 日	2009 年 7 月 16 日	
91	坦桑尼亚	2013 年 3 月 24 日	2014 年 4 月 17 日	
92	刚果	2000 年 3 月 20 日	2015 年 7 月 1 日	
93	玻利维亚	1992 年 5 月 8 日	1996 年 9 月 1 日	
94	阿根廷	1992 年 11 月 5 日	1994 年 8 月 1 日	
95	乌拉圭	1993 年 12 月 2 日	1997 年 12 月 1 日	
96	厄瓜多尔	1994 年 3 月 21 日	1997 年 7 月 1 日	
97	智利	1994 年 3 月 23 日	1995 年 8 月 1 日	
98	秘鲁	1994 年 6 月 9 日	1995 年 2 月 1 日	
99	牙买加	1994 年 10 月 26 日	1996 年 4 月 1 日	
100	古巴	1995 年 4 月 24 日	1996 年 8 月 1 日	
	古巴	2007 年 4 月 20 日	2008 年 12 月 1 日	重新修订
101	巴巴多斯	1998 年 7 月 20 日	1999 年 10 月 1 日	
102	特立尼达多巴哥	2002 年 7 月 22 日	2004 年 12 月 7 日	
103	圭亚那	2003 年 3 月 27 日	2004 年 10 月 26 日	
104	加拿大	2012 年 9 月 9 日	2014 年 10 月 1 日	

资料来源:根据中国商务部网站相关资料整理。

附录 2

我国避免双重征税协定附表

我国对外签订避免双重征税协定一览表

（截至 2019 年 3 月）

序号	国家或地区	签署日期	生效日期	执行日期
1	日本	1983 年 9 月 6 日	1984 年 6 月 26 日	1985 年 1 月 1 日
2	美国	1984 年 4 月 30 日	1986 年 11 月 21 日	1987 年 1 月 1 日
3	法国	1984 年 5 月 30 日	1985 年 2 月 21 日	1986 年 1 月 1 日
	法国	2013 年 11 月 26 日	2014 年 12 月 28 日	2015 年 1 月 1 日
4	英国	1984 年 7 月 26 日	1984 年 12 月 23 日	1985 年 1 月 1 日
	英国	2011 年 6 月 27 日	2013 年 12 月 13 日	中国:2014 年 1 月 1 日;英国:所得税和财产收益税—2014 年 4 月 6 日;公司税—2014 年 4 月 1 日
5	比利时	1985 年 4 月 18 日	1987 年 9 月 11 日	1988 年 1 月 1 日
	比利时	2009 年 10 月 7 日	2013 年 12 月 29 日	2014 年 1 月 1 日
6	德国	1985 年 6 月 10 日	1986 年 5 月 14 日	1985 年 1 月 1 日/7 月 1 日
	德国	2014 年 3 月 28 日	2016 年 4 月 6 日	2017 年 1 月 1 日

续表

序号	国家或地区	签署日期	生效日期	执行日期
7	马来西亚	1985 年 11 月 23 日	1986 年 9 月 14 日	1987 年 1 月 1 日
8	挪威	1986 年 2 月 25 日	1986 年 12 月 21 日	1987 年 1 月 1 日
9	丹麦	1986 年 3 月 26 日	1986 年 10 月 22 日	1987 年 1 月 1 日
	丹麦	2012 年 6 月 16 日	2012 年 12 月 27 日	2013 年 1 月 1 日
10	新加坡	1986 年 4 月 18 日	1986 年 12 月 11 日	1987 年 1 月 1 日
	新加坡	2007 年 7 月 11 日	2007 年 9 月 18 日	2008 年 1 月 1 日
11	加拿大	1986 年 5 月 12 日	1986 年 12 月 29 日	1987 年 1 月 1 日
12	芬兰	1986 年 5 月 12 日	1987 年 12 月 18 日	1988 年 1 月 1 日
	芬兰	2010 年 5 月 25 日	2010 年 11 月 25 日	2011 年 1 月 1 日
13	瑞典	1986 年 5 月 16 日	1987 年 1 月 3 日	1987 年 1 月 1 日
14	新西兰	1986 年 9 月 16 日	1986 年 12 月 17 日	1987 年 1 月 1 日
	新西兰	2019 年 4 月 1 日	（尚未生效）	—
15	泰国	1986 年 10 月 27 日	1986 年 12 月 29 日	1987 年 1 月 1 日
16	意大利	1986 年 10 月 31 日	1989 年 11 月 14 日	1990 年 1 月 1 日
	意大利	2019 年 3 月 23 日	（尚未生效）	—
17	荷兰	1987 年 5 月 13 日	1988 年 3 月 5 日	1989 年 1 月 1 日
	荷兰	2013 年 5 月 31 日	2014 年 8 月 31 日	2015 年 1 月 1 日
18	捷克斯洛伐克（适用于斯洛伐克）	1987 年 6 月 11 日	1987 年 12 月 23 日	1988 年 1 月 1 日
19	波兰	1988 年 6 月 7 日	1989 年 1 月 7 日	1990 年 1 月 1 日
20	澳大利亚	1988 年 11 月 17 日	1990 年 12 月 28 日	1991 年 1 月 1 日
21	南斯拉夫（适用于波斯尼亚和黑塞哥维那）	1988 年 12 月 2 日	1989 年 12 月 16 日	1990 年 1 月 1 日
22	保加利亚	1989 年 11 月 6 日	1990 年 5 月 25 日	1991 年 1 月 1 日

续表

序号	国家或地区	签署日期	生效日期	执行日期
23	巴基斯坦	1989 年 11 月 15 日	1989 年 12 月 27 日	1989 年 1 月 1 日/7 月 1 日
24	科威特	1989 年 12 月 25 日	1990 年 7 月 20 日	1989 年 1 月 1 日
25	瑞士	1990 年 7 月 6 日	1991 年 9 月 27 日	1990 年 1 月 1 日
	瑞士	2013 年 9 月 25 日	2014 年 11 月 15 日	2015 年 1 月 1 日
26	塞浦路斯	1990 年 10 月 25 日	1991 年 10 月 5 日	1992 年 1 月 1 日
27	西班牙	1990 年 11 月 22 日	1992 年 5 月 20 日	1993 年 1 月 1 日
	西班牙	2018 年 11 月 28 日	（尚未生效）	—
28	罗马尼亚	1991 年 1 月 16 日	1992 年 3 月 5 日	1993 年 1 月 1 日
	罗马尼亚	2016 年 7 月 4 日	2017 年 6 月 17 日	2018 年 1 月 1 日
29	奥地利	1991 年 4 月 10 日	1992 年 11 月 1 日	1993 年 1 月 1 日
30	巴西	1991 年 8 月 5 日	1993 年 1 月 6 日	1994 年 1 月 1 日
31	蒙古	1991 年 8 月 26 日	1992 年 6 月 23 日	1993 年 1 月 1 日
32	匈牙利	1992 年 6 月 17 日	1994 年 12 月 31 日	1995 年 1 月 1 日
33	马耳他	1993 年 2 月 2 日	1994 年 3 月 20 日	1995 年 1 月 1 日
	马耳他	2010 年 10 月 18 日	2011 年 8 月 25 日	2012 年 1 月 1 日
34	阿联酋	1993 年 7 月 1 日	1994 年 7 月 14 日	1995 年 1 月 1 日
35	卢森堡	1994 年 3 月 12 日	1995 年 7 月 28 日	1996 年 1 月 1 日
36	韩国	1994 年 3 月 28 日	1994 年 9 月 27 日	1995 年 1 月 1 日
37	俄罗斯	1994 年 5 月 27 日	1997 年 4 月 10 日	1998 年 1 月 1 日
	俄罗斯	2014 年 10 月 13 日	2016 年 4 月 9 日	2017 年 1 月 1 日
38	巴新	1994 年 7 月 14 日	1995 年 8 月 16 日	1996 年 1 月 1 日
39	印度	1994 年 7 月 18 日	1994 年 11 月 19 日	1995 年 1 月 1 日
40	毛里求斯	1994 年 8 月 1 日	1995 年 5 月 4 日	1996 年 1 月 1 日
41	克罗地亚	1995 年 1 月 9 日	2001 年 5 月 18 日	2002 年 1 月 1 日
42	白俄罗斯	1995 年 1 月 17 日	1996 年 10 月 3 日	1997 年 1 月 1 日

续表

序号	国家或地区	签署日期	生效日期	执行日期
43	斯洛文尼亚	1995 年 2 月 13 日	1995 年 12 月 27 日	1996 年 1 月 1 日
44	以色列	1995 年 4 月 8 日	1995 年 12 月 22 日	1996 年 1 月 1 日
45	越南	1995 年 5 月 17 日	1996 年 10 月 18 日	1997 年 1 月 1 日
46	土耳其	1995 年 5 月 23 日	1997 年 1 月 20 日	1998 年 1 月 1 日
47	乌克兰	1995 年 12 月 4 日	1996 年 10 月 18 日	中国:1997 年 1 月 1 日;乌克兰:股利特个人:1996 年 12 月 17 日;企业所得税:1997 年 1 月 1 日
48	亚美尼亚	1996 年 5 月 5 日	1996 年 11 月 28 日	1997 年 1 月 1 日
49	牙买加	1996 年 6 月 3 日	1997 年 3 月 15 日	1998 年 1 月 1 日
50	冰岛	1996 年 6 月 3 日	1997 年 2 月 5 日	1998 年 1 月 1 日
51	立陶宛	1996 年 6 月 3 日	1996 年 10 月 18 日	1997 年 1 月 1 日
52	拉脱维亚	1996 年 6 月 7 日	1997 年 1 月 27 日	1998 年 1 月 1 日
53	乌兹别克斯坦	1996 年 7 月 3 日	1996 年 7 月 3 日	1997 年 1 月 1 日
54	孟加拉国	1996 年 9 月 12 日	1997 年 4 月 10 日	中国:1998 年 1 月 1 日;孟加拉国:1998 年 7 月 1 日
55	南斯拉夫联盟(适用于塞尔维亚和黑山)	1997 年 3 月 21 日	1998 年 1 月 1 日	1998 年 1 月 1 日
56	苏丹	1997 年 5 月 30 日	1999 年 2 月 9 日	2000 年 1 月 1 日
57	马其顿	1997 年 6 月 9 日	1997 年 11 月 29 日	1998 年 1 月 1 日
58	埃及	1997 年 8 月 13 日	1999 年 3 月 24 日	2000 年 1 月 1 日
59	葡萄牙	1998 年 4 月 21 日	2000 年 6 月 7 日	2001 年 1 月 1 日
60	爱沙尼亚	1998 年 5 月 12 日	1999 年 1 月 8 日	2000 年 1 月 1 日

续表

序号	国家或地区	签署日期	生效日期	执行日期
61	老挝	1999 年 1 月 25 日	1999 年 6 月 22 日	2000 年 1 月 1 日
62	塞舌尔	1999 年 8 月 26 日	1999 年 12 月 17 日	2000 年 1 月 1 日
63	菲律宾	1999 年 11 月 18 日	2001 年 3 月 23 日	2002 年 1 月 1 日
64	爱尔兰	2000 年 4 月 19 日	2000 年 12 月 29 日	中国： 2001 年 1 月 1 日； 爱尔兰： 2001 年 4 月 6 日
65	南非	2000 年 4 月 25 日	2001 年 1 月 7 日	2002 年 1 月 1 日
66	巴巴多斯	2000 年 5 月 15 日	2000 年 10 月 27 日	2001 年 1 月 1 日
67	摩尔多瓦	2000 年 6 月 7 日	2001 年 5 月 26 日	2002 年 1 月 1 日
68	卡塔尔国	2001 年 4 月 2 日	2008 年 10 月 21 日	2009 年 1 月 1 日
69	古巴	2001 年 4 月 13 日	2003 年 10 月 17 日	2004 年 1 月 1 日
70	委内瑞拉	2001 年 4 月 17 日	2004 年 12 月 23 日	2005 年 1 月 1 日
71	尼泊尔	2001 年 5 月 14 日	2010 年 12 月 31 日	2011 年 1 月 1 日
72	哈萨克斯坦	2001 年 9 月 12 日	2003 年 7 月 27 日	2004 年 1 月 1 日
73	印度尼西亚	2001 年 11 月 7 日	2003 年 8 月 25 日	2004 年 1 月 1 日
74	阿曼	2002 年 3 月 25 日	2002 年 7 月 20 日	2003 年 1 月 1 日
75	尼日利亚	2002 年 4 月 15 日	2009 年 3 月 21 日	2010 年 1 月 1 日
76	突尼斯	2002 年 4 月 16 日	2003 年 9 月 23 日	2004 年 1 月 1 日
77	伊朗	2002 年 4 月 20 日	2003 年 8 月 14 日	2004 年 1 月 1 日
78	巴林	2002 年 5 月 16 日	2002 年 8 月 8 日	2003 年 1 月 1 日
79	希腊	2002 年 6 月 3 日	2005 年 11 月 1 日	2006 年 1 月 1 日
80	吉尔吉斯斯坦	2002 年 6 月 24 日	2003 年 3 月 29 日	2004 年 1 月 1 日
81	摩洛哥	2002 年 8 月 27 日	2006 年 8 月 16 日	2007 年 1 月 1 日
82	斯里兰卡	2003 年 8 月 11 日	2005 年 5 月 22 日	2006 年 1 月 1 日

续表

序号	国家或地区	签署日期	生效日期	执行日期
83	特立尼达和多巴哥	2003 年 9 月 18 日	2005 年 5 月 22 日	针对不同所得项目分别于 2005 年 6 月 1 日和 2006 年 1 月 1 日起执行
84	阿尔巴尼亚	2004 年 9 月 13 日	2005 年 7 月 28 日	2006 年 1 月 1 日
85	文莱	2004 年 9 月 21 日	2006 年 12 月 29 日	2007 年 1 月 1 日
86	阿塞拜疆	2005 年 3 月 17 日	2005 年 8 月 17 日	2006 年 1 月 1 日
87	格鲁吉亚	2005 年 6 月 22 日	2005 年 11 月 10 日	2006 年 1 月 1 日
88	墨西哥	2005 年 9 月 12 日	2006 年 3 月 1 日	2007 年 1 月 1 日
89	沙特阿拉伯	2006 年 1 月 23 日	2006 年 9 月 1 日	2007 年 1 月 1 日
90	阿尔及利亚	2006 年 11 月 6 日	2007 年 7 月 27 日	2008 年 1 月 1 日
91	塔吉克斯坦	2008 年 8 月 27 日	2009 年 3 月 28 日	2010 年 1 月 1 日
92	埃塞俄比亚	2009 年 5 月 14 日	2012 年 12 月 25 日	2013 年 1 月 1 日
93	土库曼斯坦	2009 年 12 月 13 日	2010 年 5 月 30 日	2011 年 1 月 1 日
94	捷克	2009 年 8 月 28 日	2011 年 5 月 4 日	2012 年 1 月 1 日
95	赞比亚	2010 年 7 月 26 日	2011 年 6 月 30 日	2012 年 1 月 1 日
96	叙利亚	2010 年 10 月 31 日	2011 年 9 月 1 日	2012 年 1 月 1 日
97	乌干达	2012 年 1 月 11 日	(尚未生效)	—
98	博茨瓦纳	2012 年 4 月 11 日	(尚未生效)	—
99	厄瓜多尔	2013 年 1 月 21 日	2014 年 3 月 6 日	2015 年 1 月 1 日
100	智利	2015 年 5 月 25 日	2016 年 8 月 8 日	2017 年 1 月 1 日
101	津巴布韦	2015 年 12 月 1 日	2016 年 9 月 29 日	2017 年 1 月 1 日
102	柬埔寨	2016 年 10 月 13 日	2018 年 1 月 26 日	2019 年 1 月 1 日
103	肯尼亚	2017 年 9 月 21 日	(尚未生效)	—
104	加蓬	2018 年 9 月 1 日	(尚未生效)	—
105	刚果(布)	2018 年 9 月 5 日	(尚未生效)	—

续表

序号	国家或地区	签署日期	生效日期	执行日期
106	安哥拉	2018 年 10 月 9 日	(尚未生效)	—
107	阿根廷	2018 年 12 月 2 日	(尚未生效)	—

资料来源:根据国家税务总局网站相关资料整理。

附录3

涉我国国际投资仲裁案件附表

中国投资者诉外国政府案件简表

序号	案件名称	原告	被告	机构	年份	结果	案由
1	谢某某诉秘鲁政府案	中国香港特别行政区居民谢某某	秘鲁政府	ICSID	2011	2011年裁决对此案有管辖权	税收征管措施
2	平安诉比利时政府案	中国平安	比利时政府	ICSID	2012	2015年判决无管辖权	危机处置措施
3	菲利普·莫里斯（中国香港特别行政区）诉澳大利亚政府案	菲利普·莫里斯	澳大利亚政府	PCA	2012	2015年判决无管辖权能	烟草控制
4	黑龙江国际经济技术合作公司诉蒙古政府案	黑龙江国际经济技术合作公司	蒙古政府	PCA	2010	2015年仲裁庭对本案无管辖权	国有土地使用权纠纷
5	澳门世能诉老挝案	澳门世能	老挝	ICSID	2012	2017年新加坡法院复审裁决	没收资产等
6	北京城建诉也门政府案	北京城建	也门政府	ICSID	2014	2017年仲裁庭裁决有管辖权	建筑工程争议

外国投资者诉中国政府案件简表

序号	案件名称	原告	被告	机构	年份	案件结果	案由
1	马来西亚伊佳兰诉中国政府案	马来西亚伊佳兰	中国政府	ICSID	2011	和解	收回土地使用权
2	韩国安城诉中国政府案	韩国安城	中国政府	ICSID	2014	2017 年裁决无管辖权	政府资产剥夺
3	德国海乐诉中国政府案	德国海乐	中国政府	ICSID	2017	未作裁决	—

资料来源：漆彤：《中国海外投资法律指南》，法律出版社 2019 年版，第 458 ~ 459 页。

附录 4

缩略语表

ADR	Alternative Dispute Resolution(替代性纠纷解决方式)
AIIB	Asian Infrastructure Investment Bank(亚洲基础设施投资银行)
BIT	Bilateral Investment Treaty(双边投资条约)
CIETAC	China International Economic and Trade Arbitration Commission(中国国际经济贸易仲裁委员会)
CPTPP	Comprehensive Progressive Trans-Pacific Partnership(《全面与进步跨太平洋伙伴关系协定》)
FCN	Friendship Commerce Navigation Treaty(友好通商航海条约)
FDI	Foreign Direct Investment(外国直接投资)
FTA	Free Trade Agreement(自由贸易协定)
GATT	General Agreement on Tariff and Trade(《关税与贸易总协定》)
ICC	International Chamber of Commerce(国际商会仲裁院)
ICSID	International Center for Settlement of Investment Dispute(解决投资争端国际中心)

ISDS	Investor-State Dispute Settlement(投资者—国家争端解决机制)
MAI	Multilateral Agreement on Investment(《多边投资协定》)
MIGA	Multilateral Investment Guarantee Agency(多边投资担保机构)
NAFTA	North American Free Trade Agreement(《北美自由贸易协定》)
ODI	Overseas Direct Investment(海外直接投资)
OECD	Organization for Economic Cooperation and Development(经济合作发展组织)
OPIC	Overseas Private Investment Corporation(海外私人投资公司)
SCC	Arbitration Institute of the Stockholm Chamber of Commerce(斯德哥摩商会仲裁院)
TISA	Trade in Service Agreement(《国际服务贸易协定》)
TTIP	Transatlantic Trade and Investment Partnership(《跨大西洋贸易与投资伙伴协定》)
TPP	Trans-Pacific Partnership Agreement(《跨太平洋伙伴关系协定》)
UINCITRAL	United Nations Commission on International Tracle Law(联合国国际贸易法委员会)
WTO	World Trade Organization(世界贸易组织)

附录 5

常用网站附表

1. 中国“一带一路”网:https://www. yidaiyilu. gov. cn/。
2. 国家税务总局:http://www. chinatax. gov. cn/。
3. 中华人民共和国海关总署:http://www. customs. gov. cn/。
4. 中国商务部:http://www. mofcom. gov. cn/。
5. 中国出口信用保险公司:http://www. sinosure. com. cn/。
6. 解决投资争端国际中心:https://icsid. worldbank. org/en/。
7. 多边投资担保机构:https://www. miga. org/。
8. 美国海外私人投资公司:https://www. opic. gov/。
9. 中国投资指南:http://www. fdi. gov. cn/。
10. 商务部投资项目信息库:http://project. fdi. gov. cn/。
11. 中国国际贸易促进委员会:http://www. ccpit. org/。
12. 中国贸易投资网:http://www. tradeinvest. cn/。
13. 中国国际经济贸易仲裁委员会:http://www. cietac. org. cn/。
14. 深圳国际仲裁院:http://www. sccietac. org/。
15. 香港国际仲裁中心:http://www. hkiac. org/。
16. 国际商会仲裁院:https://iccwbo. org/。
17. 投资条约仲裁网:http://www. italaw. com。
18. 双边投资条约网:http://www. bilaterals. org。

19. 联合国国际贸易法委员会:http://www.uncitral.org/。

20. 投资仲裁报告网:http://www.iareporter.com。

21. 投资者—东道国法律指南网:https://www.investorstatelawguide.com/about-islg。

图书在版编目(CIP)数据

“一带一路”沿线投资风险法律应对研究 / 王军杰著. -- 北京 : 法律出版社, 2019
ISBN 978 -7 -5197 -3654 -5

Ⅰ. ①一… Ⅱ. ①王… Ⅲ. ①海外投资－涉外经济法－研究－中国 Ⅳ. ①D922.295

中国版本图书馆 CIP 数据核字(2019)第 136696 号

“一带一路”沿线投资风险法律应对研究
“YIDAIYILU” YANXIAN TOUZI FENGXIAN FALÜ YINGDUI YANJIU

王军杰 著

策划编辑 沈小英
责任编辑 沈小英 张泽华
装帧设计 马 帅

出版 法律出版社
总发行 中国法律图书有限公司
经销 新华书店
印刷 中煤(北京)印务有限公司
责任校对 马 丽
责任印制 吕亚莉

编辑统筹 法治与经济出版分社
开本 710 毫米×1000 毫米 1/16
印张 18
字数 250 千
版本 2019 年 6 月第 1 版
印次 2019 年 6 月第 1 次印刷

法律出版社/北京市丰台区莲花池西里 7 号(100073)
网址/www. lawpress. com. cn
投稿邮箱/info@ lawpress. com. cn
举报维权邮箱/jbwq@ lawpress. com. cn
销售热线/400 -660 -8393
咨询电话/010 -63939796

中国法律图书有限公司/北京市丰台区莲花池西里 7 号(100073)
全国各地中法图分、子公司销售电话:
统一销售客服/400 -660 -8393/6393
第一法律书店/010 -83938432/8433
西安分公司/029 -85330678
重庆分公司/023 -67453036
上海分公司/021 -62071639/1636
深圳分公司/0755 -83072995

书号:ISBN 978 -7 -5197 -3654 -5
定价:78.00 元
(如有缺页或倒装,中国法律图书有限公司负责退换)

天

Borderless

下

天下，在乎正义和你